1re/Tle

BAC PRO

INDUSTRIEL

PSE

PRÉVENTION SANTÉ ENVIRONNEMENT

Marie-José Achard
PLP Biotechnologie Santé Environnement
Détachée à l'ESPE

Sabine Berthou
PLP Biotechnologie Santé Environnement

Muriel Farnet
PLP Biotechnologie Santé Environnement

Julie Fouquet-Aibout
PLP Biotechnologie Santé Environnement

Marion Lombard
CAPET Biotechnologie Santé Environnement

DELAGRAVE

Couverture : Anne-Danielle Naname
Conception graphique : Anne-Danielle Naname
Mise en page : Anne-Danielle Naname
Édition : Cécile Baillargeat
Iconographie : Anne-Sophie Hedan
Illustrations : Céline Theraulaz ; sauf pp. 47-48, 55, 69, 72, 83-84, 88, 96-97, 128, 130, 143, 145-146, 148 (haut), 158 (bas), 191-193, 195, 199 (haut), 218 (bas) : Alice Gravier ; pp. 189 (bas droite), 199 (bas) : Fotolia.com.
Cartographie : Christel Parolini et Valérie Goncalves
Nos ouvrages utilisent des papiers composés de fibres naturelles, renouvelables, recyclables, fabriqués à partir de bois issus de forêts gérées durablement.

ISBN : 978-2-206-30238-6

Éditions Delagrave – 5, allée de la 2e D.B. – 75015 Paris
www.editions-delagrave.fr

Sommaire

* Seul l'un des trois risques doit être étudié en classe, en fonction du bac professionnel préparé.

Mode d'emploi

Pour comprendre l'utilisation de l'ouvrage et repérer les contenus du programme traités :

- Des rabats qui présentent les méthodologies de l'approche par le risque, de l'approche par le travail et de l'approche par l'accident, utilisées pour étudier les contenus du programme relatifs aux risques professionnels.
- Un tableau qui recense le contenu de chacune des treize séquences proposées et qui permet de cocher au fur et à mesure les points traités.

Treize séquences pour étudier les sept modules du référentiel

Au début de chaque séquence, une page d'ouverture permet de repérer le module et la séquence. Elle propose une situation d'étude.

Chaque séquence est organisée en trois parties :

A étudier la séquence ;

B mémoriser et structurer les acquis ;

C préparer l'évaluation.

A Étudier la séquence

ÉTAPE 1 Analyser la situation

- La situation proposée peut concerner l'environnement, les risques de la vie courante, les risques du secteur professionnel.
- L'analyse de cette situation est guidée par des questions qui permettent de :
  – repérer un problème ;
  – identifier les éléments de la situation à partir d'un raisonnement qui s'appuie sur l'utilisation d'un outil (QQOQCP, schéma du processus d'apparition d'un dommage, schéma de compréhension).

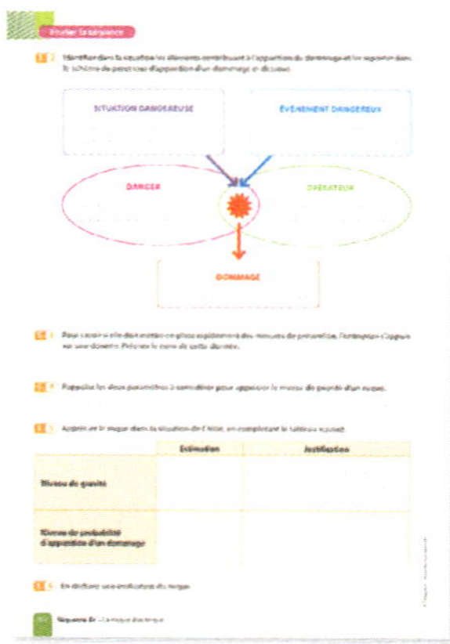

ÉTAPE 2 Mobiliser les connaissances

- Des connaissances, directement liées à la situation d'étude, sont apportées grâce à plusieurs activités. Elles permettent d'éclairer la situation, de mieux la comprendre pour pouvoir proposer des solutions adaptées.

Mobiliser les connaissances

ÉTAPE 3 Proposer des solutions

- Les solutions et les mesures de prévention envisagées, directement liées à la situation d'étude, peuvent être :
  – individuelles (mises en œuvre par les acteurs impliqués) ;
  – collectives (proposées par l'État, une collectivité ou une entreprise).

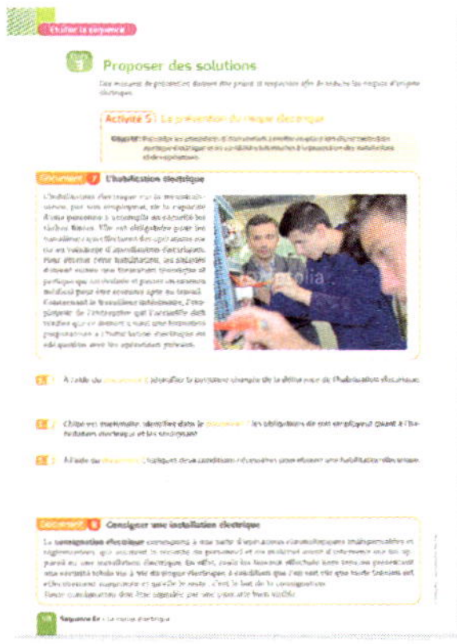
Proposer des solutions

B Mémoriser et structurer les acquis

La synthèse proposée est à compléter. Elle contient l'essentiel des connaissances à retenir et se présente sous forme schématique pour organiser les idées. Elle permet de revenir sur les acquis de la séquence et de les mémoriser.

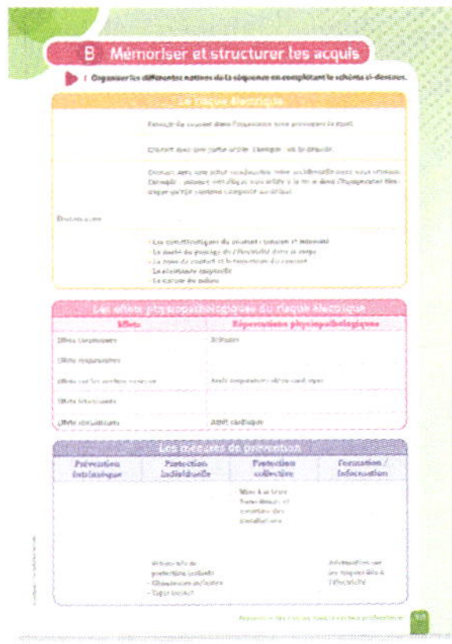
B Mémoriser et structurer les acquis

C Préparer l'évaluation

Une nouvelle situation d'étude est proposée pour pouvoir s'entraîner à l'évaluation. Elle cible l'acquisition de connaissances et de capacités.

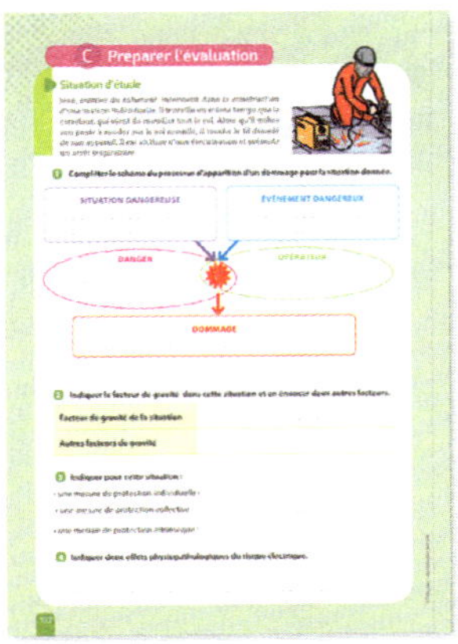
C Préparer l'évaluation

Tableaux des objectifs et des connaissances*

MODULE 6 Gestion des ressources naturelles et développement durable (6 heures)

Séquences	Objectifs	Connaissances
1 Maîtriser sa consommation d'eau	• Justifier les mesures de préservation de l'eau	☐ Les ressources disponibles ☐ Les critères de potabilité ☐ Les mesures collectives et individuelles de préservation de l'eau
2 Maîtriser sa consommation d'énergie	• Justifier les mesures de préservation des ressources énergétiques	☐ Les ressources en énergie ☐ La consommation et les conséquences sur l'environnement ☐ Les mesures collectives et individuelles de préservation de l'eau

MODULE 7 Prévention des risques (6 heures)

Séquences	Objectifs	Connaissances
3 Les risques qui nous entourent	• Mettre en œuvre des mesures de prévention adaptées face aux différents risques qui nous entourent	☐ Les différents types de risques ☐ La conduite à tenir face à des risques majeurs
4 Se protéger du bruit	• Prévenir les effets du bruit en mettant en œuvre des mesures de prévention adaptées aux différentes sources bruyantes	☐ Les sources du bruit ☐ L'anatomie et la physiologie de l'oreille ☐ Les conséquences du bruit sur l'organisme, sur la vie sociale ☐ Les mesures de prévention

MODULE 8 Prévention des risques dans le secteur professionnel (16 heures)

Séquences	Objectifs	Connaissances
5 Les risques professionnels dans l'activité de travail	• Repérer les risques professionnels et s'approprier la méthodologie de l'approche par le risque	☐ L'identification et l'évaluation des risques
6 Appliquer l'approche par le risque à un risque spécifique du secteur professionnel**	• Mettre en œuvre la méthodologie de l'approche par le risque à travers l'étude d'un risque spécifique	☐ L'analyse d'une situation à risque et l'identification du (ou des) danger(s), de la situation dangereuse, de l'événement dangereux, du dommage éventuel ☐ L'évaluation des risques ☐ Les mesures de suppression ou de réduction des risques

MODULE 9 Cadre réglementaire de la prévention dans l'entreprise (6 heures)

Séquences	Objectifs	Connaissances
7 Accident du travail, maladie professionnelle et cadre juridique de la prévention	• Différencier accidents du travail et maladies professionnelles et appréhender le cadre juridique de la prévention	☐ Les principes généraux de prévention ☐ Les obligations et les droits de l'employeur et du salarié en matière de sécurité ☐ Le document unique
8 Les acteurs et les organismes de prévention	• Identifier les acteurs et les organismes de prévention impliqués dans l'hygiène et la sécurité en entreprise	☐ Les délégués du personnel ☐ Le personnel chargé de l'hygiène et de la sécurité ☐ Le secouriste du travail ☐ Les membres du Comité d'hygiène, de sécurité et des conditions de travail (CHSCT) ☐ Les organismes dépendants de la sécurité sociale ☐ Les organismes dépendants du ministère du travail ☐ Les principes généraux de prévention

MODULE 10 Effets physiopathologiques des risques professionnels et prévention (8 heures)

Séquences	Objectifs	Connaissances
9 Le risque chimique	• Prévenir le risque chimique en utilisant la démarche d'approche par le risque	☐ L'approche par le risque ☐ Les voies de pénétration des agents chimiques ☐ Les effets physiopathologiques ☐ Les mesures de prévention
10 Les risques liés à l'activité physique	• Prévenir les risques liés à l'activité physique en utilisant la démarche d'approche par le risque	☐ Les situations à risque ☐ Les effets physiopathologiques ☐ Les troubles musculo-squelettiques (TMS) ☐ Les affections de la colonne vertébrale ☐ La prévention

* Les sept modules du programme de première et terminale de PSE sont découpés en treize séquences. Le volume horaire est proposé à titre indicatif.
** Une séquence est à étudier parmi trois risques au choix.

Tableaux des objectifs et des connaissances*

MODULE 11 Approche par le travail (8 heures)

Séquences	Objectifs	Connaissances
11 Les effets physiopathologiques de la charge mentale	• Déterminer les effets physiopathologiques de la charge mentale	☐ La charge mentale ☐ Le stress ☐ Les autres effets physiopathologiques
12 Prévenir les risques liés à la charge mentale : l'approche par le travail	• Conduire une démarche d'analyse d'une situation exposant à la charge mentale par l'approche par le travail	☐ L'identification du problème ergonomique ☐ L'analyse de la situation de travail ☐ La formulation des hypothèses ☐ La validation des hypothèses ☐ La proposition de solutions

MODULE 12 Approche par l'accident (4 heures)

Séquences	Objectifs	Connaissances
13 L'analyse d'un accident du travail	• Conduire une démarche d'analyse d'un accident pour proposer des mesures de prévention correctives	☐ Le recueil des faits ☐ La construction de l'arbre des causes ☐ La mise en œuvre de la prévention de ce type d'accident ☐ L'extension de la prévention aux accidents connexes

Fiches de secourisme	• Gérer les situations d'urgence en cas d'accident	☐ La protection et la prévention ☐ L'examen de la victime ☐ L'alerte et l'information ☐ Les gestes de secours

SÉQUENCE 1

Maîtriser sa consommation d'eau

A Étudier la séquence

ÉTAPE 1 Analyser la situation

Activité 1 Vers une pénurie d'eau potable

Objectif : Analyser le problème rencontré au niveau des ressources mondiales en eau.

Document 1 De plus en plus de personnes, de moins en moins d'eau !

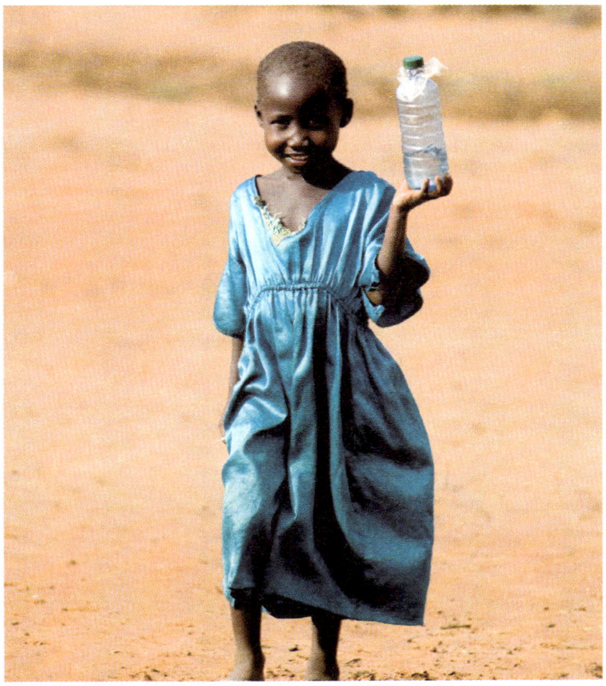

La population mondiale augmente (200 000 nouvelles naissances chaque jour, soit deux personnes supplémentaires par seconde), ce qui augmente les besoins en eau : sur les vingt dernières années, la consommation d'eau planétaire a ainsi été multipliée par deux. À ce rythme, on peut prévoir une pénurie d'eau assez importante dans une dizaine d'années, avec les conséquences que cela peut comporter : l'absence ou la mauvaise qualité de l'eau est la première cause de mortalité au monde, elle est aussi à l'origine de maladies. La pénurie d'eau peut également entraîner des tensions entre les peuples et des déplacements de populations. Les causes pouvant accentuer cette pénurie sont nombreuses et souvent liées à l'homme (activités industrielles et agricoles, détournements de cours d'eau, consommation élevée, gaspillage…), ou encore aux dérèglements climatiques.

1. 1 Identifier le problème mis en évidence dans le document 1.

L'augmentation de la population entraîne une augmentation des besoins en eau, et la Terre ne dispose pas assez d'eau pour y répondre.

1. 2 Énoncer la principale cause qui accentue la pénurie d'eau.

Il s'agit des activités humaines.

Document 2 L'eau sur la planète bleue

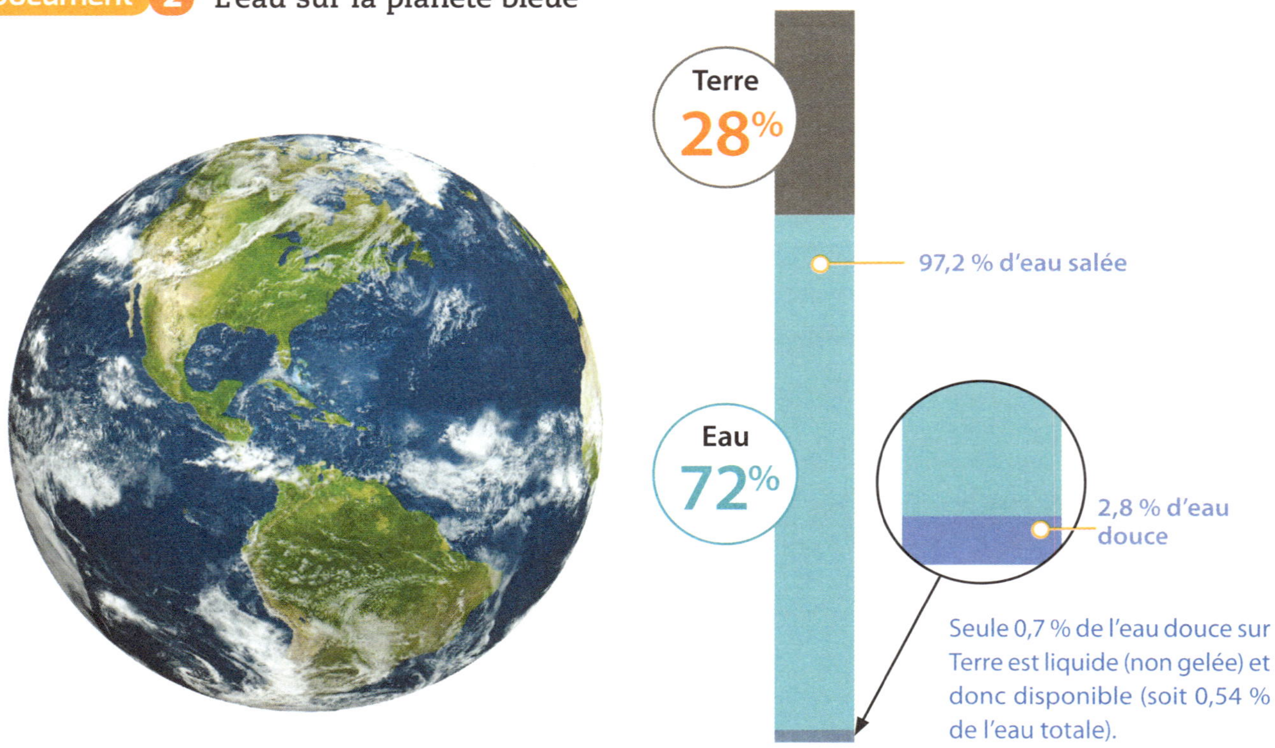

1. 3 Indiquer la proportion d'eau douce par rapport aux réserves mondiales en eau.

L'eau douce représente 2,8 % de la réserve mondiale en eau.

1. 4 Préciser la proportion d'eau douce disponible. Établir un constat.

L'eau douce représente 2,8 % de la quantité totale d'eau sur Terre. Or seuls 0,7 % de ces 2,8 % sont à notre disposition. Il y a donc peu d'eau potable sur Terre.

1. 5 Présenter les différents facteurs qui participent à l'augmentation de la pénurie d'eau en complétant le schéma ci-dessous.

Augmentation de la pénurie d'eau au niveau planétaire

Causes

Ressources naturelles
- Répartition inégale
- La quantité d'eau disponible n'augmente pas
- Seulement 0,7 % des 2,8 % d'eau douce disponible

Humaines
- Augmentation de la population mondiale
- Activités agricoles, industrielles
- Gaspillage

Conséquences

Sanitaires
- Mortalité
- Maladies

Environnementales
- Sécheresse

Humaines
- Déplacements de populations
- Tensions entre les peuples

ÉTAPE 2

Mobiliser les connaissances

Les ressources en eau ne peuvent augmenter de façon naturelle et cette eau est inégalement répartie : certains pays en ont trop (comme le Brésil, l'Indonésie et la Chine) et d'autres pas assez (comme le Cambodge, le Tchad ou l'Éthiopie). Neuf pays seulement se partagent 60 % des réserves mondiales en eau !

Activité 2 Les ressources et la consommation d'eau planétaires

Objectif : Identifier les ressources disponibles en eau et leurs limites au niveau planétaire.

Document 3 Le cycle de l'eau

On parle de cycle de l'eau car c'est toujours la même quantité d'eau qui circule sur notre planète. Cette eau se transforme en permanence dans l'atmosphère, à la surface et dans le sous-sol de notre Terre, en passant par différents états : solide, liquide et gazeux.

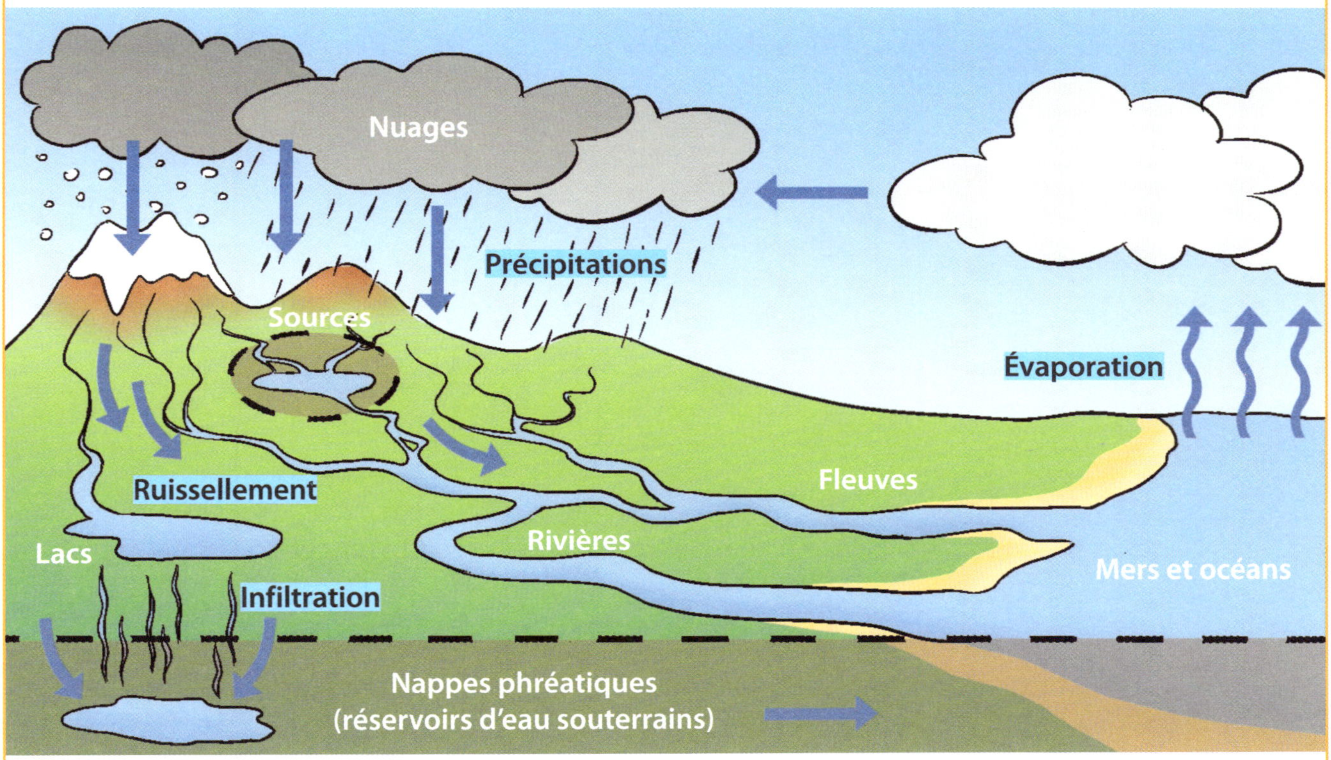

Précipitations : neige, pluie, grêle.
Ruissellement : écoulement de l'eau à la surface des sols.
Infiltration : passage de l'eau à travers le sol.
Évaporation : transformation de l'eau en vapeur d'eau (à l'origine de la formation des nuages).

Réservoirs
Parcours de l'eau

À l'aide du document 3 :

2. 1 Expliquer pourquoi on parle de cycle de l'eau.

On parle de cycle de l'eau, car c'est toujours la même quantité d'eau qui circule sur notre planète.

2. 2 Recenser les réservoirs d'eau.

Les réservoirs d'eau sont : la mer, les océans, les fleuves, les rivières, les sources, les lacs, les nuages, les nappes phréatiques.

Document 4 Prévision des disponibilités en eau douce en 2025

L'Organisation mondiale de la santé (OMS) considère qu'il y a :
- **stress hydrique** lorsqu'un être humain dispose de moins de 1 700 m^3 d'eau par an ;
- **pénurie** lorsqu'il dispose de moins de 1 000 m^3 par an, ce qui est le cas d'1,4 milliards de personnes sur Terre.

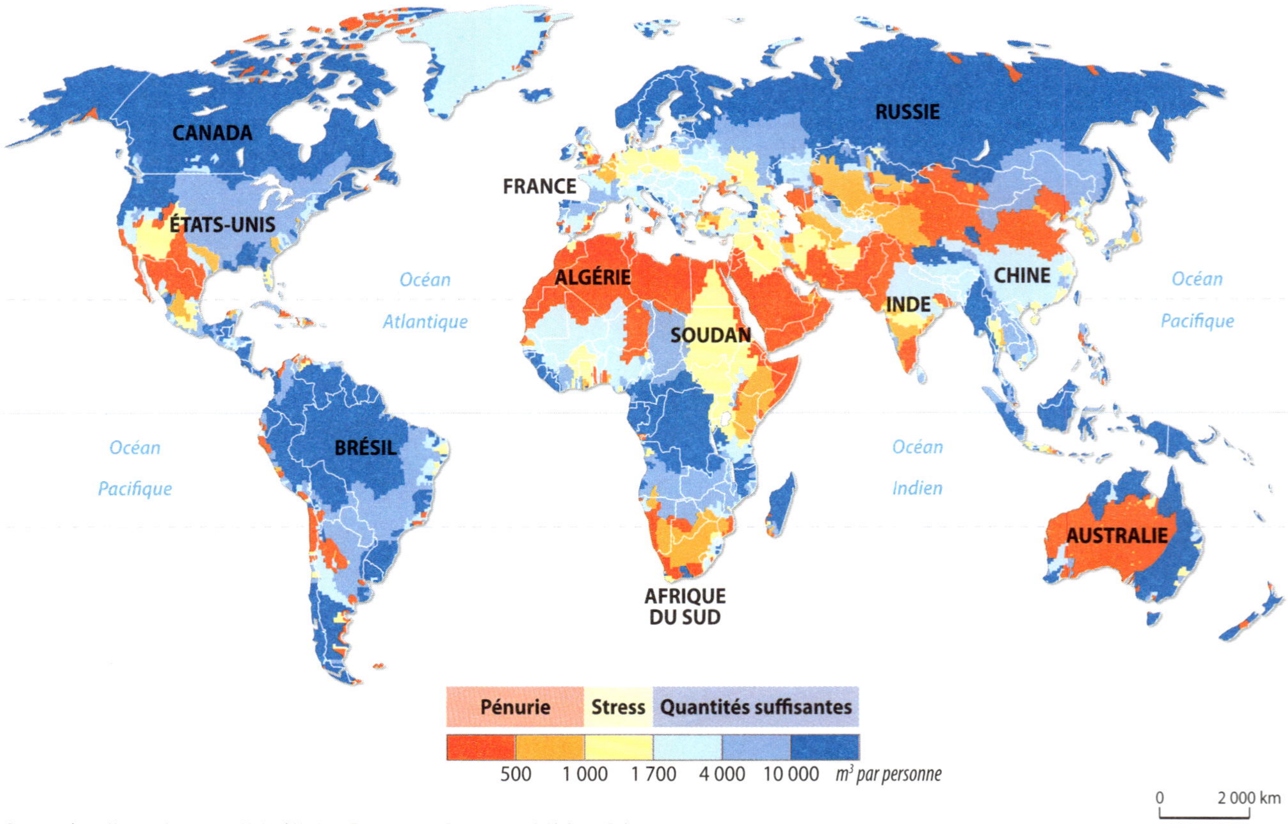

Sources : http://www.cieau.com - United Nations Environment Programme & Philippe Rekacewicz.

2. 3 À l'aide du document 4, expliquer pourquoi on parle de « répartition géographique inégale de l'eau ».

On parle de répartition géographique inégale de l'eau, car de nombreux pays sont en situation de pénurie d'eau, alors que d'autres disposent d'une très grande quantité d'eau.

2. 4 Identifier pour les pays proposés le niveau de leurs ressources en eau en cochant les bonnes réponses dans le tableau ci-dessous.

Pays	Ressources en eau	
	Suffisantes	Insuffisantes
Brésil	☑	☐
Canada	☑	☐
Algérie	☐	☑
États-Unis	☑	☑
France	☑	☐
Soudan	☐	☑

Activité 3 Les ressources et la consommation d'eau en France

Objectifs : Identifier les ressources disponibles en eau et analyser l'évolution de la consommation.

Document 5 Les ressources d'eau en France

En France, il existe peu de risques de pénurie, le bilan des ressources en eau est excédentaire. En revanche, on observe une inégale répartition à travers les régions. Certaines souffrent de sécheresse et d'autres ont de l'eau en abondance.

L'Auvergne est une région où les précipitations annuelles sont importantes.

En Provence, les précipitations sont rares et les paysages sont arides.

3. 1 Caractériser les ressources en eau disponibles en France en cochant la réponse exacte.

- ☐ Les ressources en eau sont suffisantes et réparties de façon équitable.
- ☐ Les ressources en eau sont insuffisantes et réparties de façon équitable.
- ☑ Les ressources en eau sont suffisantes mais réparties de façon inégale.

3. 2 Indiquer une conséquence de la répartition des ressources en eau en France.

Comme les ressources sont inégalement réparties, certaines régions subissent des sécheresses, alors que d'autres ont de l'eau en abondance.

Document 6 L'évolution de la consommation d'eau domestique

La consommation d'eau des ménages en France est passée de 106 litres par jour et par habitant en 1975, à 158 litres par jour et par habitant en 1998. **Aujourd'hui, chaque Français utilise en moyenne 151 litres d'eau par jour dans sa vie quotidienne**, contre 165 litres par jour en 2004, soit une diminution de plus de 2 % par an. L'augmentation du prix du mètre cube d'eau et des gestes éco-citoyens, comme l'achat d'appareils économes en eau, peuvent expliquer cette évolution.

3. 3 Présenter et justifier l'évolution de la consommation d'eau domestique.

Après avoir connu une augmentation significative, la consommation d'eau des ménages en France décroît depuis 2004. Cela est en partie dû à des gestes éco-citoyens, mais également à une augmentation du prix de l'eau.

La qualité de l'eau joue un rôle très important vis-à-vis de notre consommation. Différents critères permettent, ou non, de la qualifier « d'eau potable ».

Activité 4 La qualité de l'eau

Objectif : Repérer les critères de potabilité et les sources de pollution de l'eau.

Document 7 Les différents critères de potabilité

Pour être consommée, l'eau doit répondre à des critères de qualité très stricts, qui portent sur trois paramètres principaux.

La qualité microbiologique → L'eau ne doit contenir ni parasite, ni virus, ni bactérie pathogène (pouvant provoquer une maladie).

La qualité chimique → L'eau ne doit pas contenir de substances chimiques indésirables (fluor, nitrates…) au-delà des valeurs limites réglementaires. Elle ne doit pas non plus contenir de substances toxiques (plomb, chrome…) autres que celles définies par la réglementation.

La qualité organoleptique → L'eau doit être limpide, claire, aérée et ne doit présenter ni saveur ni odeur désagréable.

Document 8 Extrait d'un rapport d'analyse d'eau

Dans le bulletin municipal de la commune « X », le maire publie un extrait des résultats d'une analyse d'eau qui lui a été communiquée par l'ARS (Agence régionale de santé) et qui concerne donc l'ensemble de la région.

Qualité de l'eau distribuée

Paramètres	Valeurs limites ou de référence	Relevés 2015 Réseau d'eau potable		
		Minimum	Moyen	Maximum
pH[1]	6,5 – 9	7,0	**7,4**	7,8
Turbidité[2] (en NFU)	2	0,20	**0,23**	0,40
Dureté[3] (TH en °F)	–	30	**30,7**	31
Fluor (en mg/l)	1,5	0	**0**	0
Nitrates (en mg/l)	50	18	**23,6**	26

Bactériologie : les résultats des analyses microbiologiques des eaux, qui comportent la recherche de germes témoins d'une contamination fécale[4], ont été d'excellente qualité (100 % de conformité).

1. **pH** : mesure l'acidité de l'eau (pH faible = eau très acide).
2. **Turbidité** : teneur en matières qui troublent l'eau.
3. **Dureté** : mesure la teneur en calcaire de l'eau.
4. **Germes témoins de contamination fécale** : germes qui se trouvent dans l'intestin de l'homme ou des animaux et qui indiquent une contamination microbiologique si on les retrouve dans l'eau.

4. 1 À l'aide du document 7, différencier les critères de potabilité de l'analyse de l'eau du document 8, en :

– soulignant les critères organoleptiques ;

– encadrant les critères chimiques ;

– surlignant les critères microbiologiques.

4. 2 Conclure sur la qualité sanitaire de l'eau dans la région d'après le document 8. Justifier la réponse.

☑ Conforme ☐ Non conforme

L'eau est potable, car aucun critère de potabilité ne dépasse les valeurs limites ou de référence.

4. 3 À l'aide de l'illustration ci-dessous, identifier les différentes sources de pollution de l'eau.

1. La pollution agricole (pesticides et déjections animales).

2. La pollution industrielle.

3. La pollution domestique.

ÉTAPE 3

Proposer des solutions

Aujourd'hui, les réserves d'eau potable sont mises en péril. Mettre en place des mesures est devenu indispensable.

Activité 5 Les mesures collectives pour préserver l'eau

Objectif : Indiquer les mesures collectives pour préserver l'eau au niveau qualitatif et quantitatif.

Document 9 Les stations d'épuration

Au niveau local, les mairies ont l'obligation d'avoir une station d'épuration afin d'assainir l'eau usée (article L 210-1 du code de l'environnement).

1 **Dégrillage :** rétention, à l'aide de grillages, des matières volumineuses et des déchets contenus dans les eaux usées.

2 **Dégraissage :** opération qui consiste à enlever les traces de graisse.

3 5 **Décantation :** séparation, par différence de gravité, des matières solides et de l'eau dans le but de la clarifier (en la filtrant).

4 **Traitement biologique de l'eau :** des micro-organismes décomposent la matière organique biodégradable contenue dans l'eau usée. Le traitement des eaux usées donne des boues qui seront éliminées où valorisées (engrais).

5. 1 Préciser en quoi une station d'épuration représente une mesure collective pour préserver la qualité de l'eau.

La station d'épuration permet de « dépolluer » les eaux usées en les débarrassant des substances dangereuses pour l'environnement (déchets solides, graisses ....).

5. 2 Indiquer les deux produits obtenus après traitement des eaux usées.

Les deux produits obtenus sont les engrais issus des boues et les rejets d'eau dépolluée.

Document 10 **Le Grenelle de l'environnement**

Le Grenelle de l'environnement réunit des acteurs de l'environnement (notamment les États, les collectivités territoriales, les organisations non gouvernementales) afin de mener des réformes en faveur de l'écologie.
Le Grenelle travaille à la mise en place et à la poursuite de mesures collectives pour préserver la quantité et la qualité de l'eau, notamment :
– la mise en place des périmètres de protection contre les pollutions accidentelles ;
– le développement de la récupération des eaux pluviales et des eaux usées ;
– la maîtrise des risques liés aux résidus médicamenteux ;
– des actions spécifiques pour généraliser la détection de fuites dans les réseaux…

5. 3 À partir du document 10, recenser les mesures collectives mises en place pour préserver :

La qualité de l'eau
– Mettre en place des périmètres de protection contre les pollutions accidentelles.
– Maîtriser les risques liés aux résidus médicamenteux.

La quantité d'eau
– Développer la récupération des eaux pluviales et des eaux usées.
– Mettre en place des actions pour généraliser la détection de fuites dans les réseaux.

Document 11 **La journée mondiale de l'eau**

Depuis 1993, l'ONU a instauré une journée mondiale de l'eau, qui a lieu tous les 22 mars. L'objectif de cette journée est d'attirer l'attention du public sur l'importance de l'eau et de promouvoir la gestion des ressources en eau douce.

5. 4 Expliquer pourquoi la journée mondiale de l'eau constitue une mesure collective de prévention pour préserver l'eau.

En rappelant chaque année dans le monde l'importance de l'eau et en favorisant la promotion de la gestion des ressources en eau, cette journée s'inscrit dans une démarche de prévention.

Chacun d'entre nous peut agir de façon individuelle en ayant des gestes éco-citoyens vis-à-vis de notre consommation en eau.

Activité 6 Les actions éco-citoyennes

Objectif : Proposer des actions pour préserver les ressources en eau.

Document 12 Les activités domestiques consommatrices d'eau

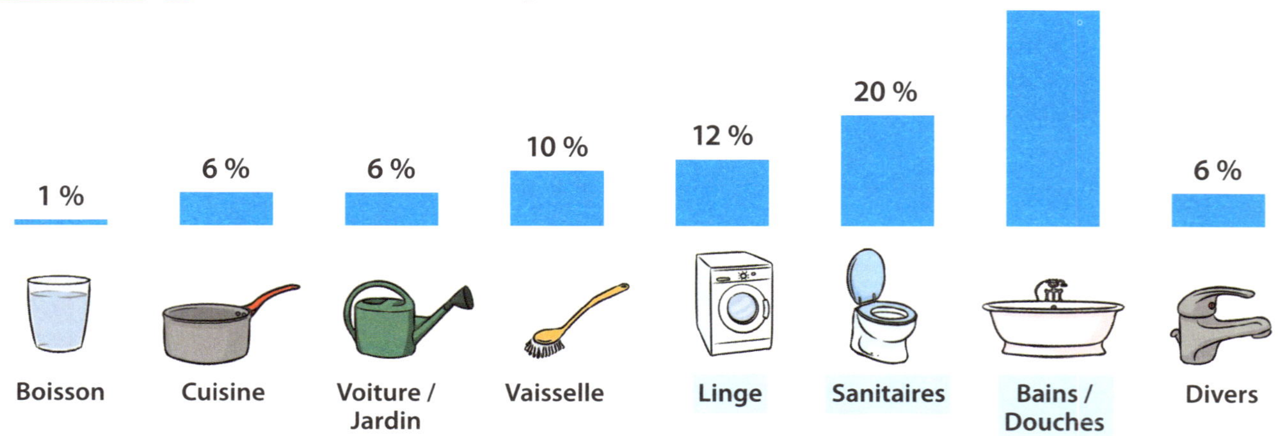

6. 1 À partir du document 12, identifier les trois activités les plus consommatrices d'eau, en les surlignant sur le document.

6. 2 À l'aide de l'illustration ci-dessous, proposer cinq actions éco-citoyennes pour réduire la consommation d'eau domestique.

1 Prendre une douche à la place d'un bain.

2 Lancer les machines quand elles sont pleines.

3 Récupérer de l'eau de pluie.

4 Acheter une chasse d'eau double-débit.

5 Ne pas laisser l'eau couler inutilement.

6. 3 Proposer deux actions éco-citoyennes pour limiter la pollution de l'eau.

1 Utiliser des produits biodégradables.

2 Jeter les eaux sales dans les égouts.

B Mémoriser et structurer les acquis

Organiser les différentes notions de la séquence en replaçant les informations suivantes dans le schéma ci-dessous.

l'eau • la population augmente • 0,54 % d'eau douce disponible • préférer les douches aux bains • nitrates (valeur ne dépassant pas celle autorisée) • ne pas laisser couler l'eau • turbidité • odeur • éco-citoyen • diminuer • actions spécifiques pour généraliser la détection de fuites dans les réseaux • absence de bactéries et de virus • récupérer l'eau de pluie pour laver sa voiture • réparer les fuites d'eau • maîtrise des risques liés aux résidus médicamenteux • augmentation

Les ressources en eau

L'augmentation de la pénurie en eau au niveau planétaire provient du fait que la population augmente alors que les ressources en eau n'augmentent pas : il existe seulement 0,54 % d'eau douce disponible.

La qualité de l'eau

Les critères de potabilité de l'eau doivent respecter certaines valeurs.

Critères organoleptiques :	Critères chimiques :	Critères microbiologiques :
odeur, turbidité.	nitrates (valeur ne dépassant pas celle autorisée).	absence de bactéries et de virus.

La consommation d'eau

Depuis 2004, la consommation d'eau tend à diminuer, cela est dû en partie à un comportement éco-citoyen et à une augmentation du prix de l'eau.

Les mesures collectives pour préserver l'eau

- La qualité de l'eau : maîtrise des risques liés aux résidus médicamenteux.
- La quantité d'eau : actions spécifiques pour généraliser la détection de fuites dans les réseaux.

Les actions éco-citoyennes

Ne pas laisser couler l'eau.			Récupérer l'eau de pluie pour laver sa voiture.
Préférer les douches aux bains.			Réparer les fuites d'eau.

C Préparer l'évaluation

Situation d'étude

L'eau de la commune de Remollon a été momentanément déclarée impropre à la consommation suite à un problème de pollution détecté dans une analyse. De l'eau en bouteille a été distribuée aux habitants.

La qualité de l'eau

1 **Identifier les critères de potabilité qui peuvent être à l'origine de cette pollution en les reliant à leur définition.**

Critères	Définitions
Microbiologiques	L'eau doit être limpide, claire, aérée et ne doit présenter ni saveur, ni odeur désagréable.
Chimiques	L'eau ne doit contenir ni parasite, ni virus, ni bactérie pathogène.
Organoleptiques	L'eau ne doit pas contenir de substances chimiques indésirables ou toxiques au-delà des valeurs limites réglementaires.
Environnementaux	

Les ressources et la consommation d'eau

2 **Indiquer comment sont réparties les ressources en eau.**

- Dans le monde : les ressources en eau sont inégalement réparties.
- En France : les ressources en eau sont suffisantes, mais inégalement réparties.

3 **Préciser comment a évolué la consommation d'eau en France.**

Après avoir connu une augmentation significative, la consommation d'eau des ménages en France décroît depuis 2004, avec une baisse de plus de 2 % par an. Cela est dû en partie à un comportement éco-citoyen, mais également à une augmentation du prix de l'eau.

Les mesures pour préserver les ressources en eau

4 **Citer deux activités de la vie quotidienne grandes consommatrices d'eau et proposer pour chacune d'elles une action éco-citoyenne.**

- Activité : l'arrosage du jardin — Action : utiliser l'eau de pluie
- Activité : les machines à laver — Action : les lancer quand elles sont pleines

5 **Indiquer une mesure collective pour préserver l'eau :**

– au niveau qualitatif : la protection contre les pollutions accidentelles (ou l'assainissement des eaux usées) ;

– au niveau quantitatif : la détection de fuites dans les réseaux.

SÉQUENCE 2

Maîtriser sa consommation d'énergie

A Étudier la séquence

ÉTAPE 1 Analyser la situation

Activité 1 La consommation d'énergie

Objectif : Analyser le problème posé par le besoin croissant d'énergie.

Document 1 Ressources et besoins d'énergie

La population mondiale ne cesse de s'accroître et le niveau de vie est en constante amélioration, avec notamment la croissance économique de nouveaux pays. Cela entraîne une augmentation importante des besoins énergétiques, et donc de la consommation d'énergie, à travers l'utilisation d'objets gourmands en énergie : moyens de transport, éclairage, chauffage, appareils électriques…

Cette consommation massive a de nombreuses conséquences sur l'environnement et l'être humain, en particulier dans le cas de l'utilisation des énergies non renouvelables : émission de gaz à effet de serre, changements climatiques, réchauffement planétaire, épuisement des ressources naturelles, augmentation du prix de l'énergie…

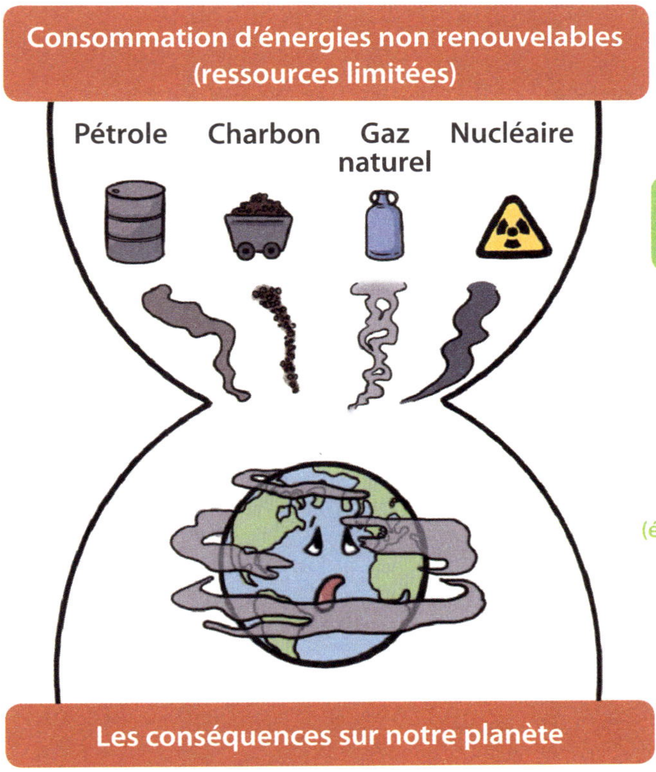

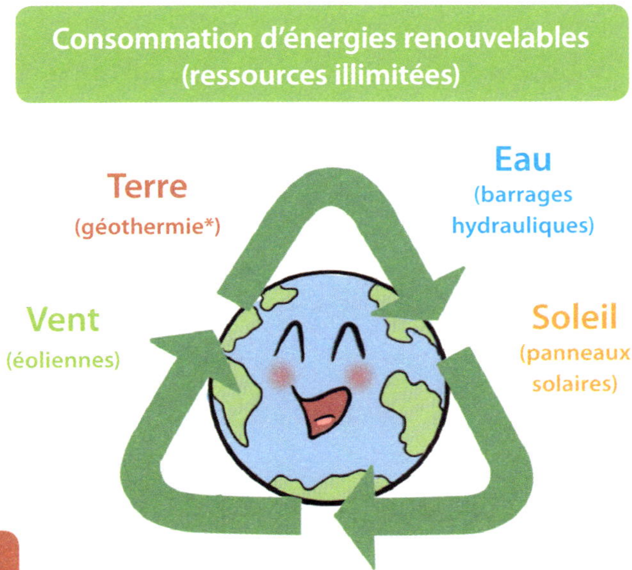

* Production d'énergie à partir de la chaleur contenue dans la Terre.

À l'aide du document 1 :

1. 1 Identifier le problème posé en matière de besoins énergétiques.

Les besoins énergétiques augmentent et donc la consommation d'énergie croît.

1. 2 Déterminer les facteurs à l'origine de ce problème et les conséquences qu'ils entraînent en complétant le schéma ci-dessous.

Causes

- L'augmentation de la population mondiale
- Le niveau de vie qui s'élève, avec l'utilisation d'appareils consommateurs d'énergie
- La croissance économique de nouveaux pays

Problème

L'augmentation des besoins énergétiques et donc de la consommation d'énergie

Conséquences

- Émission de gaz à effet de serre
- Changements climatiques
- Réchauffement planétaire
- Épuisement des ressources naturelles
- Augmentation du prix de l'énergie

1. 3 Indiquer le type d'énergie à développer pour continuer à répondre aux besoins des populations.

Les énergies renouvelables.

1. 4 Différencier les deux types d'énergies présentées dans le document 1 en complétant le tableau suivant.

Énergies	Définitions	Exemples de source d'énergie
Énergies non renouvelables	Énergie dont la ressource utilisée existe en quantité limitée sur notre planète	Le pétrole, le gaz naturel, le charbon, le nucléaire
Énergies renouvelables	Énergie dont la ressource utilisée est inépuisable	Le soleil, le vent, la terre, l'eau

ÉTAPE 2

Mobiliser les connaissances

Les ressources d'énergies non renouvelables ne sont pas réparties équitablement sur notre planète, contrairement aux énergies renouvelables, qui sont présentes dans chaque région du globe.

Activité 2 Les ressources d'énergie dans le monde

Objectif : Identifier les ressources d'énergie au niveau planétaire.

Document 2 La répartition des ressources d'énergies non renouvelables dans le monde

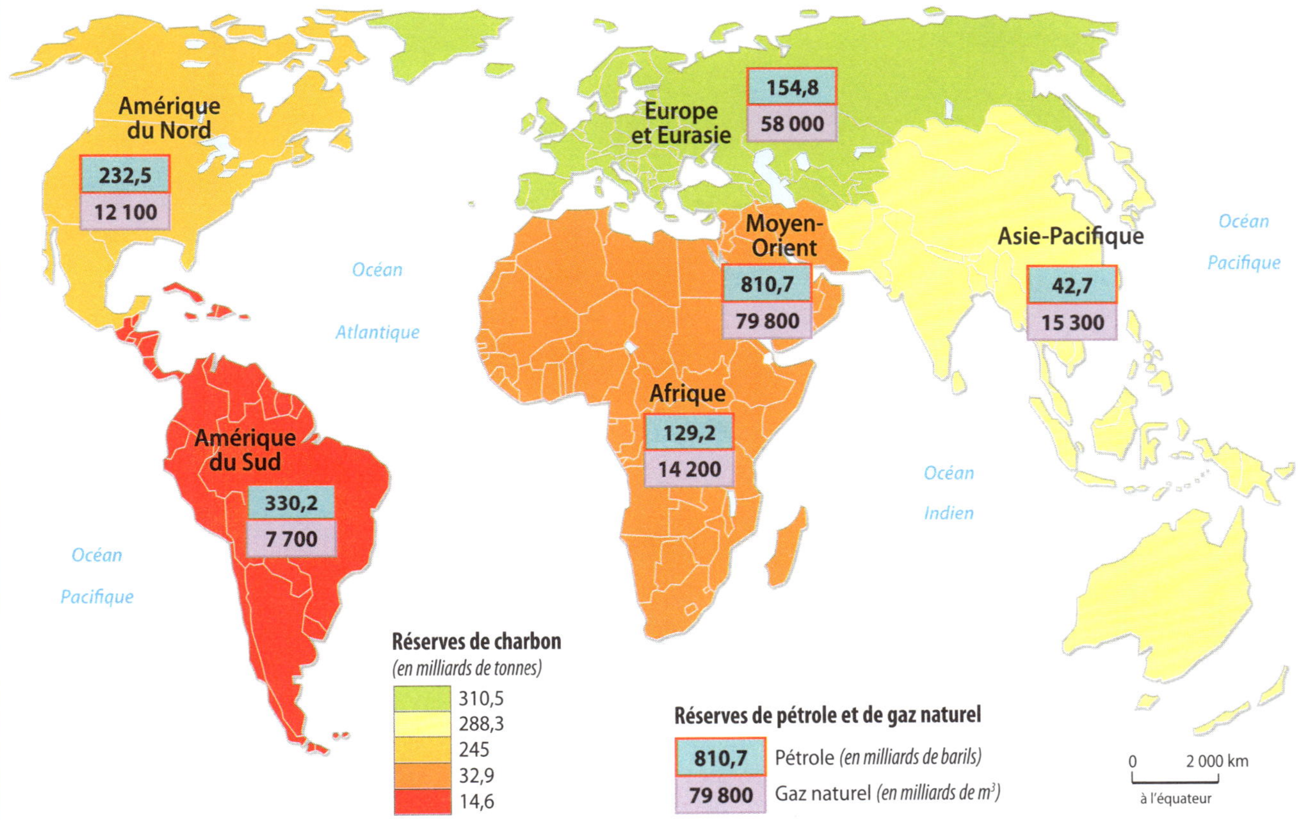

Source : BP Statistical Review.

2. 1 Présenter la répartition géographique mondiale des différentes ressources énergétiques présentes dans le document 2. Pour cela, compléter le tableau avec les symboles (++) pour les ressources très riches, (+) pour les ressources riches, (–) pour les ressources limitées.

	Pétrole	Gaz	Charbon
Europe et Eurasie	+	++	++
Amérique du Nord	+	–	++
Amérique du Sud	+	–	–

	Pétrole	Gaz	Charbon
Afrique	+	+	–
Asie-Pacifique	–	+	++
Moyen-Orient	++	++	–

2. 2 Identifier la zone géographique présentant les ressources en énergies non renouvelables les plus importantes par rapport à sa taille en la surlignant dans le tableau ci-dessus.

La France possède des réserves limitées d'énergies renouvelables (pétrole, gaz naturel, charbon, nucléaire), alors que la topographie et le climat sont propices au développement des énergies renouvelables.

Activité 3 Les ressources d'énergie en France

Objectif : Identifier les ressources d'énergie en France et leurs limites de rendement.

Document 3 Les énergies renouvelables en France

En France, 80 % de la production d'électricité provient de l'énergie nucléaire. Mais aujourd'hui, le gouvernement a pour objectif d'augmenter la part des énergies renouvelables. À l'heure actuelle, toutes les formes d'énergies renouvelables sont implantées en France : solaire, éolienne, géothermique, avec en tête l'utilisation de barrages hydrauliques pour la production d'électricité.

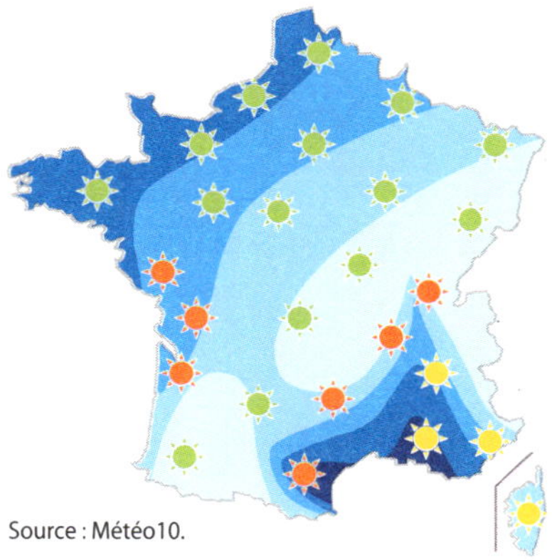

Source : Météo10.

Nombre d'heures d'ensoleillement annuel
- > 2 500 h
- 2 000 - 2 500 h
- < 2 000 h

Vitesse moyenne du vent *(m/s)*
5 6 7 8 9 10

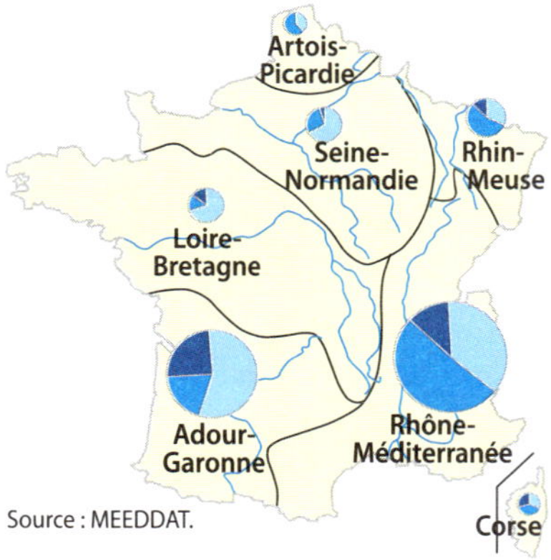

Source : MEEDDAT.

Potentiel hydroélectrique par bassin hydrographique
- Potentiel mobilisé
- Potentiel mobilisable
- Potentiel non ou très difficilement mobilisable

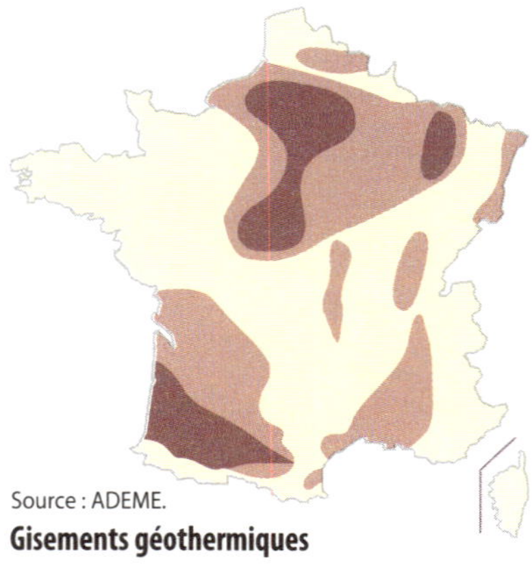

Source : ADEME.

Gisements géothermiques
- Zone propice à l'installation de structures géothermiques à haute énergie (température > 70 °C)
- Zone favorable à l'installation de structures géothermiques à basse énergie (température minimum 30 °C)

3. 1 Indiquer la ou les énergies renouvelables qui seraient les plus adaptées à chacune des régions proposées et justifier la réponse en complétant la carte ci-dessous.

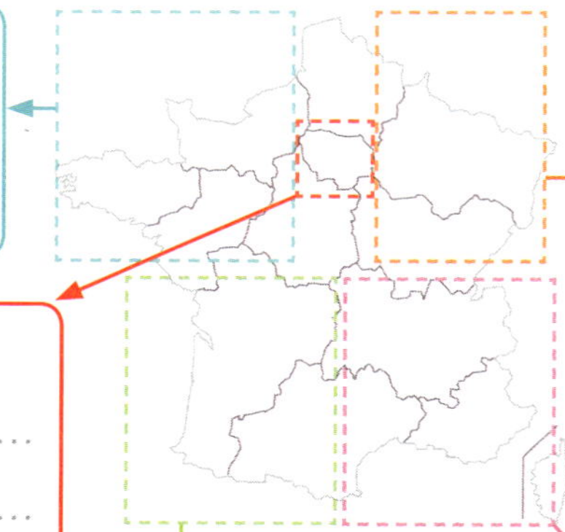

Nord-Ouest
Énergie(s) : éolienne
Justifications : vent fort

Nord-Ouest
Énergie(s) : géothermique
Justifications : gisements géothermiques

Île-de-France
Énergie(s) : géothermique
Justifications : gisements géothermiques

Sud-Est
Énergie(s) : solaire, éolienne et hydraulique
Justifications : ensoleillement, vent et potentiel hydroélectrique

Sud-Ouest
Énergie(s) : géothermique et solaire
Justifications : gisements géothermiques, bon ensoleillement

En France, la consommation des nombreuses formes d'énergies disponibles évolue en fonction du mode de vie des Français, de la disponibilité et du prix de ces sources d'énergie.

Activité 4 L'évolution de la consommation d'énergie en France

Objectif : Analyser l'évolution de la consommation d'énergie en France.

Document 4 La consommation énergétique en France par secteur

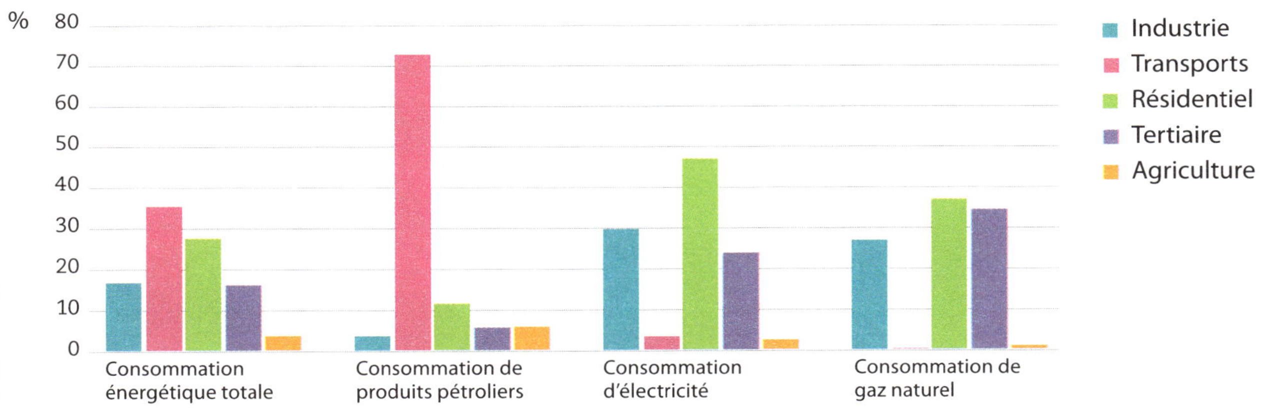

Source : Service de l'observation et des statistiques (SOeS), 2014.

4. 1 Identifier pour chaque secteur la forme d'énergie la plus consommée.

- Industrie : électricité
- Transports : produits pétroliers
- Tertiaire : gaz naturel
- Agriculture : produits pétroliers
- Résidentiel : électricité

Document 5 L'évolution de la consommation d'énergie en France entre 1973 et 2014

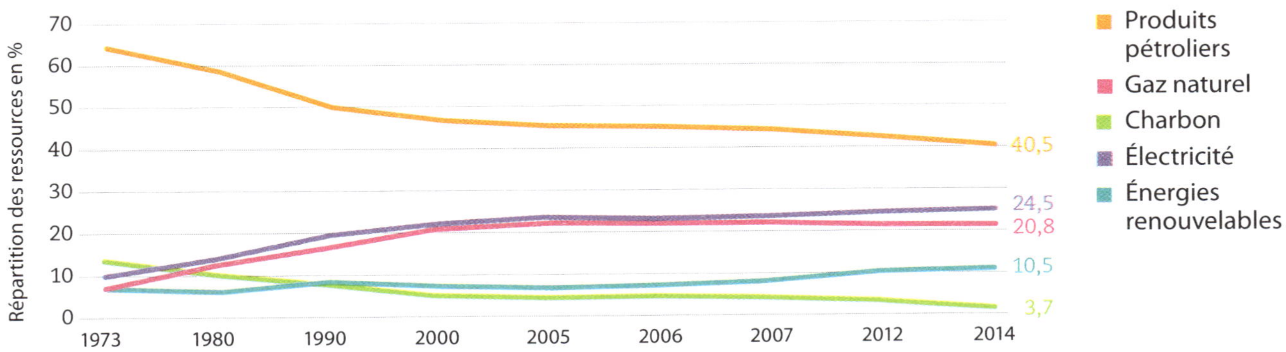

Source : SOes (service de l'observation et des statistiques, ministère de l'Écologie, du Développement durable et de l'Énergie) et ADEME.

4. 2 D'après le document 5, identifier les ressources dont la consommation :

- diminue fortement : les produits pétroliers
- diminue de manière modérée : le charbon
- augmente : l'électricité et les énergies renouvelables

Document 6 La chute du prix du pétrole

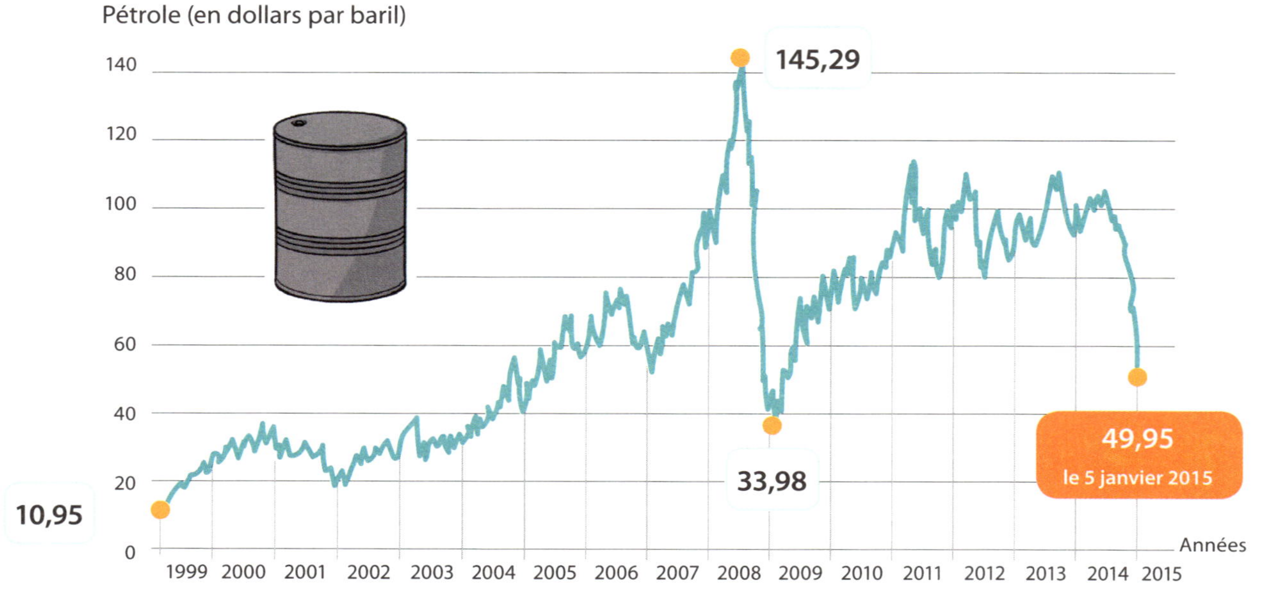

Source : *Le Point*, « Le baril de pétrole passe sous la barre des 50 dollars », 5 janvier 2015.

4. 3 Décrire l'évolution du prix du pétrole entre 1999 et 2015 à l'aide du document 6.

Le prix du pétrole augmente fortement jusqu'en 2008, puis chute brutalement. Il augmente de nouveau jusqu'en 2014, sans pour autant revenir au prix en cours en 2008, et chute de nouveau brutalement.

4. 4 À l'aide des documents 5 et 6, expliquer la baisse de consommation de pétrole.

La diminution de la consommation de pétrole entre 1999 et 2015 correspond à l'augmentation importante du prix du baril.

Document 7 Les aides financières pour l'accès aux énergies renouvelables

Il existe de nombreuses aides financières pour permettre l'accès aux énergies renouvelables, parmi lesquelles :

- **Le crédit d'impôt :** une partie des coûts d'installation peuvent être déduits de l'impôt sur le revenu (jusqu'à 8 000 euros pour une personne seule).
- **L'Éco-prêt à taux zéro :** un prêt sans intérêt peut être accordé (10 000 à 30 000 euros maximum).
- **La TVA à taux réduit :** l'entreprise peut appliquer une TVA à taux réduit (5,5 %).

4. 5 Justifier l'évolution de la consommation d'énergies renouvelables en France à l'aide du document 7.

De nombreuses aides financières permettent aux particuliers de mener des travaux en faveur des énergies renouvelables en dépensant le moins d'argent possible.

La consommation d'énergie, en particulier non renouvelable, a de lourdes conséquences sur l'environnement, spécialement sur la qualité de l'air.

Activité 5 Les conséquences de la consommation d'énergie sur l'environnement

Objectif : Présenter l'impact sur l'environnement de la consommation d'énergie.

Document 8 Les conséquences environnementales et humaines de la consommation d'énergie

La production, le transport, la distribution, l'utilisation et les déchets des différentes énergies ont de graves conséquences sur l'environnement, ainsi que sur la santé humaine. Néanmoins, leur gravité est moindre avec les énergies renouvelables.

Sources et formes d'énergies		Conséquences
Énergies non renouvelables • Pétrole • Gaz naturel • Charbon • Nucléaire	Exploitation, transport, stockage →	Marées noires, pollution, contamination, explosions…
	Consommation →	Émission de gaz à effet de serre, pollution, incendies, problèmes respiratoires…
Énergies renouvelables • Hydraulique • Éolienne • Solaire • Géothermie	Exploitation, consommation →	Nuisances esthétiques

5. 1 Indiquer, pour chacune des images ci-dessous, quelle est la conséquence de l'utilisation des différents types d'énergie.

Marée noire

Pollution de l'air

Nuisance esthétique

5. 2 Différencier les types d'énergies mises en cause en entourant les conséquences qui concernent les énergies non renouvelables.

5. 3 Conclure sur l'impact de l'utilisation des énergies non renouvelables sur l'environnement et notre santé par rapport à celle des énergies renouvelables.

Les conséquences sur l'homme et l'environnement de l'exploitation, du transport, du stockage et de la consommation des énergies non renouvelables sont plus nombreuses et elles sont également plus graves.

Document 9 L'effet de serre

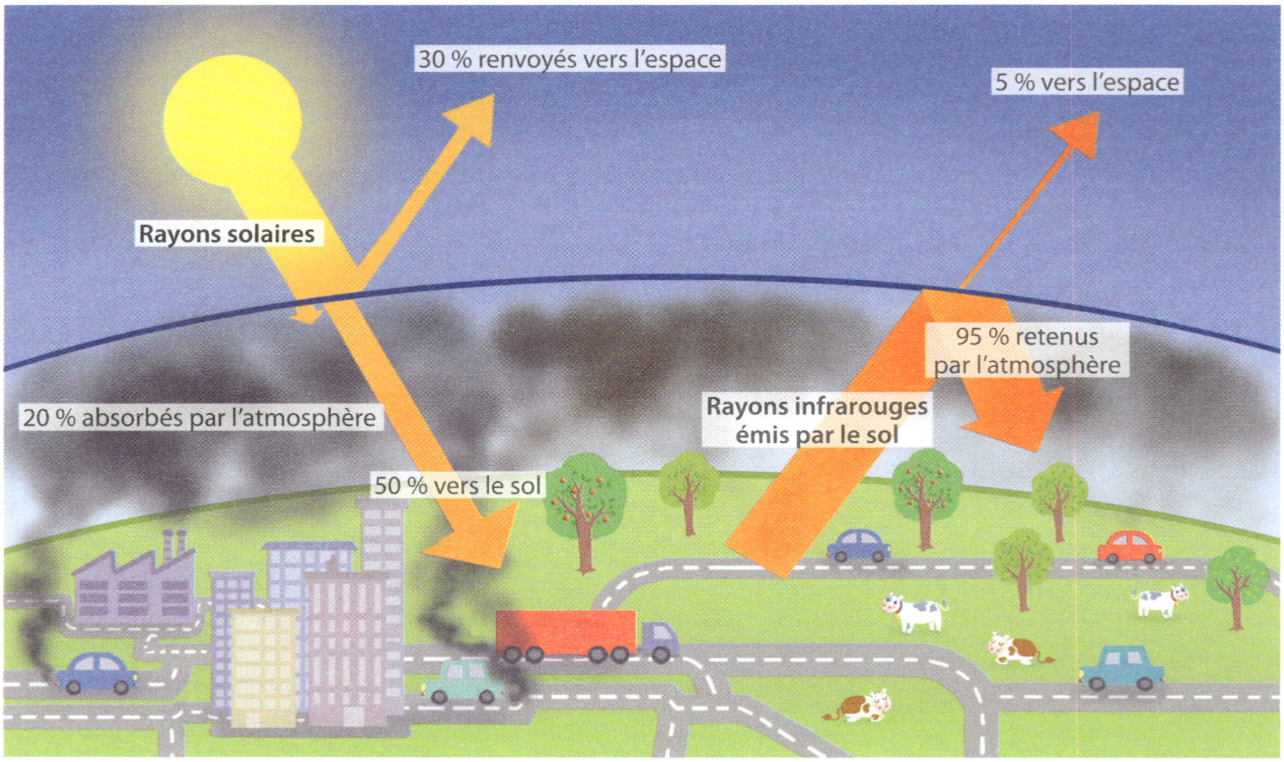

L'effet de serre est, à l'origine, un phénomène naturel. Les rayons du soleil sont en partie absorbés par l'atmosphère, et ceux qui parviennent à la surface de la Terre sont par la suite réfléchis sous forme de rayons infrarouges, après avoir permis le réchauffement du sol. L'atmosphère, qui joue un rôle de filtre, renvoie une partie de ces rayons sur Terre. C'est l'augmentation des gaz à effet de serre dans l'atmosphère, tels que le CO_2, le méthane ou le protoxyde d'azote provenant de l'industrie et de la pollution environnementale, qui aggravent le phénomène d'effet de serre naturel.

5. 4 Définir ce qu'est l'effet de serre naturel en surlignant la réponse dans le document 9.

5. 5 Indiquer les conséquences des activités humaines sur l'effet de serre naturel.

Avec l'augmentation de la pollution et donc des gaz à effet de serre, les gaz sont piégés et l'effet de serre est aggravé.

5. 6 Identifier les autres conséquences de l'augmentation des gaz à effet de serre en légendant les images ci-dessous.

Fonte des glaces

Évaporation, sécheresse

Tornades, désordres climatiques

ÉTAPE 3

Proposer des solutions

Les conséquences sur l'environnement de la consommation d'énergies non renouvelables nécessitent à la fois de faire des économies d'énergie, mais aussi de s'orienter vers des énergies renouvelables, moins polluantes.

Activité 6 Les actions collectives

Objectif : Identifier les actions collectives pour limiter la consommation d'énergie et les effets sur l'environnement.

Document 10 Les mesures de la France pour réduire la consommation d'énergie

La France s'est fixé de nombreux objectifs pour limiter la consommation d'énergie et ses effets sur l'environnement. Par exemple, le Plan national d'action d'efficacité énergétique prévoit de réduire de 9 % la consommation d'énergie électrique. Le Plan national en faveur des énergies renouvelables a pour objectif d'augmenter à 27 % la part des énergies renouvelables dans la consommation finale d'électricité, et à 10 % celle des biocarburants dans le secteur des transports d'ici 2020. Enfin, le Paquet énergie-climat de 2008 a fixé une réduction de 17 % des émissions de gaz à effet de serre pour 2020.

6. 1 À partir du document 10, indiquer trois axes dans lesquels doivent s'inscrire les actions de la politique française en matière d'économie d'énergie.

- Réduire la consommation de l'énergie électrique.
- Augmenter la part des énergies renouvelables et des biocarburants.
- Réduire les émissions de gaz à effet de serre.

Document 11 L'étiquette énergie : choisissez le bon produit !

Les étiquettes énergie ont été mises en place en 1995 en Union européenne. Il s'agit de fiches destinées aux consommateurs européens, et qui donnent des informations sur les performances énergétiques d'un produit, d'un logement ou bien d'un véhicule en lui attribuant une note allant de A (économe en énergie) à G (très énergivore). Leur objectif est de permettre aux consommateurs de choisir les produits les moins énergivores, afin de faires des économies d'énergie.

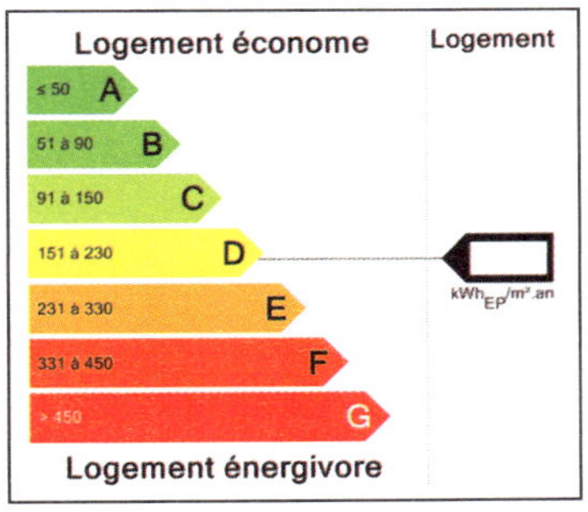

6. 2 À l'aide du document 11, présenter l'objectif des étiquettes énergie.

Leur objectif est de permettre aux consommateurs de pouvoir choisir des équipements économes et ainsi de limiter leur consommation d'énergie.

6. 3 Présenter le but de la campagne de sensibilisation menée à travers l'affiche ci-contre.

Le but de cette campagne est de sensibiliser les personnes aux appareils énergivores, comme les installations régulatrices de température, dont l'utilisation peut être limitée grâce à des conseils faciles à appliquer.

Au-delà des actions collectives, chacun peut influer individuellement sur la consommation d'énergie globale.

Activité 7 Les actions éco-citoyennes

Objectif : Identifier les actions individuelles pour limiter la consommation d'énergie et ses effets sur l'environnement.

Document 12 Les actions individuelles

7. 1 Identifier les actions individuelles illustrées par le document 12 et les classer dans le tableau suivant :

N°	Action individuelle	N°	Action individuelle
1	Pour l'achat d'ampoules : privilégier celles qui présentent la classe énergétique A.	4	Privilégier les installations électriques qui utilisent une ressource renouvelable (panneaux solaires ou photovoltaïques, pompe à chaleur…).
2	Pour les déplacements : privilégier le covoiturage ou les transports en commun.	5	Régler le chauffage à 19° C.
3	Se laver à l'eau tiède et non brûlante.	6	Vérifier l'isolation pour éviter les déperditions de chaleur.

7. 2 Proposer d'autres mesures individuelles que l'on peut mettre en œuvre pour limiter la consommation d'énergie en ce qui concerne :

- l'utilisation des appareils électriques : ne pas les laisser en veille ;
- les transports : utiliser un vélo pour effectuer des trajets courts ;
- l'éclairage : favoriser l'éclairage naturel.

B Mémoriser et structurer les acquis

Organiser les différentes notions de la séquence en replaçant les informations suivantes dans le schéma ci-dessous.

augmentation des coûts de l'énergie • à effet de serre • utiliser un vélo pour les trajets courts • nucléaire • soleil, vent, eau, terre • ne pas les laisser en veille • énergies dont la source est disponible en quantité illimitée sur notre planète • opter pour le covoiturage ou les transports en commun • énergies dont la source est disponible en quantité limitée sur notre planète • troubles respiratoires • pour l'achat de nouveaux appareils, choisir la classe énergétique A

Les différents types d'énergie

	Énergies non renouvelables	Énergies renouvelables
Définitions	Énergies dont la source est disponible en quantité limitée sur notre planète	Énergies dont la source est disponible en quantité illimitée sur notre planète
Exemples de sources	Pétrole, gaz naturel, charbon, nucléaire	Soleil, vent, eau, terre

Les ressources d'énergie mondiales ne sont pas distribuées équitablement, le gaz naturel et le pétrole sont les ressources les plus utilisées. En France, l'utilisation des énergies non renouvelables est en légère baisse au profit des énergies renouvelables.

Les conséquences de la consommation d'énergie

Conséquences environnementales	Conséquences humaines	Conséquences économiques
Production de gaz à effet de serre, pollution atmosphérique, rejet de déchets dans les sols et les milieux aquatiques	Troubles respiratoires dus à la dégradation de la qualité de l'air	Augmentation des coûts de l'énergie

Les actions mises en place au niveau collectif et individuel

Les actions collectives	Les actions individuelles
• Réduction des gaz à effet de serre • Réduction de la consommation d'électricité • Augmentation de la part des énergies renouvelables et des biocarburants • Mise en place de systèmes d'information et de conseil à l'usager tels que l'étiquette énergie	**Appareils électriques :** • Pour l'achat de nouveaux appareils, choisir la classe énergétique A • Ne pas les laisser en veille **Déplacements :** • Opter pour le covoiturage ou les transports en commun • Utiliser un vélo pour les trajets courts **Vie quotidienne :** • Préférer les douches aux bains **Habitation :** • Vérifier l'isolation de son habitation

C Préparer l'évaluation

Situation d'étude

Le maire d'une petite commune du sud de la France a décidé de renouveler les installations de la ville en faveur d'énergies plus saines pour l'environnement et qui permettraient une indépendance énergétique des bâtiments. Des établissements publics tels que la mairie, le gymnase municipal et les écoles publiques vont ainsi être équipés de panneaux solaires. Il organise une réunion publique pour informer la population.

Les différents types d'énergie

1 Indiquer les deux types d'énergie existants et les relier aux ressources utilisées.

Énergie renouvelable ....

Énergie non renouvelable ....

- Soleil
- Pétrole
- Gaz naturel
- Vent
- Charbon
- Terre
- Eau

2 Préciser le type d'énergie ciblé par le maire en l'entourant sur le schéma ci-dessus.

Les conséquences de la consommation d'énergie

3 Citer deux conséquences environnementales de la consommation d'énergies non renouvelables.

Marée noire, pollution, augmentation de l'effet de serre, réchauffement climatique...

4 Indiquer trois avantages à l'utilisation des énergies renouvelables par rapport aux énergies non renouvelables.

- Sur le plan sanitaire : préserve des problèmes respiratoires liés à la pollution.
- Sur le plan économique : crée une indépendance énergétique.
- Sur le plan environnemental : lutte contre l'épuisement des ressources.

Les actions de prévention

5 Indiquer le type d'action collective qui permet d'économiser l'énergie dans la situation d'étude.

Il s'agit d'une campagne de sensibilisation et d'information.

6 Proposer deux actions individuelles permettant d'économiser l'énergie.

Éteindre les appareils en veille, utiliser les transports en commun.

SÉQUENCE 3

Les risques qui nous entourent

A Étudier la séquence

ÉTAPE 1 Analyser la situation

Activité 1 Les différents risques

Objectif : Distinguer les risques et présenter le risque d'inondation.

Document 1 Le risque d'inondation

Un risque est la possibilité qu'un événement causant des dommages survienne.
Tout individu peut être exposé à différents types de risques : accidents domestiques, de la route, du travail, risques majeurs (catastrophe naturelle[1] ou technologique[2]).
Les risques majeurs surviennent rarement et concernent des événements dont les conséquences défavorables ont une ampleur exceptionnelle.
Au niveau mondial, mais aussi en France, les inondations constituent la catastrophe naturelle la plus fréquente.

La simple présence d'un cours d'eau est suffisante pour qu'un risque d'inondation existe. De fortes précipitations, des obstacles à l'écoulement des eaux ou une saturation des nappes phréatiques peuvent favoriser une inondation.
L'expansion urbaine contribue à exposer davantage les populations au risque d'inondation. En effet, toute modification de l'occupation du sol (déboisement, imperméabilisation…) réduit la pénétration de l'eau dans le sol, favorise le ruissellement, et donc une concentration des eaux, ce qui conduit à augmenter le risque d'inondation.

1. Inondation, tsunami, séisme…
2. Accident nucléaire, lié à une usine chimique, au transport de matières dangereuses…

1. 1 Définir la notion de risque en surlignant la réponse dans le document 1.

1. 2 Indiquer quatre types de risques auxquels peut être exposé tout individu.

Le risque d'accident domestique, le risque d'accident de la route, le risque d'accident du travail, le risque majeur.

1. 3 Expliquer pourquoi le risque majeur est particulièrement préoccupant.

Même s'il survient rarement, ce risque est préoccupant car ses conséquences défavorables ont une ampleur exceptionnelle.

1. 4 Identifier le risque majeur le plus fréquent en France, puis citer deux autres exemples de risques majeurs.

Le risque d'inondation est le risque majeur le plus fréquent en France.

D'autres exemples de risques majeurs : le risque de tsunami, le risque nucléaire, le risque de transport de matières dangereuses…

1. 5 Présenter le risque d'inondation en complétant le schéma ci-dessous.

Causes

Climatiques et géographiques
- La présence d'un cours d'eau.
- De fortes précipitations.
- Des obstacles à l'écoulement des eaux, une saturation des nappes phréatiques.

Humaines
- L'expansion urbaine.
- La modification de l'occupation du sol (déboisement, pratiques d'imperméabilisation).

→ **Risque d'inondation** →

Conséquences

Matérielles
- Endommagement de biens de particuliers (habitations, voitures…).
- Endommagement de biens publics (réseaux, voirie…).

Économiques
- Coût des réparations pour les particuliers, les entreprises, les collectivités territoriales.
- Destruction de structures de travail, incapacité pour des employés d'aller travailler.

Humaines
- Risque sanitaire.
- Blessures.
- Perte de logement.
- Conséquences psychologiques.

Environnementales
- Matières solides ou polluants transportés.

ÉTAPE 2 Mobiliser les connaissances

Les accidents domestiques sont des accidents de la vie courante qui se produisent à la maison ou dans ses abords immédiats (jardin, cour, garage). Mieux les connaître permet de mettre en place une prévention efficace.

Activité 2 Les risques d'accident domestique

Objectif : Caractériser les accidents domestiques.

Document 2 La localisation des accidents domestiques

Les accidents domestiques sont la première cause de mortalité accidentelle en France, toutes classes d'âges confondues. Les enfants et les personnes âgées sont les plus exposés, mais ce sont les seniors les plus touchés en terme de gravité et de mortalité.

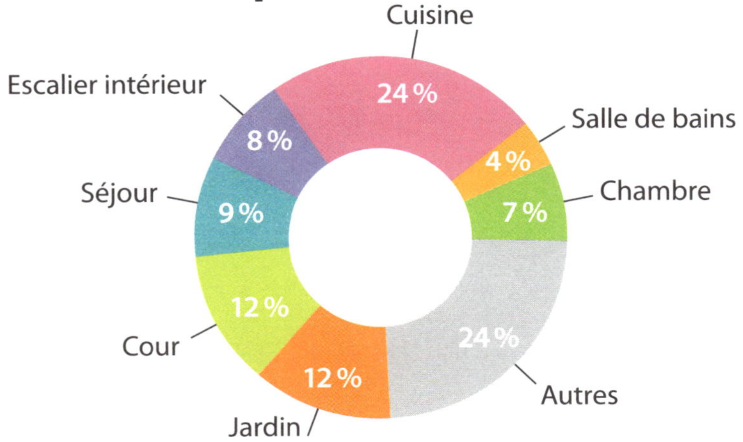

2.1 Différencier les accidents domestiques en indiquant le risque correspondant à chaque élément de l'image ci-contre.

1 Intoxication

2 Brûlure

3 Morsure, griffure

4 Brûlure

5 Coupure

6 Chute

2.2 Présenter les caractéristiques des accidents domestiques en complétant le tableau ci-dessous.

Facteur à considérer	Caractéristiques des accidents domestiques		
Fréquence	☐ Fréquents	☐ Rares	☑ Très fréquents
Gravité	☑ Souvent graves	☐ Rarement graves	
Trois principaux lieux à risques	– Cuisine – Jardin – Cour		
Public à risques	– Enfants et personnes âgées		

Les activités professionnelles exposent aussi à des risques d'accident. Certains secteurs d'activité sont plus exposés que d'autres par la dangerosité des tâches réalisées.

Activité 3 Les accidents professionnels

Objectif : Caractériser les accidents professionnels.

Document 3 Les caractéristiques des accidents du travail

Un risque professionnel est un événement dont la survenue met en danger des personnes dans le cadre de l'exercice de leur métier.
Deux secteurs sont particulièrement touchés : le BTP pour les hommes et la santé pour les femmes. D'une manière générale, les hommes sont plus touchés que les femmes (67 % des accidents du travail chez les hommes, contre 33 % chez les femmes).

Répartition des accidents du travail par âge

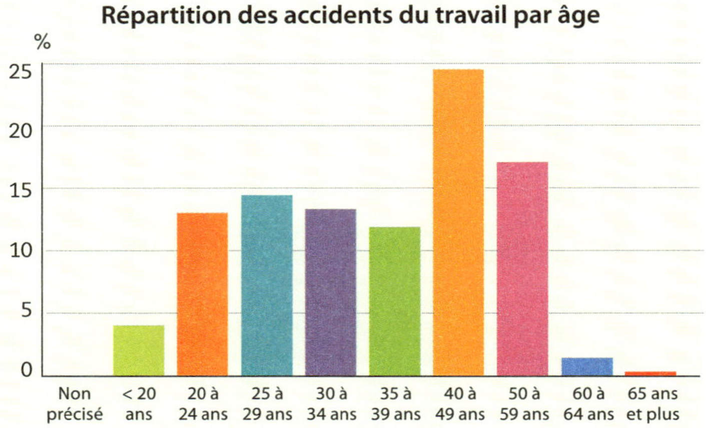

Répartition des accidents du travail suivant le siège des lésions

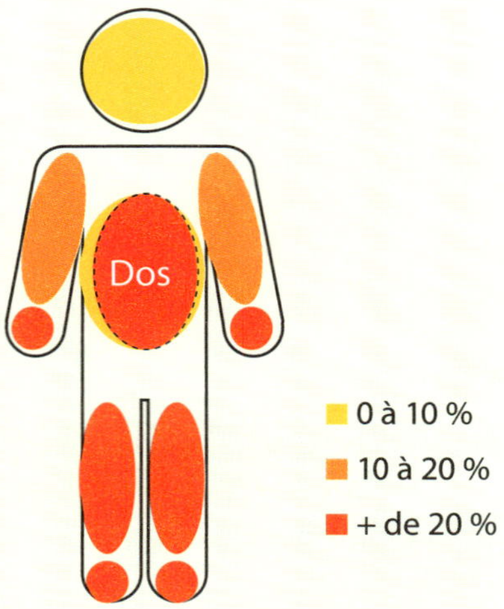

Tête et cou, y compris yeux	7 %
Membres supérieurs, hors doigts et mains	14 %
Torse et organes	3 %
Dos, rachis, moelle épinière	21 %
Doigts et mains	20 %
Membres inférieurs	25 %
Multiples endroits du corps affectés	5 %
Inconnue ou non précisée	5 %

Répartition des accidents du travail suivant le risque à l'origine de l'accident

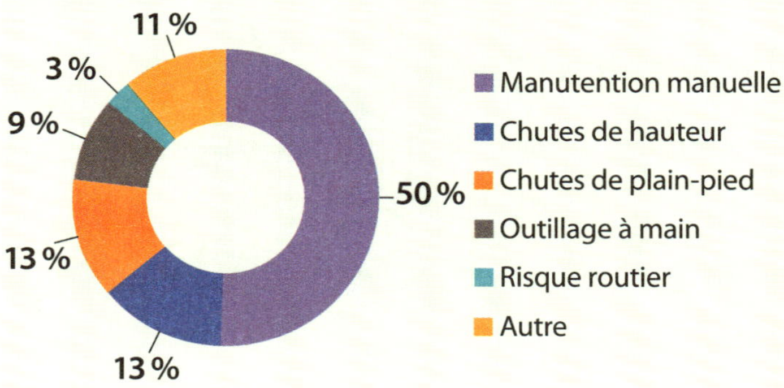

Source : Caisse nationale de l'assurance maladie des travailleurs salariés.

3. 1 Identifier la définition d'un risque professionnel en la surlignant dans le document 3.

3. 2 Caractériser les accidents professionnels en complétant le texte ci-dessous.

- Le profil des victimes (âge et sexe) : des personnes de 40 à 60 ans, et de sexe masculin.
- Les deux principales origines : les manutentions manuelles et les chutes.
- La localisation des trois principales lésions : le dos, les membres inférieurs, les doigts et les mains.
- Les secteurs professionnels à risque :

– Pour les hommes : le BTP – Pour les femmes : la santé

Le risque majeur, bien que peu fréquent, peut avoir des conséquences très graves. Il faut donc le connaître pour s'en protéger.

Activité 4 Le risque majeur

Objectif : Caractériser le risque majeur.

Document 4 Les spécificités du risque majeur

Un risque majeur est la possibilité que puisse survenir un accident d'origine naturelle ou technologique, dont les effets peuvent mettre en jeu un grand nombre de personnes, occasionner des dommages importants et dépasser les capacités de réaction de la société. Deux critères caractérisent le risque majeur : la faible fréquence et l'énorme gravité.

Le risque majeur est la combinaison d'un aléa violent et d'enjeux importants.

Un aléa est un événement potentiellement dangereux : par exemple une falaise qui menace de s'effondrer.

Les enjeux sont les intérêts menacés par l'aléa : les individus, les biens, l'environnement.

Il existe deux catégories de risques majeurs : ceux qui relèvent de mécanismes naturels (séisme…) et ceux qui sont liés à la technologie humaine (risque nucléaire…). Cependant, pour que ces phénomènes soient qualifiés de « risque majeur », ils doivent se situer dans une zone où il y a des enjeux humains, économiques ou environnementaux.

4. 1 Définir le risque majeur en surlignant la réponse dans le document 4.

4. 2 À l'aide du document 4, identifier sur les illustrations ci-dessous l'aléa et les enjeux du risque majeur représenté.

4. 3 Différencier les risques majeurs en les classant dans le tableau ci-dessous.

risque nucléaire • séisme • transport de matières dangereuses • risque biologique • cyclone • transport collectif de personnes • avalanche • risque industriel • éruption volcanique • rupture de barrage • inondation • feu de forêt

Risques naturels	Risques technologiques	
Séisme, cyclone, avalanche,	Risque nucléaire	Transport collectif de personnes
éruption volcanique,	Transport de matières dangereuses	Risque industriel
inondation, feu de forêt	Risque biologique	Rupture de barrage

Activité 5 Les risques majeurs au niveau local

Objectif : Repérer les risques majeurs d'une zone géographique.

Document 5 La région PACA[1] : une région entièrement soumise aux risques naturels

L'exposition de la région PACA aux risques naturels est directement associée au caractère « extrême » du climat méditerranéen, dont la sécheresse estivale et la violence des précipitations automnales favorisent alternativement feux de forêt, mouvements de terrains et inondations. La présence de reliefs abrupts contribue au caractère torrentiel des écoulements et à la fréquence des mouvements de terrains. De plus, **la région est également la plus sismique de France métropolitaine**. Le risque d'avalanche ne concerne que les trois départements alpins.

1. Provence-Alpes-Côte d'Azur.

Source : www.paca.developpement-durable.gouv.fr.

Inondation à Avignon

Les cinq aléas

- Mouvement de terrain
- Séisme
- Feu de forêt
- Avalanche
- Inondation

Toutes les communes de la région PACA sont soumises à au moins un aléa naturel. L'aléa séisme est présent sur toutes les communes de la région PACA. Environ 15 % des communes sont soumises à la totalité des cinq aléas et 67 % des communes sont soumises à quatre aléas.

Nombre de communes de PACA selon le type d'aléa naturel

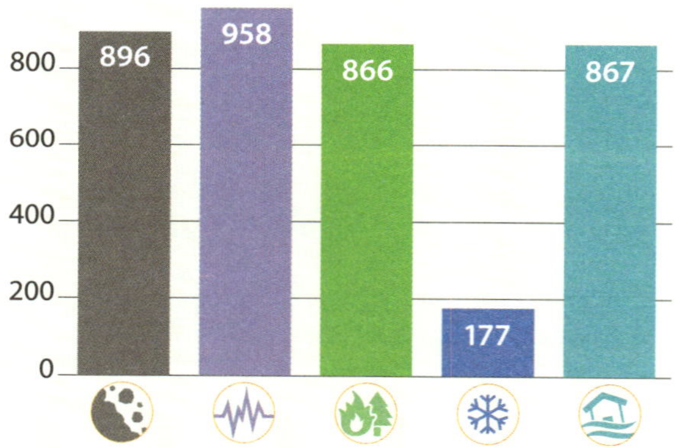

Source : www.paca.developpement-durable.gouv.fr.

5. 1 À l'aide du document 5, identifier :

– Le risque naturel qui concerne le plus grand nombre de communes en région PACA : le risque de séisme.

– Le risque naturel le moins fréquent (justifier la réponse) : les avalanches, car elles ne concernent que les départements alpins.

5. 2 Justifier la fréquence des inondations, des feux de forêt et des mouvements de terrain en région PACA.

L'exposition de la région PACA aux inondations, aux feux de forêt et aux mouvements de terrain est directement associée au caractère « extrême » du climat méditerranéen, dont la sécheresse estivale et la violence des précipitations automnales favorisent ces risques naturels.

ÉTAPE 3 Proposer des solutions

Pour protéger la population des risques majeurs, les départements et les communes doivent mettre en place des mesures de prévention.

Activité 6 Prévention des risques majeurs

Objectif : Identifier les mesures de prévention collectives destinées à réduire la gravité et les dommages du risque majeur.

Document 6 La prévention au sein des collectivités territoriales

Afin de prévenir les risques majeurs, plusieurs documents sont établis au niveau de la préfecture et de la mairie des communes concernées. Mais c'est le maire qui a la charge d'assurer la sécurité de la population. Tous ces documents sont consultables en préfecture et en mairie (sur place ou sur leurs sites internet).

Préfet → **DDRM** (Dossier départemental sur les risques majeurs) → **Informations apportées :**
- Informations sur les risques naturels et technologiques majeurs au niveau du département
- Mesures de prévention et de sauvegarde prévues pour limiter leurs effets

Maire → **DICRIM** (Document d'information communal sur les risques majeurs) → **Informations apportées :**
- Complément des informations contenues dans le DDRM
- Plans de prévention au niveau de la commune pour chacun des risques majeurs

Plans de prévention des risques (PPR)

PPRI (Plan de prévention du risque inondation)
- Évaluation des zones pouvant subir des inondations
- Proposition de solutions techniques, juridiques et humaines (par exemple : règles de constructibilité)

PPR Sismique
PPR Incendies de forêt
PPR Avalanche

6.1 Indiquer les points communs entre le DDRM et le DICRIM.

Ce sont deux documents qui informent sur les risques majeurs, et que l'on peut retrouver en préfecture ou en mairie ou sur les sites internet de ces établissements.

6.2 Expliquer la différence entre le DDRM et le DICRIM.

Le DDRM donne des informations sur les risques et les mesures de prévention au niveau du département, alors que le DICRIM s'appuie sur le DDRM pour proposer les mesures de prévention au niveau de la commune. De plus, le DICRIM contient un plan de prévention pour chacun des risques majeurs.

6.3 Préciser l'utilité d'un plan de prévention du risque inondation.

Il permet d'évaluer les zones pouvant subir des inondations et propose des solutions techniques, juridiques et humaines pour réduire ou prévenir ce risque.

La prévention passe par la connaissance du comportement à adopter face à tout risque majeur, mais aussi en présence d'un risque spécifique, car selon le type de risque, la conduite à tenir pourra être différente.

Activité 7 Conduite à tenir face à un risque majeur

Objectif : Expliquer la conduite à tenir face à un risque majeur.

Document 7 Le signal d'alerte

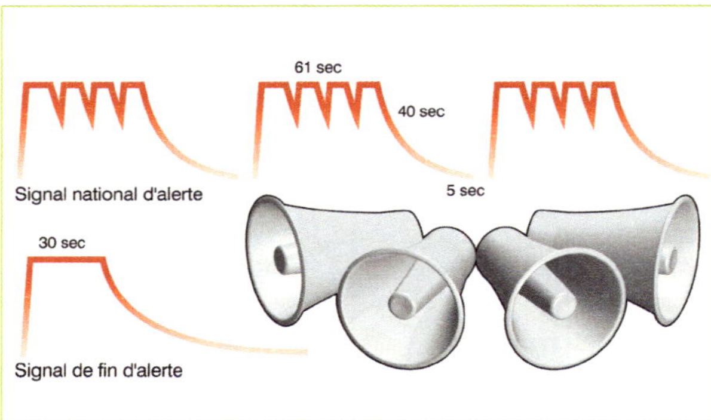

En cas de phénomène naturel ou technologique majeur, la population doit être avertie par un signal d'alerte sonore, identique pour tous les risques (sauf en cas de rupture de barrage, où le signal est spécifique) et dans tout le territoire national. Lors d'une alerte, les services de radio et de télévision autorisés diffusent des messages indiquant la conduite à tenir. Des essais de signal d'alerte sonore ont lieu le premier mercredi de chaque mois à midi, et le signal d'essai ne dure qu'une minute seulement.

7. 1 Indiquer le moyen mis en place pour informer de la survenue d'un risque majeur.

Le signal national d'alerte.

7. 2 Expliquer le déroulement des deux étapes du signal d'alerte.

1. Début d'alerte : un signal sonore composé de trois sons identiques discontinus d'une durée de 1 minute 40 et espacés de 5 secondes.
2. Fin d'alerte : un signal sonore continu de 30 secondes.

7. 3 Identifier les moyens d'information dont dispose la population pour connaître la conduite à tenir en surlignant la réponse dans le document 7.

7. 4 Dans le document ci-dessous, décoder les pictogrammes en indiquant la conduite à tenir face à tout risque majeur et face au risque d'inondation.

Dans tous les cas					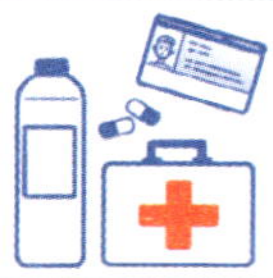
	Écoutez la radio	N'allez pas chercher vos enfants à l'école	Évitez de téléphoner	Ne fumez pas	N'emportez que l'indispensable
Inondation	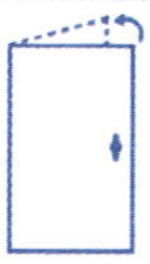				
	Fermez les portes	Coupez le gaz et l'électricité	Montez dans les étages	En cas de pluie torrentielle, gagnez au plus vite les hauteurs	

B Mémoriser et structurer les acquis

Organiser les différentes notions de la séquence en replaçant les informations suivantes dans le schéma ci-dessous.

risque industriel, risque nucléaire • fréquent • brûlure • plans de prévention d'un risque • rare • inondation • risque lié à la manipulation de charges • événement potentiellement dangereux • risque naturel ou technologique dont l'ampleur est exceptionnelle • intoxication • très grave • DICRIM • électrocution • monter dans les étages ou dans les hauteurs • écouter la radio • les intérêts menacés • les enfants et les personnes âgées sont les plus touchés

Les différents types de risques

	Risque majeur	Risque d'accident domestique	Risque d'accident du travail
Définition	Risque naturel ou technologique dont l'ampleur est exceptionnelle	Risque d'accident se produisant à la maison ou dans ses abords immédiats	Un risque professionnel est un événement dont la survenue met en danger des personnes dans le cadre de l'exercice de leur métier
Exemples	• Risque naturel : mouvement de terrain, inondation • Risque technologique : transport de matières dangereuses, risque industriel, risque nucléaire	• Noyade • Intoxication • Brûlure	• Coupure, brûlure • Incendie • Électrocution • Risque lié à la manipulation de charges • Intoxication...
Caractéristiques	• Rare • Très grave • Combinaison d'un aléa violent (événement potentiellement dangereux) et d'enjeux importants (les intérêts menacés)	• Fréquent • Première cause de mortalité accidentelle en France • Les enfants et les personnes âgées sont les plus touchés	• Leur nombre est aujourd'hui en diminution • La gravité des accidents est très variable • Les personnes de 40 à 60 ans de sexe masculin sont les plus touchées

Les risques majeurs au niveau local

Pour se renseigner sur la nature des risques majeurs présents :

- **sur une commune :** consulter le Document d'information communal sur les risques majeurs (DICRIM) en mairie, préfecture et sous-préfecture ;
- **dans un département :** consulter le site : www.risques.gouv.fr/risques-majeurs.

Les mesures de prévention du risque majeur

Collectives	Individuelles
• Mise en place du DICRIM par les communes • Rédaction de plans de prévention d'un risque (exemple inondation) pour proposer des solutions techniques, juridiques et humaines pour faire face au risque	• **Face au risque d'inondation :** fermer les portes, couper le gaz et l'électricité, monter dans les étages ou dans les hauteurs • **Face à tout risque :** écouter la radio, ne pas aller chercher les enfants à l'école, ne pas téléphoner, ne pas fumer, n'emporter que l'indispensable

C Préparer l'évaluation

Situations d'étude

A. Des gaz toxiques s'échappent d'une usine pétrochimique d'une ville industrielle et une explosion peut se produire. L'usine est située sur une zone industrielle et des habitations se trouvent dans un périmètre assez proche.

B. Manon, deux ans, s'est intoxiquée en avalant de l'eau de Javel qui se trouvait dans une bouteille d'eau gazeuse.

C. En effectuant le nettoyage des toilettes d'un hôpital, un agent de service a respiré des vapeurs toxiques et s'est évanoui.

Les différents risques

1 **Différencier les types de risque présentés dans les trois situations en complétant le tableau ci-dessous.**

Situation	Type de risque	Type d'accident	Caractéristiques du risque (gravité, fréquence, public à risque) *2 réponses attendues*
A	Risque majeur	Accident industriel	Très grave Peu fréquent
B	Risque d'accident domestique	Intoxication	Fréquent Enfants et personnes âgées les plus concernés
C	Risque d'accident du travail	Intoxication	Les hommes sont plus touchés que les femmes

Le risque majeur

2 **Pour le risque majeur de la situation décrite, préciser :**

– l'aléa : le risque d'explosion ;

– les enjeux : les habitations, les usines, les habitants et les salariés des entreprises.

3 **Identifier la conduite à tenir face au risque industriel en cochant les bonnes réponses.**

☑ Rentrer rapidement dans le bâtiment le plus proche pour se mettre à l'abri.

☐ Téléphoner à sa famille et à ses amis pour les informer du risque et qu'ils s'en protègent.

☐ Aller chercher ses enfants à l'école.

☑ Fermer et calfeutrer portes, fenêtres et ventilations pour empêcher les produits toxiques d'entrer dans l'abri.

SÉQUENCE 4

Se protéger du bruit

A Étudier la séquence

ÉTAPE 1 Analyser la situation

Activité 1 L'écoute de la musique amplifiée*

Objectif : Analyser la situation des 15-30 ans face à l'écoute de la musique amplifiée.

Document 1 **Musique trop forte : les jeunes intoxiqués au bruit**

Écouter la musique à fond dans son casque de manière prolongée est devenu monnaie courante chez de nombreux jeunes. Une pratique non sans risque pour leur audition. À l'occasion de la *Semaine du son*, une étude Ipsos révèle que les trois quarts des 15-30 ans ont déjà eu des bourdonnements ou des sifflements dans les oreilles.
« *Je n'arrive pas à me dire : "Mathieu, il faut que tu baisses la musique, parce que sinon tu risques de perdre tes oreilles"* ». À 18 ans, il écoute du rap, du RnB, du zouk « *tout le temps à fond, au maximum du volume* » pour « *se sentir mieux* ». « *Quand je baisse un peu, j'ai l'impression que je n'entends plus la musique* », se défend-il. Et le soir, il s'endort avec ses écouteurs. Au réveil, « *j'ai les oreilles comme bouchées* » et « *souvent des acouphènes*[1] ».

Source : Futura santé.

1. **Acouphènes :** sensations auditives (sifflements, grésillements, bourdonnements) qui ne sont pas causées par un bruit extérieur.

1. 1 Indiquer le constat fait par l'étude Ipsos.

L'étude Ipsos révèle que les trois quarts des 15-30 ans ont déjà eu des bourdonnements ou des sifflements dans les oreilles.

* **Musique amplifiée :** désigne certaines formes de musiques actuelles utilisant l'amplification sonore.

1. 2 Identifier les éléments de la situation de Mathieu à l'aide de l'outil QQOQCP.

Quoi ? (Quel est le problème ?)	Mathieu a souvent les oreilles bouchées et des acouphènes.
Qui ? (Qui est concerné ?)	Mathieu.
Où ? (Où est constaté le problème ?)	Au niveau de ses oreilles.
Quand ? (Quand est mis en évidence le problème ?)	Au réveil.
Comment ? (Comment le problème apparaît-il ?)	Mathieu s'endort avec ses écouteurs et écoute la musique à fond tout le temps.
Pourquoi ? (Pourquoi c'est un problème ?)	Écouter de la musique trop fort est risqué pour l'audition.

1. 3 À l'aide des deux paramètres à l'origine du problème de santé de Mathieu, déduire les causes des problèmes d'audition chez les jeunes d'après le document 1.

- L'écoute de la musique à un niveau élevé.
- La durée d'exposition à ce volume sonore.

1. 4 Identifier d'autres sources de bruit qui peuvent être à l'origine de troubles auditifs.

Bruit dans les loisirs	Bruit dans la vie quotidienne	Bruit au travail

Musique forte des baffles	Bruit des avions	Bruit des machines

ÉTAPE 2

Mobiliser les connaissances

Pour comprendre les risques liés au bruit, il est important de connaître les caractéristiques du son.

Activité 2 Les caractéristiques du son

Objectifs : Définir le bruit et l'onde sonore ; identifier les seuils à connaître (audition, fatigue, douleur).

Document 2 Qu'est-ce que le son ?

Le son est une onde qui se propage dans l'air et le fait vibrer, depuis sa source jusqu'à notre oreille.
Ce principe peut être comparé à un caillou jeté dans l'eau, provoquant aussitôt des cercles concentriques qui se développent à partir du point d'impact. Chaque cercle correspond à une perturbation périodique, c'est-à-dire à une onde, qui se propage dans le milieu.
On parle de bruit lorsque la sensation auditive perçue est gênante ou désagréable, voire douloureuse.

2. 1 Repérer la définition du son en la surlignant dans le document 2.

2. 2 Définir le bruit à l'aide du document 2.

Le bruit est un ensemble de sons qui créent une sensation auditive gênante ou désagréable, voire douloureuse.

Document 3 Les paramètres physiques du son

Le son se caractérise principalement par sa fréquence (grave ou aiguë) et son intensité (forte, faible).
La fréquence correspond au nombre de vibrations par seconde, elle s'exprime en Hertz (Hz). L'oreille humaine ne perçoit que les fréquences comprises entre 20 Hz (fréquence perçue la plus grave) et 20 000 Hz (fréquence perçue la plus aiguë).
L'intensité sonore s'exprime en décibels (dB)[1] et correspond à l'amplitude de l'onde.

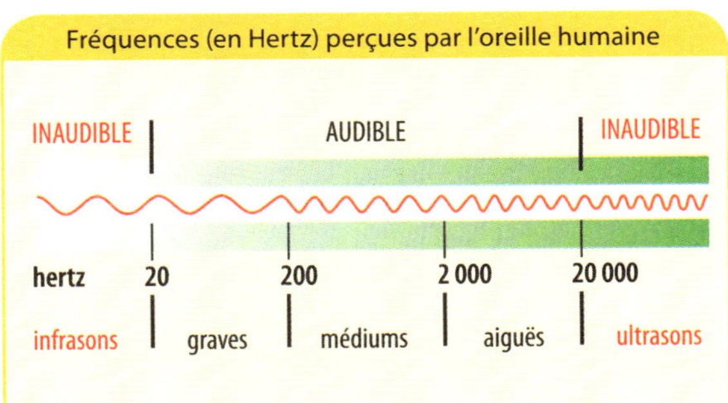

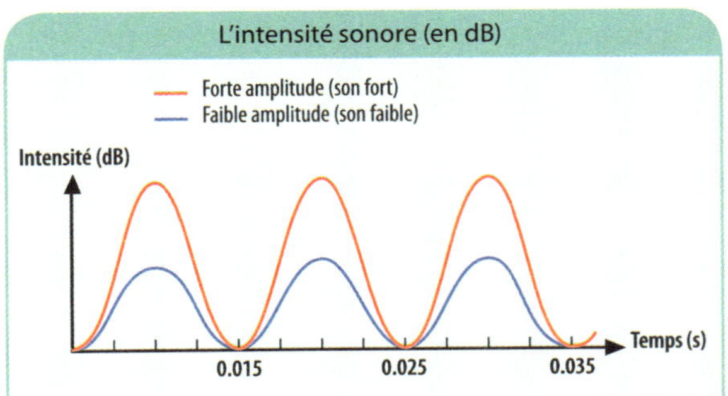

1. Ou en décibels A (dB(A)), qui prennent en compte la sensibilité de l'oreille humaine en fonction des fréquences.

À l'aide du document 3 :

2.3 Présenter les deux paramètres qui caractérisent le son en complétant le tableau ci-dessous.

Paramètres	Définition du paramètre	Unités de mesure	Adjectifs qualifiant le paramètre
Fréquence	Nombre de vibrations par seconde	Hertz (Hz)	Aigu, grave
Intensité sonore	Amplitude de l'onde	Décibels (dB)	Fort, faible

2.4 Indiquer les fréquences non perçues par l'oreille humaine.

- Les ultrasons : au-dessus de 20 000 hertz
- Les infrasons : en dessous de 20 hertz

Document 4 L'échelle des bruits

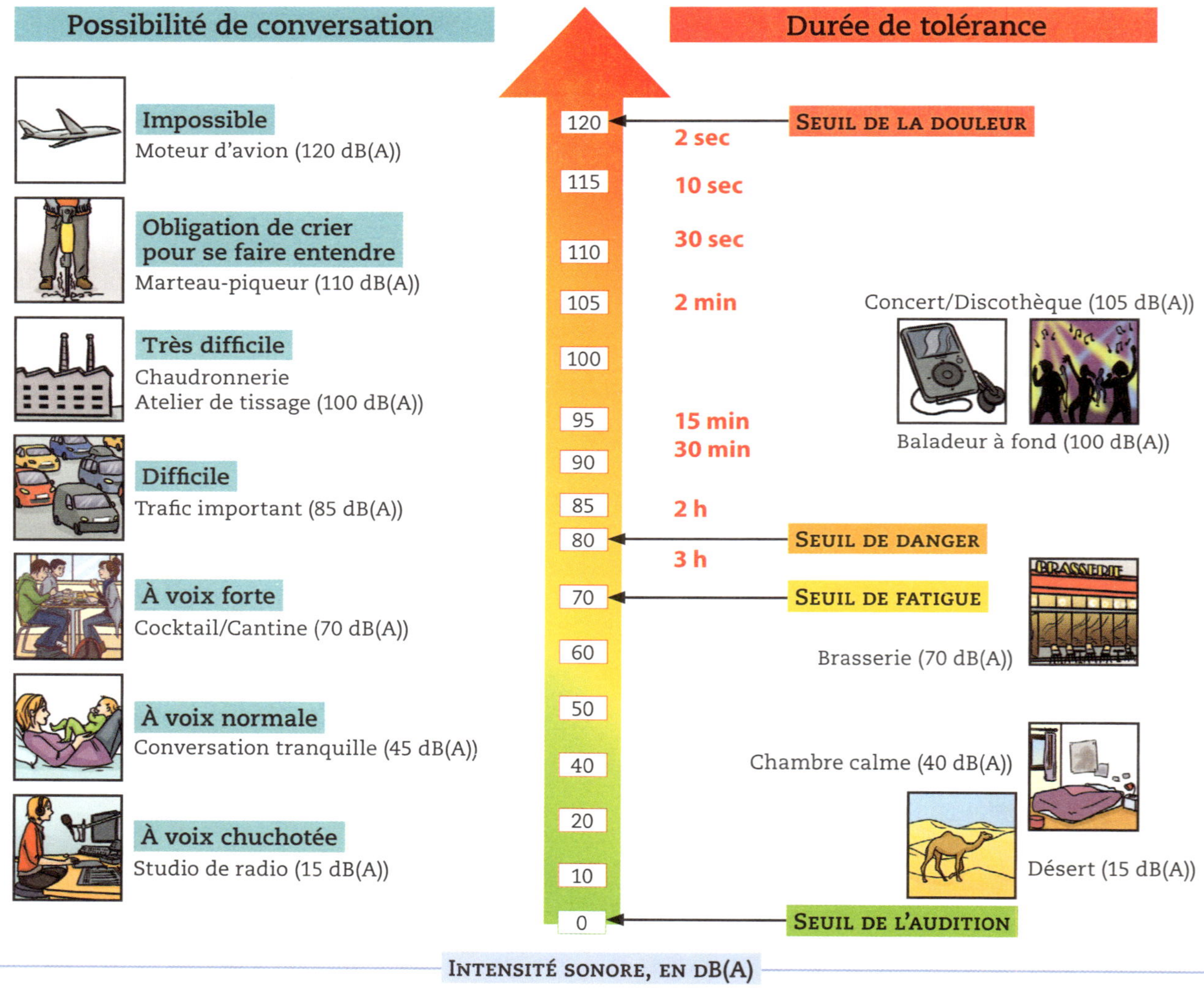

2.5 À l'aide du document 4, indiquer le niveau sonore correspondant au :

- Seuil de la douleur : 120 dB(A)
- Seuil de fatigue : 70 dB(A)
- Seuil de l'audition : 0 dB(A)
- Seuil de danger : 80 dB(A)

Pour comprendre les effets du bruit sur l'appareil auditif, il est important de connaître le fonctionnement de l'oreille.

Activité 3 L'anatomie et la physiologie de l'oreille

Objectifs : Repérer le trajet du son sur un schéma simple, décrire le mécanisme de la perception du son et repérer les organes de l'appareil auditif qui peuvent être endommagés.

Document 5 L'appareil auditif

L'appareil auditif est constitué de trois parties, à travers lesquelles passe le son.

1 L'oreille externe

C'est la seule partie qui est en communication directe avec l'extérieur. Elle est composée d'un pavillon et d'un conduit auditif. C'est une simple structure de transmission des sons vers le tympan, de protection et de résonance.

2 L'oreille moyenne

Elle tient le rôle de protection de l'oreille interne et de transmission mécanique des sons. Les vibrations du tympan sont transmises à la chaîne des osselets et répercutées jusqu'à la fenêtre ovale, frontière avec l'oreille interne.

3 L'oreille interne

C'est le siège des mécanismes de la perception. Elle contient à la fois l'organe de l'équilibre, représenté par les canaux semi-circulaires, et la cochlée, organe de l'audition, qui renferme les cellules ciliées (15 000 environ). Les vibrations transmises à la fenêtre ovale mettent en mouvement le milieu liquide contenu dans la cochlée et ainsi les cils des cellules ciliées. Ces cellules convertissent l'énergie mécanique des ondes sonores en influx nerveux, transmis par le nerf auditif au cerveau, qui décode et interprète les messages reçus.

3. 1 À l'aide des mots surlignés dans le texte du document 5, légender le schéma de l'oreille ci-dessous.

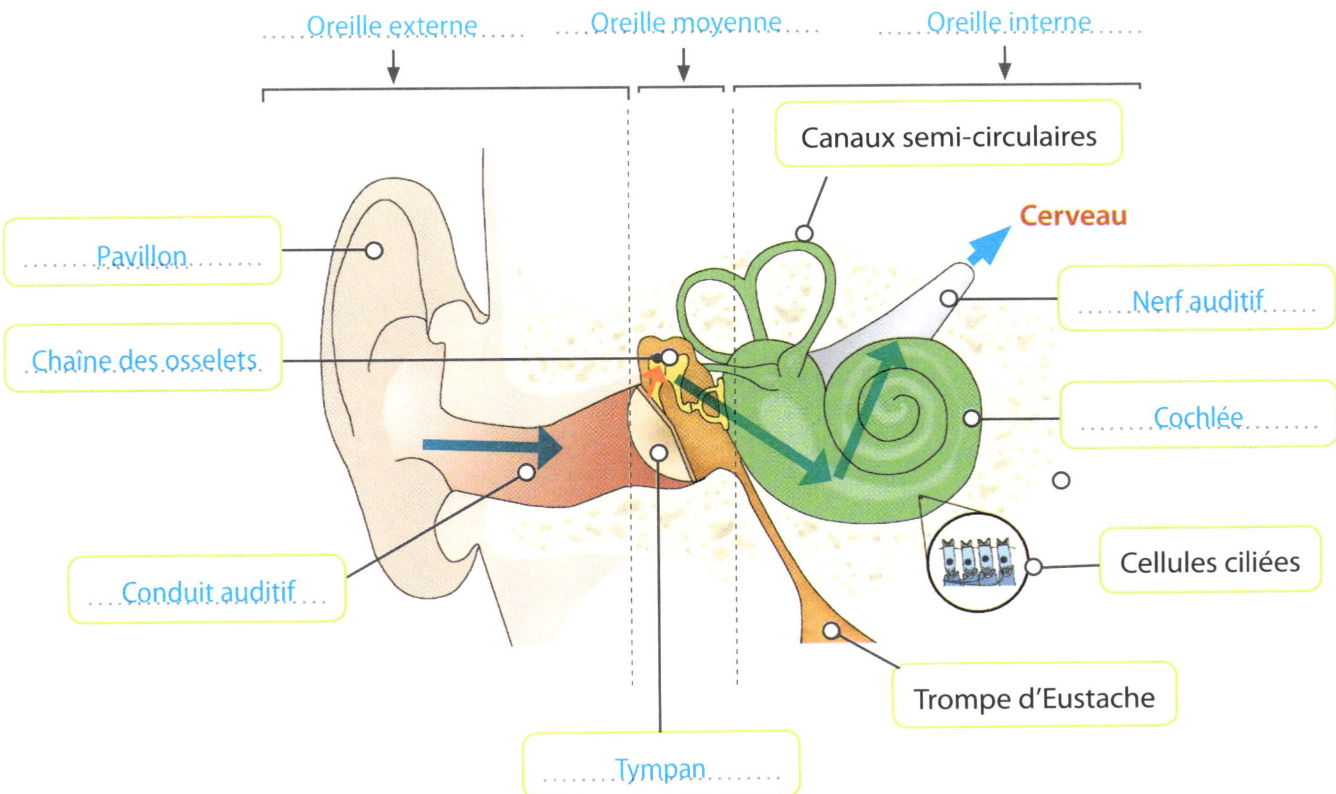

3. 2 Flécher sur le schéma le trajet du son dans l'oreille.

Document 6 Les types de surdité

On distingue trois types de surdité.

1 La surdité de transmission

Il s'agit d'une incapacité à acheminer les sons vers l'oreille interne. Elle s'explique par une affection de l'oreille externe (pavillon et conduit auditif externe) ou de l'oreille moyenne (tympan et chaîne des osselets). Les principales causes sont : le bouchon de cérumen (lié à l'accumulation de ce dernier dans le conduit auditif), les otites, la perforation ou la rupture du tympan…

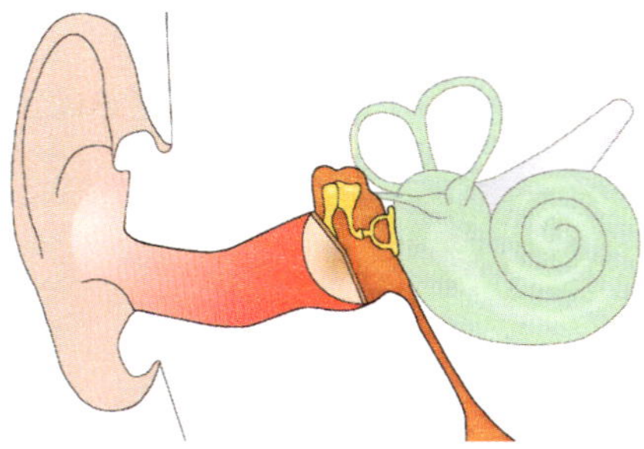

2 La surdité de perception

Cette perte auditive survient suite à une détérioration des cellules sensorielles et/ou des fibres nerveuses de l'oreille interne. Les principales causes sont : le vieillissement, qui provoque une baisse progressive de l'acuité auditive, l'exposition à des bruits très forts ou de façon prolongée, des traumatismes liés à la pression (en plongée sous-marine, par exemple)…

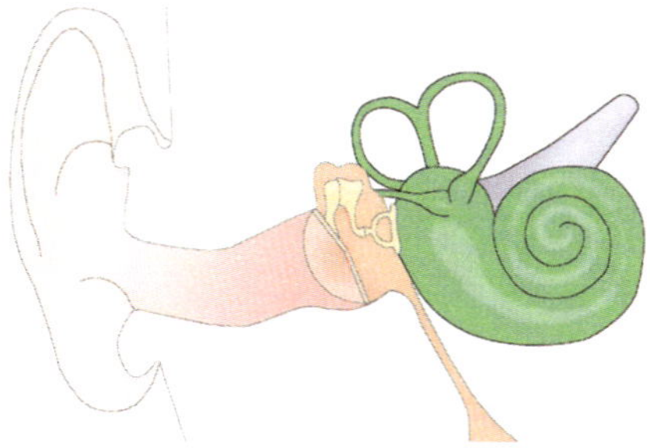

3 La surdité mixte

Cette surdité est une combinaison des deux autres types de surdité.

3. 3 À l'aide du document 6, différencier surdité de transmission et surdité de perception.

La surdité de transmission correspond à une atteinte de l'oreille externe ou de l'oreille moyenne, alors que la surdité de perception est une atteinte de l'oreille interne.

3. 4 Indiquer pour chaque schéma représentant une atteinte de l'appareil auditif : l'organe atteint, la partie de l'oreille concernée, le type de surdité.

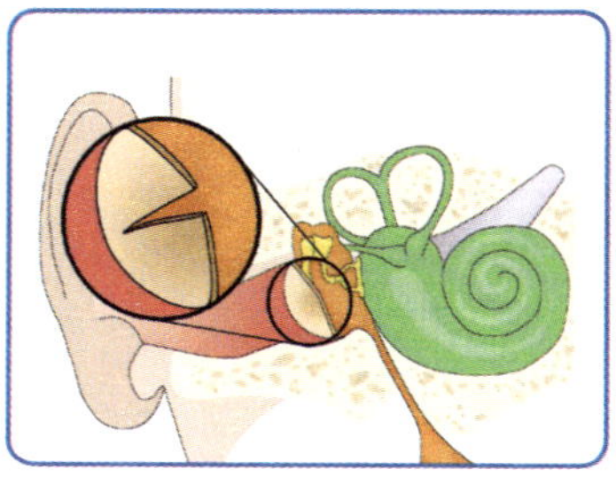

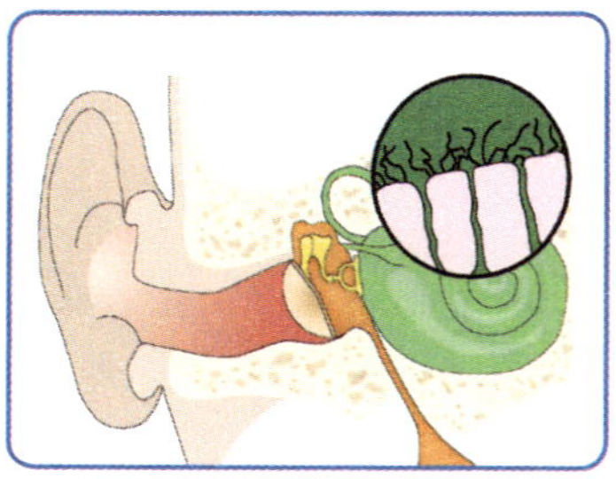

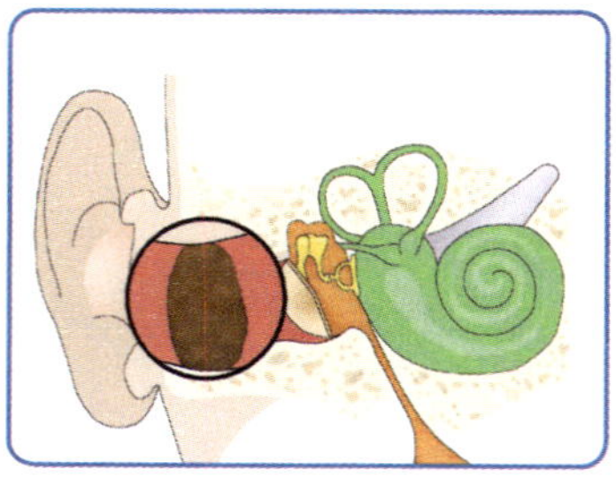

Organe atteint	Tympan	Cochlée	Conduit auditif
Partie de l'oreille concernée	Moyenne	Interne	Externe
Type de surdité	Transmission	Perception	Transmission

Activité 4 Les effets du bruit sur l'organisme et sur la vie sociale

Objectif : Identifier les principales conséquences physiologiques, psychologiques et sociales de l'exposition au bruit.

Document 7 Les conséquences du bruit sur l'individu

Le bruit affecte considérablement la qualité de vie en gênant les activités quotidiennes des individus, que ce soit à l'école, au travail ou lors des loisirs. Outre les conséquences sur l'audition (douleur et fatigue auditive, altération de l'ouïe, acouphènes…), l'exposition au bruit peut entraîner de nombreux risques pour la santé et la vie sociale :

- ➜ des troubles du sommeil et leurs conséquences sur le long et le court terme ;
- ➜ des maladies cardiovasculaires (liées au stress généré par le bruit) ;
- ➜ une augmentation du taux d'hormones du stress et leurs possibles conséquences sur le métabolisme humain et sur le système immunitaire ;
- ➜ des interférences avec le comportement social (isolement, crainte, manque de confiance en soi) ;
- ➜ une perturbation de la communication, la non compréhension des consignes au travail ;
- ➜ une baisse des performances à l'école et au travail.

4. 1 À l'aide du document 7, présenter les effets du bruit sur l'individu en renseignant le schéma ci-dessous.

Conséquences sur la santé

- Atteinte de l'appareil auditif (surdité, acouphènes…)
- Troubles du sommeil
- Maladies cardiovasculaires

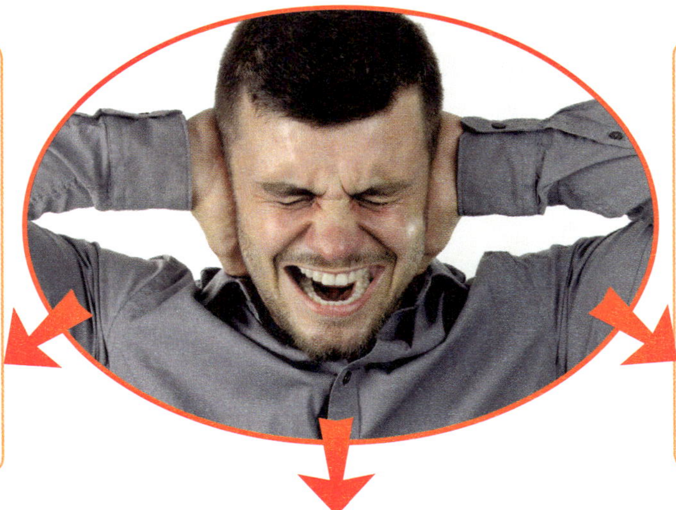

Conséquences sur la vie sociale

- Perturbation de la communication
- Conflits de voisinage
- Manque de confiance en soi

Conséquences professionnelles

- Non compréhension des consignes
- Accidents du travail
- Baisse des performances

ÉTAPE 3 Proposer des solutions

Compte tenu des conséquences que peut entraîner l'exposition au bruit dans la vie sociale comme dans la vie professionnelle, mettre en place des mesures de prévention est indispensable.

Activité 5 La prévention du bruit au travail

Objectif : Déduire des mesures de prévention contre le bruit au travail : à la source, sur la transmission et sur la réception.

Document 8 Les différentes mesures de prévention

Pour réduire le bruit au travail, il existe différents niveaux de prévention.

L'action à la source : cela consiste à agir sur l'origine du bruit (remplacer une machine bruyante, par exemple). C'est la solution idéale, mais elle n'est pas toujours réalisable pour des questions techniques ou économiques.

L'action sur la propagation ou la transmission du bruit : par exemple en éloignant l'opérateur de la source de bruit ou en mettant des obstacles (écran anti-bruit, encoffrement des machines…).

L'action sur la réception du bruit : par exemple avec des protections individuelles contre le bruit (PICB) : bouchons d'oreilles, casque…

Pour un niveau sonore de 80 dB(A), des PICB doivent être obligatoirement mises à disposition des salariés. Pour un niveau sonore de 85 dB(A), leur port doit être rendu obligatoire.

À l'aide du document 8 :

5.1 Indiquer sur le schéma le niveau de prévention correspondant aux mesures de prévention présentées.

5.2 Préciser la mesure de prévention à mettre en œuvre en priorité.

La mesure à mettre en place en priorité est la réduction du bruit à la source, en remplaçant une machine bruyante, par exemple.

5.3 Indiquer le niveau sonore à partir duquel le salarié doit obligatoirement porter des PICB.

Le seuil est de 85 dB(A).

Activité 6 La prévention du bruit dans la vie quotidienne

Objectif : Prévenir les nuisances du bruit dans la vie quotidienne.

Document 9 Les bons réflexes pour protéger ses oreilles

VOUS ÊTES PUBLIC DE CONCERT OU DE DISCOTHÈQUE

- Respectez des temps de pause : environ 15 minutes toutes les heures dans un endroit plus calme.
- Éloignez-vous le plus possible des enceintes.
- Utilisez des bouchons d'oreilles, surtout si vous restez à proximité de la source sonore.

Si à l'issue d'une soirée, d'une rave party, d'une sortie en discothèque ou en concert, vous ressentez une perte auditive, des bourdonnements ou sifflements qui persistent même après un temps de repos, allez consulter un médecin sous 12 heures. N'attendez pas ! En effet, il faut savoir que les lésions peuvent être irréversibles sous 24 heures. Sous 8 jours, les chances de guérison sont quasi nulles.

VOUS ÊTES UTILISATEUR DE LECTEUR MP3

Au-delà d'une heure par jour à un niveau sonore élevé, vous endommagez progressivement vos oreilles. En effet, si vous écoutez votre baladeur, volume à fond (95-100 dB), vos oreilles sont en danger au bout de 15 minutes.

En diminuant le volume sonore, vous pourrez ainsi écouter plus longtemps en minimisant les risques.

Source : Livret pédagogique, « Trop puissant, les risques auditifs liés aux musiques amplifiées ».

Le livret pédagogique « Trop Puissant » est une initiative de la Région Provence-Alpes-Côte d'Azur, réalisé par la Régie culturelle régionale, en collaboration avec l'ARCADE (Pôle régional des musiques actuelles), l'association URAPEDA et les Centres régionaux de documentation pédagogiques des Académies d'Aix-Marseille et Nice. Dépôt légal décembre 2015. ISBN : 2-914969-26-0.

6. 1 À l'aide du document 9, identifier une mesure de prévention contre les nuisances liées à l'écoute de la musique amplifiée pour chacune des situations du tableau ci-dessous. Indiquer le type d'action en cochant la case correspondante.

Situations	Mesures de prévention	Action à la source	Action sur la transmission	Action à la réception
Vous êtes utilisateur de baladeur	Baisser le volume	☑	☐	☐
Vous êtes public de concert	Porter des protections auditives	☐	☐	☑
Vous sortez souvent en discothèque	Faire des pauses dans un endroit plus calme	☐	☑	☐

6. 2 À la suite d'un concert, vous ressentez des bourdonnements dans les oreilles malgré une nuit de repos.

• Préciser la démarche à entreprendre.

Il est nécessaire de consulter un médecin sous 12 heures.

• Justifier l'importance de cette démarche.

Il est important de consulter rapidement, car sous 24 heures les lésions peuvent être irréversibles et sous 8 jours, les chances de guérison sont quasi nulles.

Document 10 Les bruits de voisinage

6. 3 À l'aide du document 10, proposer cinq mesures pour limiter les bruits de voisinage et adopter un comportement citoyen vis-à-vis de son entourage.

- Ne pas mettre de chaussures à talons dans son habitation.
- Éduquer les chiens pour limiter les aboiements.
- Écouter la musique à un niveau sonore raisonnable ou à l'aide d'écouteurs.
- Ne pas courir dans les parties communes.
- Choisir des équipements ménagers peu bruyants.

Alertés par la baisse d'audition de certains élèves, l'équipe enseignante d'un lycée professionnel décide de mettre en place un projet ayant pour objectif de sensibiliser les classes de l'établissement aux nuisances liées au bruit.

Activité 7 La mise en place d'un projet

Objectif : Mettre en œuvre la méthodologie de projet.

Document 11 Les actions proposées

→ Réaliser un clip à diffuser dans l'établissement : cette action nécessite un financement, il faut trouver des intervenants compétents, mobiliser des élèves pour concevoir le clip et se procurer du matériel pour le réaliser et le diffuser.

→ Mettre en place une campagne d'affichage sur les risques liés au bruit. Cette action ne nécessite pas de financement, elle permet d'impliquer les élèves dans la recherche ou dans la conception d'affiches.

→ Faire intervenir une association travaillant sur les risques liés au bruit. Cette action ne nécessite pas de financement, elle est prise en charge par la région. Il faut prévoir un planning d'intervention en fonction des périodes de formation en milieu professionnel des élèves.

7. 1 Énoncer l'objectif du projet proposé par l'équipe enseignante.

Sensibiliser les élèves du lycée professionnel sur les risques liés au bruit.

7. 2 Pour chaque action proposée dans le document 11, analyser les contraintes en renseignant le tableau ci-dessous.

Actions	Contraintes		
	Financières	Humaines et matérielles	Temps
Clip vidéo	Besoin de financement	Besoin d'intervenants, d'élèves mobilisés, ainsi que de matériel	Aucune
Campagne d'affichage	Pas besoin de financement	Besoin de mobiliser les élèves, affiches à concevoir ou à trouver	Aucune
Intervention d'une association	Pas besoin de financement	Besoin d'une association travaillant sur les risques liés au bruit	Planning selon les dates de formation

Deux contraintes sont à prendre en compte pour la réalisation de ce projet : l'absence de fonds pour le financer et le souhait de l'établissement d'impliquer au maximum les élèves.

7. 3 En fonction des contraintes de l'établissement, indiquer l'action qui vous semble la plus adaptée. Justifier votre choix.

L'action la plus adaptée est la campagne d'affichage, car elle ne nécessite pas de financement et elle permet d'impliquer les élèves.

Document 12 Des affiches de prévention

Avant de réaliser leur propre affiche, les élèves ont effectué une recherche documentaire.

© Association AGI-SON (www.agi-son.org).

© Ville de Poitiers

© Association Le Kalif, Rouen (www.gerersonaudition.com)

© ARS Bourgogne/GIP FTLV de Bourgogne.

© OPPBTP

7. 4 Pour chaque affiche du document 12, indiquer le thème de prévention sur le bruit abordé.

Affiche 1 : les risques liés à l'écoute de la musique amplifiée.

Affiche 2 : le respect de son voisinage.

Affiche 3 : les conséquences du bruit sur la santé.

Affiche 4 : les risques liés à l'écoute de la musique amplifiée.

Affiche 5 : les risques liés au bruit au travail.

7. 5 Identifier les outils qui peuvent être mis en place pour évaluer l'impact d'actions de sensibilisation en cochant les réponses correspondantes.

☑ Réunion-bilan ☐ Dépliant ☑ Questionnaire ☑ Comptage

B Mémoriser et structurer les acquis

Organiser les différentes notions de la séquence en complétant le schéma ci-dessous à l'aide des activités précédentes.

Le bruit

Le son est une onde qui se propage dans l'air et le fait vibrer depuis sa source jusqu'à notre oreille. **Le bruit** est une onde sonore gênante ou désagréable.
Le niveau sonore permet de mesurer si le son est fort ou faible et s'exprime en décibel (dB) ou en dB(A). On distingue :

- **le seuil d'audition**, qui est de 0 dB(A) ;
- **le seuil de fatigue**, qui est de 70 dB(A) ;
- **le seul de danger**, qui est de 80 dB(A) ;
- **le seuil de douleur**, qui est de 120 dB(A).

L'anatomie et la physiologie de l'oreille

L'onde sonore est conduite par le conduit auditif jusqu'au tympan, elle passe ensuite par les osselets et arrive à la cochlée, où elle est transformée en un influx nerveux qui est transmis au cerveau par le nerf auditif.

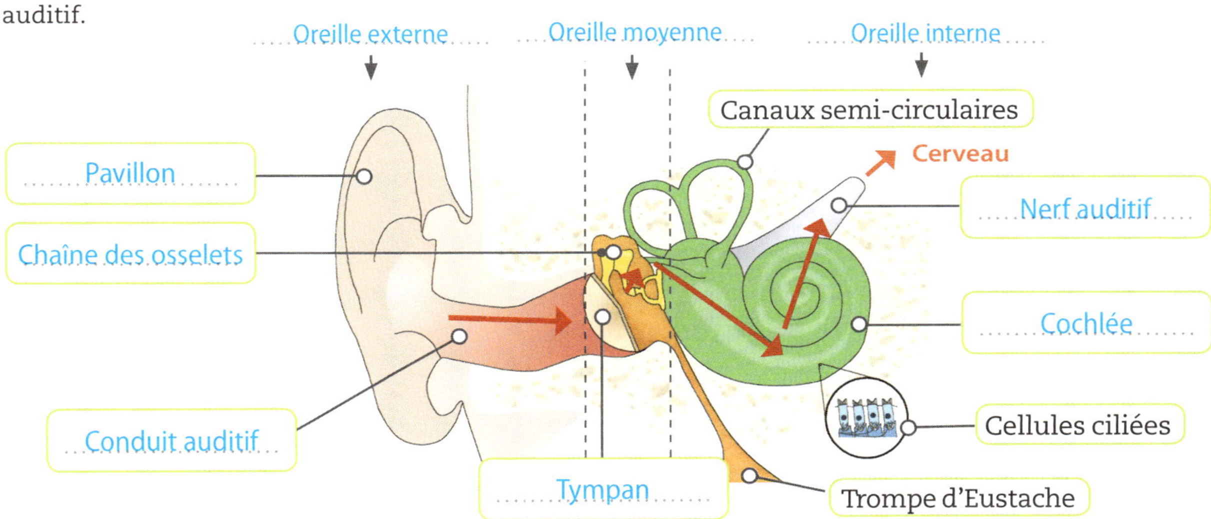

Les effets du bruit

Le bruit peut avoir des conséquences :

- **sur la santé :** surdité, sifflements, acouphènes, problèmes cardiovasculaires, troubles du sommeil... ;
- **sur la vie professionnelle :** accidents du travail, baisse des performances... ;
- **sur la vie sociale :** manque de confiance en soi, isolement, problèmes de communication...

Les mesures de prévention

Les mesures de prévention peuvent porter sur la source du bruit (choisir des appareils silencieux), sur la transmission (écran anti-bruit), sur la réception (bouchons d'oreilles ou casque).

C Préparer l'évaluation

Situation d'étude

Pierre travaille dans un garage, où il est confronté au bruit de nombreuses machines. Le soir, il aspire au repos, mais ses voisins du dessus font du vacarme jusqu'à 23 heures presque chaque soir. Son fils Valentin joue de la guitare électrique dans un groupe de métal et assiste à de nombreux concerts. Tous deux ont constaté une baisse de leur audition, et Pierre a de plus en plus de difficultés à se concentrer au travail.

Les sources de bruit

1 **Indiquer deux sources de bruit pour chaque situation dans le tableau ci-dessous.**

Situations	Sources de bruit
Pierre	Machines, bruits de voisinage
Valentin	Concerts, guitare électrique

2 **Définir les termes suivants :**

- son : c'est une onde qui se propage dans l'air et le fait vibrer depuis sa source jusqu'à notre oreille ;
- bruit : onde sonore gênante ou désagréable.

Les conséquences du bruit

3 **Identifier les conséquences du bruit sur la santé mises en évidence dans la situation d'étude et les surligner. Proposer deux autres conséquences.**

Surdité, sifflement, acouphènes, problèmes cardiovasculaires, troubles du sommeil...

Les mesures de prévention

4 **Proposer pour chacun des cas de la situation d'étude des mesures de prévention appropriées en complétant le tableau ci-dessous.**

Situations	Mesures de prévention		
	À la source	Lors de la transmission	À la réception
Pierre	Remplacer les machines.	Mettre un écran anti-bruit entre lui et les machines.	Bouchons d'oreilles ou casque.
Valentin	Limiter le volume des enceintes (quand il joue de la guitare).	Ne pas se placer devant les enceintes.	Porter des protections auditives.

SÉQUENCE 5

Les risques professionnels dans l'activité de travail

A Étudier la séquence

ÉTAPE 1 Analyser la situation

Activité 1 Les conséquences des risques professionnels

Objectif : Analyser le contexte professionnel.

Document 1 **Les conséquences des accidents du travail**

Les accidents du travail[1] ont des répercussions majeures sur l'entreprise et le personnel, tant d'un point de vue humain (blessures, décès) que financier (journées de travail perdues pour l'entreprise).

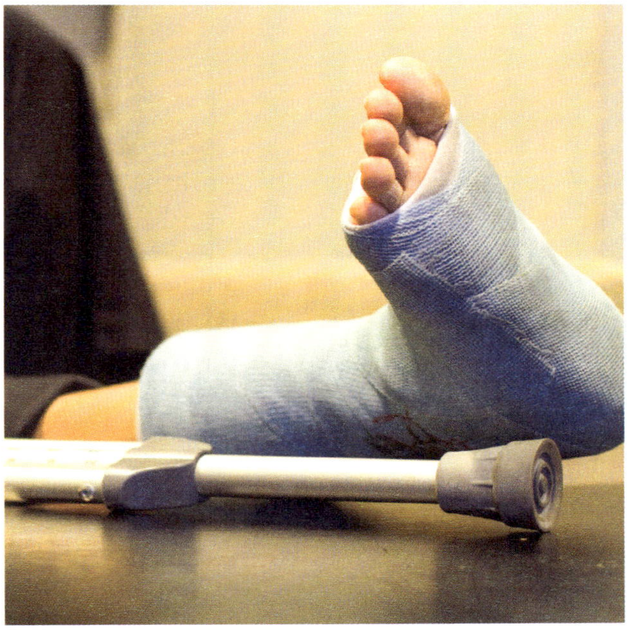

L'évaluation des risques professionnels permet alors de mettre en place des mesures de prévention adaptées, dans le but de réduire les accidents du travail ainsi que les maladies professionnelles[2].

Nombre de salariés	18 314 269
Nombre d'accidents du travail	618 263
dont avec au moins 4 jours d'arrêt	*559 404*
Nombre de nouvelles incapacités permanentes[3]	39 078
Nombre de décès	541
Nombre de journées perdues[4]	37 495 807

Source : statistiques de l'INRS (Institut national de la recherche et de la sécurité), 2014.

1. **Accident du travail :** accident survenu sur le lieu de travail ou sur le trajet travail-domicile, quelle qu'en soit la cause.
2. **Maladie professionnelle :** conséquence de l'exposition plus ou moins prolongée à un risque lors d'une exposition professionnelle.
3. **Incapacité permanente :** perte définitive, partielle ou totale de la capacité à travailler suite à un accident du travail ou à une maladie professionnelle.
4. **Journée perdue :** journée de travail non effectuée par un salarié suite à un accident du travail. Cela correspond donc à une journée de travail perdue pour l'entreprise.

1. 1 À partir du document 1, identifier la raison qui justifie, pour l'entreprise, la mise en place de mesures de prévention suite à une évaluation des risques professionnels.

Les conséquences financières et humaines des accidents du travail et des maladies professionnelles sont importantes. C'est pourquoi il est nécessaire d'évaluer et de prévenir les risques professionnels.

ÉTAPE 2

Mobiliser les connaissances

Un risque professionnel est un événement dont la survenue met en danger des personnes dans le cadre de l'exercice de leur métier. Selon les secteurs professionnels, il est possible d'être exposé à différents types de risques.

Activité 2 Les risques professionnels et les situations de travail

Objectif : Identifier les risques et les dommages potentiels.

Document 2 Classification des types de risques

Les risques mécaniques : heurts par les parties mobiles en mouvement des machines, écrasement par des chutes d'objets ou des véhicules, chutes, coupures et perforations par les outils de travail, projections de matières solides (copeaux de métal, de bois, de roche) ou incandescentes, contraintes posturales (position debout, piétinement) et visuelles (travaux de précision, travail de nuit...)...

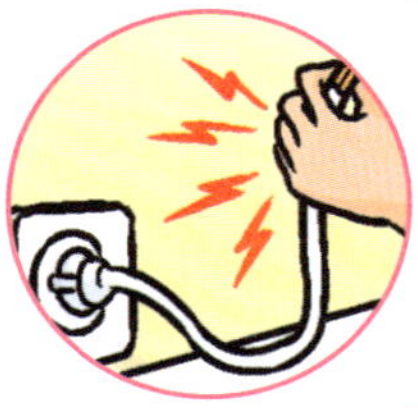

Les risques physiques : niveau sonore trop élevé, température trop forte ou trop basse, intempéries pour les travaux extérieurs (humidité, vent...), niveau d'éclairement, vibrations produites par les engins, risque électrique, incendie et explosion...

Les risques chimiques : exposition à des substances chimiques par inhalation, ingestion ou contact cutané, à des produits cancérigènes, toxiques, corrosifs, irritants, allergisants...

Les risques biologiques : exposition à des agents infectieux (bactéries, parasites, virus, champignons) et/ou allergisants par piqûre, morsure, inhalation...

Les risques radiologiques : existence de radiations ionisantes et de radioéléments, de rayonnements laser, de rayonnements ultraviolets et infrarouges, de rayonnements électromagnétiques divers...

Les risques psychologiques : agression physique ou verbale sur le lieu de travail, harcèlement moral ou sexuel, stress managérial, charge mentale excessive...

À l'aide du document 2 :

2. 1 Indiquer le type de risque mis en évidence et le(s) dommage(s) potentiel(s)* en complétant les légendes des illustrations page suivante.

* Dommage potentiel : blessure physique et/ou atteinte à la santé.

TR : physique

DP : gêne auditive, surdité…

TR : physique

DP : baisse de vigilance pouvant entraîner un accident

TR : mécanique

DP : entorse, fracture…

TR : psychologique

DP : stress

TR : physique

DP : brûlure

TR : mécanique

DP : blessure

TR : chimique

DP : intoxication

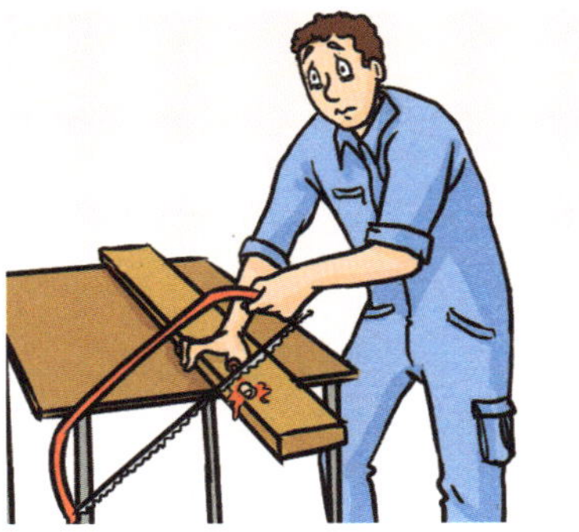

TR : mécanique

DP : coupure, sectionnement…

TR : biologique

DP : infection, maladie…

TR Type de risque DP Dommage(s) potentiel(s)

2. 2 Indiquer le secteur professionnel auquel vous vous destinez.

....

2. 3 Identifier les risques correspondants à votre secteur professionnel en entourant les illustrations correspondantes.

Après avoir repéré les risques professionnels, il est nécessaire d'identifier dans les situations dangereuses les paramètres qui conditionnent l'apparition d'un dommage.

Activité 3 Le processus d'apparition d'un dommage

Objectif : Identifier les éléments qui caractérisent une situation de travail dangereuse grâce au schéma du processus d'apparition d'un dommage.

Document 3 Définitions

Situation dangereuse : situation dans laquelle une personne est exposée à un ou plusieurs dangers.

Événement dangereux : événement susceptible de causer un dommage pour la santé.

Danger : cause capable de provoquer une lésion ou une atteinte à la santé.

Opérateur : personne chargée d'effectuer une tâche profession-nelle.

Dommage : blessure physique et/ou atteinte à la santé.

3. 1 À l'aide des définitions proposées dans le document 3, indiquer le terme correspondant en complétant le schéma ci-dessous.

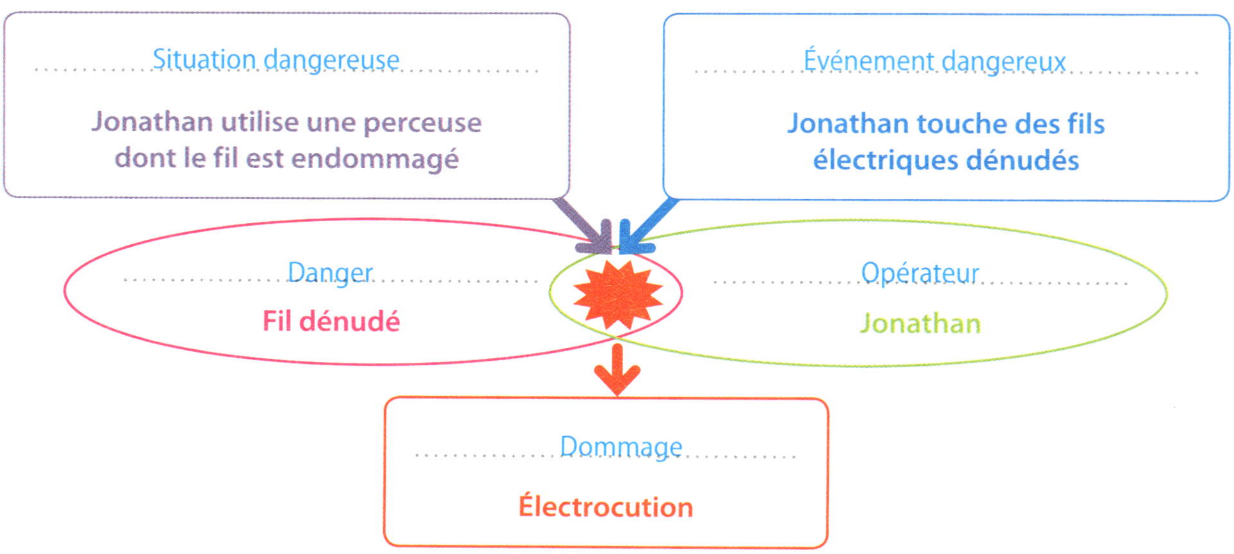

3. 2 Pour chacune des deux situations suivantes (documents 4 et 5), présenter le processus d'apparition du dommage en complétant le schéma correspondant.

Document 4 Situation professionnelle n° 1

Ines, ébéniste, décape un meuble avec un produit à base d'ammoniaque sans gants. Le décapant entre en contact avec sa peau et une réaction cutanée (rougeur, irritation) se manifeste.

SITUATION DANGEREUSE
Ines décape un meuble

ÉVÉNEMENT DANGEREUX
Le décapant entre en contact avec sa peau

DANGER
Produit décapant à base d'ammoniaque

OPÉRATEUR
Ines

DOMMAGE
Réaction cutanée

Document 5 Situation professionnelle n° 2

Souleymane, employé dans une société de dépannage en plomberie et électricité, travaille depuis plusieurs heures sans pouvoir faire de pause. Depuis plusieurs mois, son patron lui donne toujours plus de clients chaque jour. Souleymane pense qu'il ne pourra jamais y arriver et il est de plus en plus stressé…

SITUATION DANGEREUSE
Souleymane doit dépanner toujours plus de clients

ÉVÉNEMENT DANGEREUX
Souleymane travaille depuis plusieurs heures sans pouvoir faire de pause

DANGER
– Nombre important de clients à dépanner
– Pas de pause

OPÉRATEUR
Souleymane

DOMMAGE
Stress

Une fois le risque identifié et les situations dangereuses repérées, il est nécessaire d'apprécier l'importance des risques professionnels.

Activité 4 L'appréciation du risque

Objectif : Apprécier l'importance d'un risque (fréquence et gravité, probabilité d'apparition).

Document 6 Échelle d'estimation de la gravité du dommage

- 4 — **Très grave** (décès)
- 3 — **Grave** (accident avec incapacité permanente)
- 2 — **Moyen** (accident avec arrêt de travail et/ou hospitalisation)
- 1 — **Faible** (accident sans arrêt de travail)

4. 1 À l'aide du document 6, estimer le niveau de gravité (compris entre 1 et 4) des situations page suivante et l'inscrire dans la deuxième colonne du tableau.

Document 7 Échelle d'estimation de la probabilité d'apparition du dommage

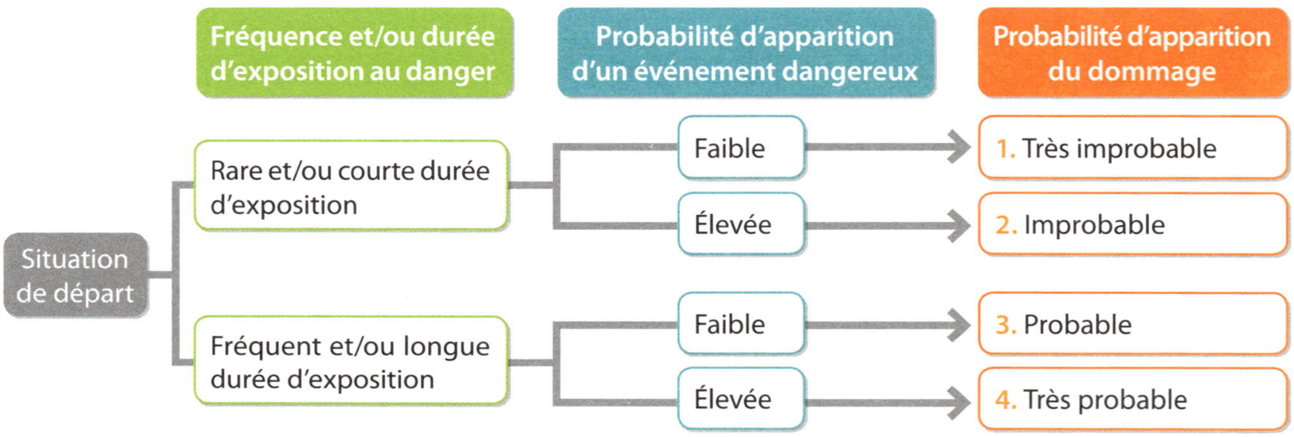

4. 2 À l'aide du document 7, estimer le niveau de probabilité d'apparition du dommage, compris entre 1 et 4, de chaque situation et l'inscrire dans la troisième colonne du tableau.

Document 8 Évaluation des risques, niveau de priorité

Pour savoir si la suppression d'un risque est prioritaire ou non, il suffit de croiser l'estimation de la gravité et de la probabilité d'apparition d'un dommage.

Gravité	(1) Très improbable	(2) Improbable	(3) Probable	(4) Très probable
Très grave 4	PRIORITAIRE	PRIORITAIRE	PRIORITAIRE	PRIORITAIRE
Grave 3	NON PRIORITAIRE	PRIORITAIRE	PRIORITAIRE	PRIORITAIRE
Moyen 2	NON PRIORITAIRE	NON PRIORITAIRE	PRIORITAIRE	PRIORITAIRE
Faible 1	NON PRIORITAIRE	NON PRIORITAIRE	PRIORITAIRE	PRIORITAIRE

Probabilité d'apparition du dommage

- Réduction du risque PRIORITAIRE
- Réduction du risque nécessaire mais NON PRIORITAIRE

4. 3 À l'aide des deux réponses précédentes et du document 8, indiquer pour chaque situation si la réduction du risque est prioritaire ou non en cochant une des deux dernières colonnes du tableau.

Situations	Gravité	Probabilité d'apparition du dommage	Niveau de priorité	
			Réduction du risque non prioritaire	Réduction du risque prioritaire
Maxime effectue régulièrement des travaux de peinture pour une entreprise, et il chute en descendant de l'échelle qu'il utilise pour peindre un plafond. Il a un arrêt de travail de quinze jours.	2	3	☐	☑
Fanny, intérimaire dans un atelier de menuiserie, s'est blessée à la main en clouant des lattes de bois. Après avoir nettoyé sa plaie et mis un pansement, elle reprend le travail.	1	2	☑	☐
Iliès, salarié d'une petite entreprise depuis de nombreuses années, a eu ces trois derniers mois plusieurs réclamations de clients mécontents de son travail et depuis, son patron ne cesse de le réprimander. Épuisé moralement, il consulte son médecin qui lui prescrit un arrêt de travail de quinze jours.	2	4	☐	☑
Rachid travaille depuis vingt ans dans un garage et a dû cesser son activité en raison de douleurs dorsales. Il a toujours des séquelles, même après deux ans d'arrêt.	3	4	☐	☑
Maxence a été intoxiqué par une fuite de gaz alors qu'il effectuait des travaux de rénovation dans un appartement vétuste. Il décède sur son lieu de travail.	4	3	☐	☑

ÉTAPE 3

Proposer des solutions

Afin de lutter contre les accidents du travail et les maladies professionnelles, les entreprises doivent mettre en place des mesures de prévention, que l'on classe en différents niveaux selon leurs objectifs.

Activité 5 Les mesures de prévention

Objectif : Différencier les mesures de prévention selon leur niveau d'action.

Document 9 Classification des mesures de prévention

Du plus efficace ↓ au moins efficace

Niveau d'action	Principe d'action
Prévention intrinsèque	Supprimer le danger et/ou réduire l'exposition des personnes. Remplacer ce qui est dangereux par ce qui ne l'est pas ou l'est moins.
Protection collective	Protéger l'ensemble des personnes des dangers.
Protection individuelle	Mettre à l'abri un seul travailleur.
Information/Formation	Donner des instructions appropriées aux travailleurs.

5. 1 À l'aide du document 9, indiquer le niveau d'action de chacune des mesures de prévention illustrées ci-dessous.

Protection individuelle ....

Protection collective ....

Information ....

Protection collective ....

Formation ....

Prévention intrinsèque ....

B Mémoriser et structurer les acquis

Organiser les différentes notions de la séquence en complétant le schéma ci-dessous à l'aide des activités précédentes.

Le vocabulaire de l'approche par le risque

- Situation dans laquelle une personne est exposée à un ou plusieurs dangers : situation dangereuse
- Cause capable de provoquer une lésion ou une atteinte à la santé : danger
- Événement susceptible de causer un dommage pour la santé : événement dangereux
- Blessure physique et/ou atteinte à la santé : dommage
- Événement dont la survenue met en danger des personnes dans le cadre de l'exercice de leur métier : risque professionnel

L'évaluation du risque

Afin d'évaluer le risque, il faudra prendre en considération deux critères :

- le niveau de gravité du dommage ;
- le niveau de probabilité d'apparition du dommage.

Le point de rencontre entre ces deux données se trouvera dans une zone où la réduction du risque sera au choix :

- prioritaire ;
- nécessaire mais non prioritaire.

Le choix des mesures de prévention

Le risque peut avoir des conséquences financières (baisse du rendement de l'entreprise) et humaines (accident du travail pouvant aller jusqu'au décès). Il est donc nécessaire pour l'entreprise d'évaluer le risque et de mettre en place des mesures de prévention.

	Niveau d'action	Principe d'action
Du plus efficace ↓	Prévention intrinsèque	Supprimer le danger et/ou réduire l'exposition des personnes. Remplacer ce qui est dangereux par ce qui ne l'est pas ou l'est moins.
	Protection collective	Protéger l'ensemble des personnes des dangers.
	Protection individuelle	Mettre à l'abri un seul travailleur.
au moins efficace	Information/Formation	Donner des instructions appropriées aux travailleurs.

C Préparer l'évaluation

Situation d'étude

Aïcha travaille depuis peu comme intérimaire chez un menuisier. Alors qu'elle scie une planche en bois, elle ne prend pas le temps de protéger sa main. La scie dérape sur ses doigts et elle se fait une entaille au niveau des phalanges de sa main droite. Après avoir désinfecté sa plaie, mis un pansement et ses gants, elle reprend son activité.

1 **À partir de la situation, compéter le schéma du processus d'apparition d'un dommage ci-dessous.**

SITUATION DANGEREUSE
Aïcha scie une planche en bois

ÉVÉNEMENT DANGEREUX
La scie dérape sur ses doigts

DANGER
Scie

OPÉRATEUR
Aïcha

DOMMAGE
Entaille au niveau des phalanges de la main

2 **Estimer le risque en complétant le tableau ci-dessous.**

	Estimation	Justification
Gravité du dommage	Faible (1)	Aïcha reprend son activité.
Probabilité d'apparition du dommage	Très probable (4)	Le danger est fréquent. La probabilité d'apparition d'un événement dangereux est élevée car il n'y a aucune protection.

3 **Évaluer le risque en indiquant le niveau de priorité du risque.**

La réduction du risque est prioritaire.

4 **Indiquer, pour chaque principe d'action proposé ci-dessous, le type de prévention.**

- Proposer des formations à chaque intérimaire concernant l'utilisation des machines en mouvement : formation/information
- Mettre des gants de protection au poste de la découpe des pièces de travail : protection individuelle
- Faire faire des pauses aux salariés après plusieurs heures de travail : protection collective
- Remplacer toute machine défaillante par une machine qui ne l'est pas : prévention intrinsèque

SÉQUENCE 6 a

Les risques liés à l'ambiance thermique

A Étudier la séquence

ÉTAPE 1 Analyser la situation

Activité 1 Les risques liés à l'ambiance thermique dans l'activité professionnelle

Objectif : Analyser une situation avec le schéma du processus d'apparition d'un dommage et évaluer le risque.

Document 1 Coup de chaleur

Paul est ouvrier du bâtiment. Il pose des canalisations et découpe des tuyaux sur un chantier de travaux publics en plein soleil : le thermomètre affiche 30° C. Comme il n'y a pas de salle de pause, l'eau est maintenue au frais dans des glacières. Mais en début d'après-midi, elle est devenue tiède et Paul renonce à la boire. À plusieurs reprises, il ressent des étourdissements, et vers 17 heures, épuisé par la chaleur, souffrant de maux de tête, il est obligé d'arrêter de travailler. Il va voir son médecin, qui diagnostique un coup de chaleur et lui prescrit trois jours d'arrêt de travail.

Au regard du document 1 et de la méthodologie de l'approche par le risque présentée sur les rabats du livre :

1. 1 Identifier le problème posé dans la situation.

Paul a eu un coup de chaleur et a été obligé de s'arrêter de travailler.

1. 2 Identifier dans la situation les éléments contribuant à l'apparition du dommage et les reporter dans le schéma du processus d'apparition d'un dommage ci-dessous.

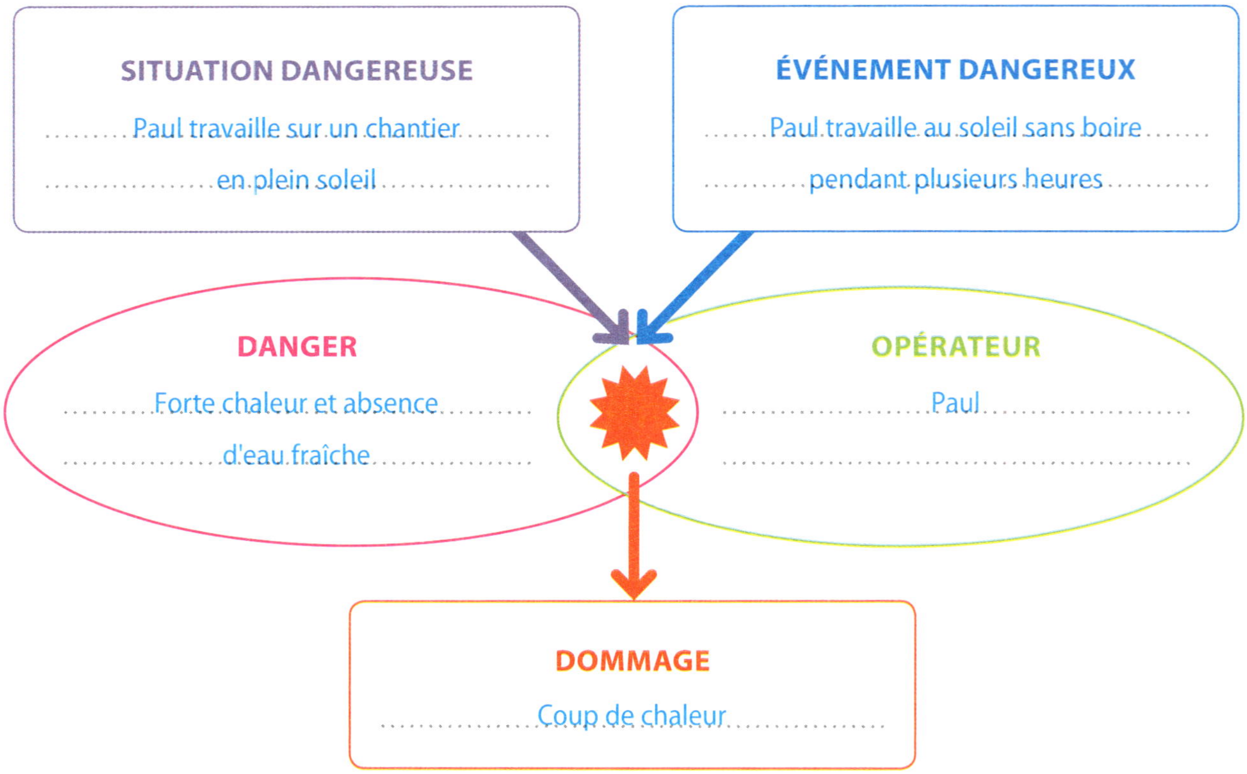

1. 3 Pour savoir si elle doit mettre en place rapidement des mesures de prévention, l'entreprise s'appuie sur une donnée. Préciser le nom de cette donnée.

Il s'agit du niveau de priorité du risque.

1. 4 Rappeler les deux paramètres à considérer pour apprécier le niveau de priorité d'un risque.

Il s'agit de la gravité et de la probabilité d'apparition d'un dommage.

1. 5 Apprécier le risque dans la situation de Paul, en complétant le tableau suivant. Justifier vos estimations.

	Estimation	Justification
Niveau de gravité	Moyen	C'est un accident de travail avec un arrêt du travail.
Niveau de probabilité d'apparition d'un dommage	Très probable	Paul reste toute la journée exposé au soleil à de fortes températures.

1. 6 En déduire l'évaluation du risque.

La réduction du risque est prioritaire.

ÉTAPE 2 Mobiliser les connaissances

Connaître les dommages et les effets physiopathologiques des risques liés à l'ambiance thermique permettrait à Paul de savoir comment mieux se protéger.

Activité 2 Les mécanismes de régulation de la température corporelle

Objectif : Caractériser le mécanisme de la thermorégulation.

Document 2 La thermorégulation

Différents mécanismes permettent à la température interne du corps humain de rester stable (37° C), *quelles que soient les caractéristiques thermiques de l'environnement : c'est la thermorégulation.*

Quand il fait chaud

L'organisme élimine de la chaleur.

Quand il fait froid

L'organisme produit de la chaleur.

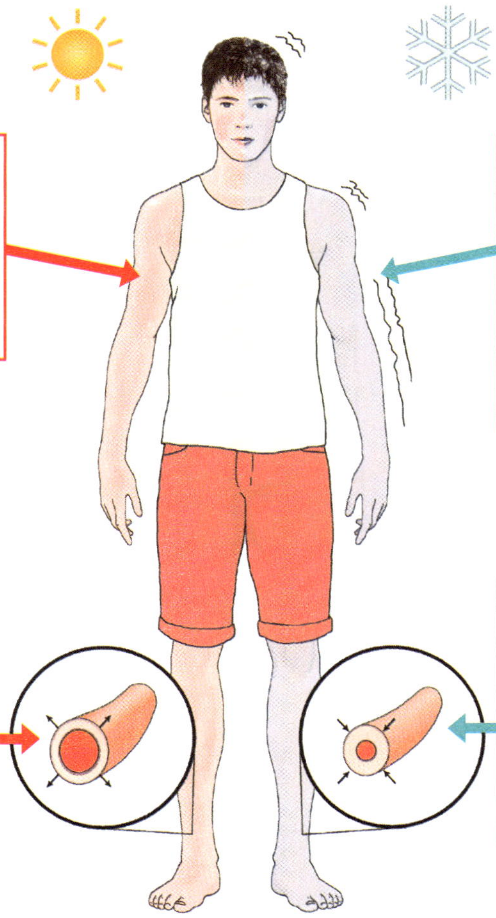

Transpiration : perte d'eau et de sel par les pores de la peau (permet de rafraîchir le corps).

Vasodilatation : augmentation du diamètre des vaisseaux sanguins et du débit sanguin (permet de perdre de la chaleur cutanée et pulmonaire).

Frissons : mouvements automatiques et involontaires (permet l'augmentation de la production de chaleur).

Vasoconstriction : diminution du diamètre des vaisseaux sanguins (permet la conservation de la chaleur interne).

En ambiance chaude, il y a un risque (coup de chaleur) lorsque la capacité d'adaptation de l'organisme est dépassée.
En ambiance froide, quand la perte de chaleur due au froid est plus importante que la production de chaleur, la température du corps se met à baisser (hypothermie).
Par ailleurs, certains facteurs de risque peuvent favoriser la survenue de symptômes liés à la chaleur ou au froid : prise de médicaments ou d'alcool, faculté d'adaptation de l'individu (âge, habillement, état de santé), nature de la tâche à accomplir...

2. 1 Définir la thermorégulation en surlignant la réponse dans le document 2.

À l'aide du document 2 :

2. 2 Expliquer l'importance du mécanisme de la thermorégulation pour l'être humain.

Ce mécanisme permet à l'organisme de s'adapter aux caractéristiques de l'environnement.

2. 3 Indiquer les mécanismes de régulation de la température corporelle induits dans la situation de Paul.

Les mécanismes de régulation lors d'une forte chaleur sont : la transpiration et la vasodilatation.

2. 4 Pour chacune des situations ci-dessous, indiquer le facteur qui favorise la survenue de symptômes liés à la chaleur ou au froid.

Prise de médicaments	Tenue inadaptée	Effort intense

2. 5 Expliquer pourquoi Paul a été victime d'un coup de chaleur malgré le mécanisme de thermorégulation de son organisme.

Il a été victime d'un coup de chaleur car la capacité d'adaptation de son organisme a été dépassée.

2. 6 Dans le secteur du bâtiment, les salariés sont aussi exposés aux intempéries l'hiver. Énoncer deux mécanismes de la thermorégulation qui peuvent alors être observés.

- Les frissons
- La vasoconstriction

Le confort thermique est un facteur essentiel des conditions de travail.

Activité 3 La notion de confort thermique

Objectif : Mettre en évidence l'influence du confort thermique sur l'activité professionnelle.

Document 3 Le confort thermique

Le confort thermique correspond à un état de satisfaction du corps vis-à-vis des conditions thermiques de son environnement (la personne n'a ni trop chaud ni trop froid). Cette notion dépend en grande partie des perceptions individuelles et elle est influencée par l'activité physique (production de chaleur), la tenue vestimentaire et les caractéristiques de l'ambiance thermique (températures de l'air et de rayonnement des objets ou des revêtements[1], humidité et vitesse de l'air).

Permettre à une personne de travailler dans une situation la plus confortable possible réduit l'apparition de problèmes de santé, et lui permet aussi d'être plus performante.

1. Selon leur couleur et leur matière, les objets et revêtements n'émettent pas la même chaleur : par exemple, le noir et le métal émettent plus de chaleur que le blanc et le bois.

3.1 Définir le confort thermique en surlignant la réponse dans le document 3.

3.2 À l'aide du document 3, comparer le confort thermique sur un chantier pour un manœuvre et un contremaître en complétant le tableau ci-dessous.

	Manœuvre	Contremaître

Facteurs qui diffèrent	Activité physique • Tenue vestimentaire	
Facteurs identiques	Température de l'air • Température de rayonnement des objets ou des revêtements • Humidité et vitesse de l'air	

3.3 Indiquer l'intérêt du confort thermique dans le milieu professionnel.

Il permet d'une part que les salariés restent en bonne santé et d'autre part qu'ils soient performants dans leur travail.

L'exposition prolongée et répétée à des ambiances thermiques chaudes ou froides peut engendrer des dysfonctionnements de l'organisme ou des pathologies.

Activité 4 Les effets physiopathologiques des risques liés aux ambiances thermiques

Objectif : Identifier les effets physiologiques des ambiances chaudes et froides sur la santé de l'homme.

Document 4 Les effets des ambiances thermiques sur l'organisme

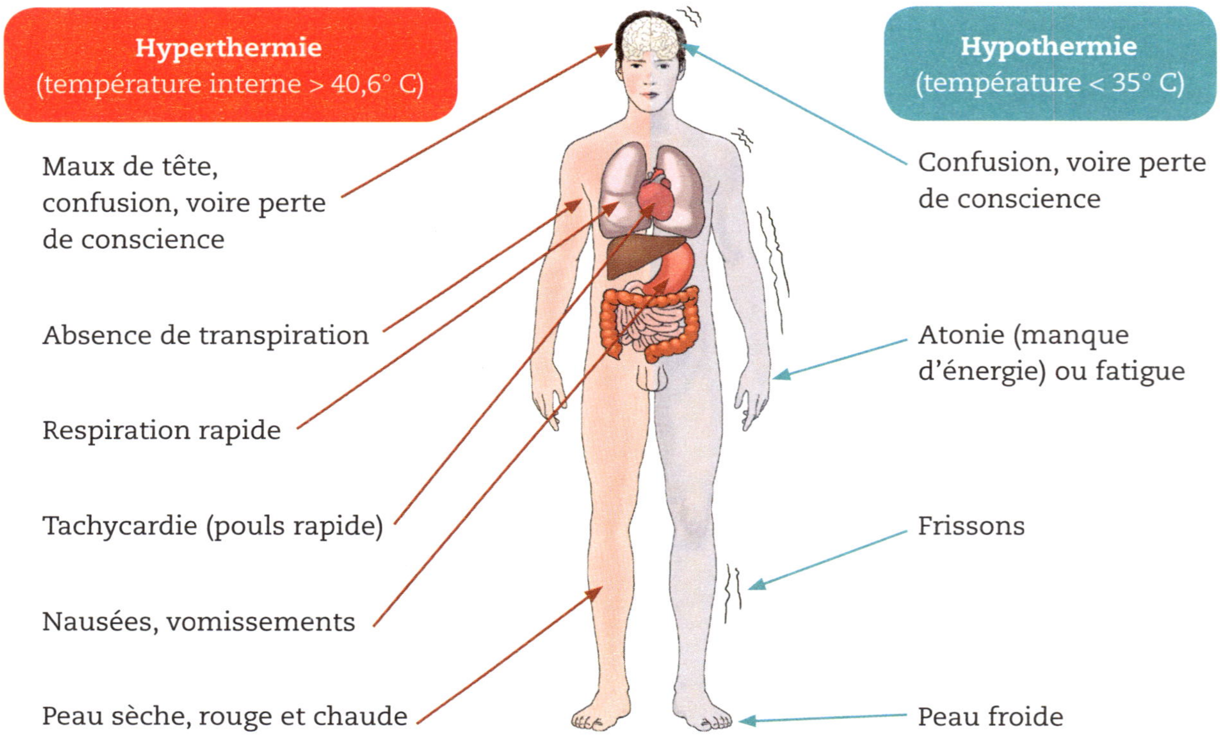

4. 1 À partir du document 4, classer dans le tableau ci-dessous les différents effets physiopathologiques d'un coup de chaleur.

Coup de chaleur	
Symptômes généraux	Hyperthermie : température interne supérieure à 40,6° C • Tachycardie (pouls rapide) • Respiration rapide • Maux de tête • Nausées, vomissements
Symptômes cutanés	Peau sèche, rouge et chaude Absence de transpiration
Symptômes neurologiques et sensoriels	Confusion, voire perte de connaissance

À l'aide du document 4 :

4.2 Indiquer les symptômes qui ont permis au médecin de diagnostiquer un coup de chaleur chez Paul.

Maux de tête et étourdissements.

4.3 Classer dans le tableau ci-dessous les différents effets physiopathologiques d'une hypothermie.

Hypothermie	
Symptômes généraux	Température en dessous de 35° C • Atonie (manque d'énergie) ou fatigue • Frissons
Symptômes cutanés	Peau froide
Symptômes neurologiques et sensoriels	Confusion, voire perte de conscience

Document 5 Les pathologies dues au froid

L'hypothermie (chute de la température centrale de l'organisme en dessous de 35° C) est une conséquence de l'exposition directe au froid qui peut être mortelle. Une vigilance particulière doit être observée dès que la température ambiante est inférieure à 5° C à l'abri du vent.

Entre 5° C et 15° C, il existe moins de risques directs, mais ces températures peuvent être source d'inconfort pour des travaux sédentaires ou de pénibilité légère. Elles peuvent alors générer frissons, engourdissements ou rhumes, et par ailleurs provoquer des risques indirects : accidents dus à une pénibilité et une fatigue accrues, à une perte de dextérité.

L'exposition au froid peut également provoquer des lésions cutanées. L'engelure (sans séquelles) peut se transformer en gelure si l'exposition au froid perdure, avec des séquelles plus graves, voire permanentes : douleurs, perte de sensibilité, nécrose (ou mort) des tissus nécessitant une amputation…).

4.4 Différencier engelures et gelures à l'aide du document 5.

L'engelure n'entraîne pas de séquelles, alors que les gelures peuvent conduire jusqu'à une nécrose des tissus.

4.5 Expliquer pourquoi l'exposition au froid peut être source d'accident du travail.

L'exposition au froid entraîne une pénibilité et une fatigue accrue, mais aussi une perte de dextérité qui rejaillit sur la réalisation des tâches.

ÉTAPE 3

Proposer des solutions

Des mesures de prévention doivent être prises et respectées afin de réduire les accidents dus aux ambiances thermiques chaudes.

Activité 5 La prévention des risques liés aux ambiances thermiques chaudes

Objectif : Identifier des mesures de prévention des ambiances thermiques chaudes.

Document 6 La règlementation

L'employeur est tenu, en application de la loi, de prendre des mesures intégrant les conditions de température. Il doit mettre à disposition des salariés de l'eau potable et fraîche. Sur les chantiers du BTP, les chefs d'établissement sont tenus de mettre à disposition trois litres d'eau au moins, par jour et par travailleur. Dans ce même secteur du BTP, des dispositions du Code du travail permettent à l'entrepreneur, de décider d'arrêter le travail pour « intempéries ».
Il est par ailleurs interdit d'affecter les mineurs à des travaux les exposant à une température extrême susceptible de nuire à la santé.
Il n'existe pas de valeur réglementaire pour définir les températures considérées comme relevant d'une ambiance thermique chaude. Mais on peut considérer, compte tenu des risques pour l'opérateur, qu'au-delà de 30° C pour une activité sédentaire, et de 28° C pour une activité nécessitant un travail physique, il s'agit un travail en ambiance thermique chaude.

5.1 Identifier dans le document 6 les dispositions juridiques particulières devant être mises en place dans le secteur du bâtiment et des travaux publics lors d'un épisode de chaleur intense, notamment dans la situation professionnelle de Paul, et les surligner.

5.2 Suite à l'arrêt de travail de Paul, le chef de chantier sollicite une agence d'intérim pour le remplacer. Celle-ci propose deux manœuvres : un de dix-sept ans et un autre de trente ans. Indiquer et justifier le choix du candidat par l'employeur.

L'employeur devra choisir le candidat de trente ans, car il est interdit d'affecter les mineurs à des travaux les exposant à une température extrême.

5.3 Dans la situation de Paul, le thermomètre affiche 30° C. Indiquer si l'on peut considérer qu'il s'agit d'un travail en ambiance thermique chaude et justifier la réponse.

On peut considérer que le travail de Paul en tant qu'ouvrier du bâtiment est un travail en ambiance thermique chaude, car il effectue un travail physique à une température ambiante supérieure à 28° C.

Document 7 Les mesures de prévention collectives

En fonction des données météorologiques et de leur évolution, selon les tâches et les lieux de travail, les mesures de prévention illustrées ci-dessous pourront être mises en place.

Privilégier le travail d'équipe

Fournir des aides mécaniques à la manutention

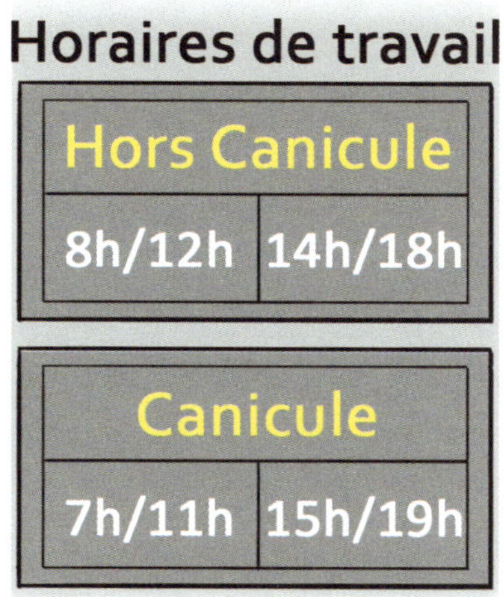

Aménager les horaires de travail

Informer les salariés des risques liés à la chaleur

Prévoir des sources d'eau potable (à proximité des postes)

Augmenter la fréquence des pauses

En plus de ces mesures, il est souhaitable de :

- limiter, si possible, le travail physique et reporter les tâches lourdes ;
- permettre des pauses dans des lieux frais ;
- limiter le temps d'exposition du salarié ou effectuer des rotations des tâches lorsque des postes moins exposés en donnent la possibilité.

5.4 Indiquer sous les illustrations du document 7 les mesures de prévention collectives suggérées.

5.5 Proposer une mesure de prévention individuelle que le personnage représenté sur la dernière illustration du document 7 pourrait mettre en œuvre pour atténuer les effets des ambiances thermiques chaudes.

Il pourrait se vêtir plus légèrement.

Des mesures de prévention doivent également être prises et respectées afin de réduire les accidents dus aux ambiances thermiques froides.

Activité 6 La prévention des risques liés aux ambiances thermiques froides

Objectif : Identifier les mesures de prévention des ambiances thermiques froides.

Document 8 Prévenir les risques liés au froid

En cas de travail à l'extérieur en hiver, l'employeur est tenu de mettre en place des mesures de prévention. Il peut par exemple :

- Informer le personnel sur les risques liés au froid.
- Mettre à disposition les équipements de protection individuels pour l'isolation au froid : gants, chaussures, tenue…
- Limiter le travail en zone froide et prévoir des pauses (mise à disposition de boissons chaudes avec local de repos chauffé…).
- Planifier le travail à l'extérieur en fonction des conditions météorologiques.
- Apposer une signalisation spécifique (entrée dans une zone de froid extrême, contact possible avec des surfaces froides…). Un panneau d'avertissement « Basse température » est prévu par la réglementation.

6. 1 En supposant que Paul effectue le même travail en hiver avec des températures négatives, indiquer dans le tableau ci-dessous deux mesures de prévention pour chaque niveau de prévention, en vous aidant du document 8.

Niveau de prévention	Mesures de prévention
Individuelle	• Mettre plusieurs couches de vêtements. • Prévoir des chaussures isolantes et anti-dérapantes, des gants, un casque rembourré…
Collective	• Planifier le travail à l'extérieur en fonction des prévisions météorologiques. • Limiter le travail en zone froide et prévoir des pauses.
Formation / Information	• Informer le personnel sur les risques liés au froid. • Apposer des panneaux de signalisation.

B Mémoriser et structurer les acquis

Organiser les différentes notions de la séquence en complétant le schéma ci-dessous à l'aide des activités précédentes.

Les paramètres liés aux ambiances thermiques

Thermorégulation	Confort thermique
La température interne du corps humain demeure constante quelles que soient les caractéristiques thermiques de son environnement. Lorsqu'il fait chaud, l'organisme élimine de la chaleur par la transpiration et la vasodilatation. Et lorsqu'il fait froid, l'organisme conserve et produit de la chaleur par la vasoconstriction ainsi que par les frissons.	Le confort thermique correspond à un état de satisfaction du corps vis-à-vis des conditions thermiques de son environnement. Cette notion dépend en grande partie des perceptions individuelles et est influencée par : • la température de l'air et de rayonnement ; • la vitesse et l'humidité de l'air ; • la tenue vestimentaire ; • l'activité physique.

Les effets physiopathologiques d'une ambiance thermique

	Hyperthermie (température interne > 40,6° C)	Hypothermie (température interne < 35° C)
Symptômes généraux	Tachycardie et respiration rapide Maux de tête Nausées, vomissements	Frissons Atonie (manque d'énergie) ou fatigue
Symptômes cutanés	Peau sèche, rouge et chaude Absence de transpiration	Peau froide
Symptômes neurologiques et sensoriels	Confusion, voire perte de conscience	Confusion, voire perte de conscience

Les mesures de prévention

L'employeur est tenu, en application de la loi, de prendre les mesures nécessaires pour assurer la santé des travailleurs de son établissement, en y intégrant les conditions de température.

En ambiance thermique très chaude	En ambiance thermique très froide
• Privilégier le travail en équipe • Fournir des aides mécaniques • Aménager les horaires de travail • Informer les salariés des risques liés à la chaleur • Prévoir de l'eau potable fraîche • Prévoir des pauses plus fréquentes	• Porter des vêtements très chauds et des chaussures anti-dérapantes • Planifier les activités en extérieur en tenant compte des prévisions météorologiques • Informer les travailleurs sur les risques liés au froid

C Préparer l'évaluation

Situation d'étude

Nous sommes en plein hiver, il fait -3° C à l'extérieur et le vent souffle par rafales. Rodrigue, ouvrier du bâtiment, travaille sur un chantier de construction de villas. Il ne s'est pas assez couvert et ses mains sont engourdies par le froid. Au moment où il utilise la disqueuse, une rafale de vent se met à souffler. Ses mains gelées n'ont pas le réflexe de retenir la disqueuse, celle-ci glisse et le blesse à la cuisse.

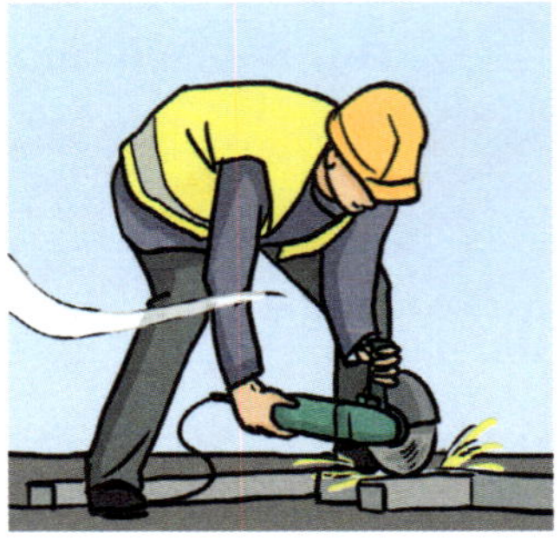

Analyse de la situation

1 **Présenter les éléments de la situation d'étude en complétant le schéma du processus d'apparition d'un dommage ci-dessous.**

SITUATION DANGEREUSE
Rodrigue travaille sur un chantier de construction exposé au froid

ÉVÉNEMENT DANGEREUX
Ses mains engourdies laissent glisser la disqueuse

DANGER
Utilisation d'une disqueuse par grand froid

OPÉRATEUR
Rodrigue

DOMMAGE
Blessure à la cuisse

Les effets physiopathologiques

2 **Citer quatre effets physiopathologiques dûs au froid.**

Engourdissement des membres, frissons, engelures et gelures.

Les mesures de prévention

3 **Indiquer pour cette situation une mesure pour chaque niveau de prévention.**

Mesures de prévention	Niveau de prévention
Individuelle	Porter des gants isolants du froid
Collective	Organiser le travail en fonction des conditions météorologiques
Formation/ Information	Former et informer sur les risques liés au froid

SÉQUENCE 6 b

Le risque mécanique

A Étudier la séquence

ÉTAPE 1 Analyser la situation

Activité 1 Le risque mécanique dans l'activité professionnelle

Objectif : Analyser une situation avec le schéma du processus d'apparition d'un dommage et évaluer le risque.

Document 1 Accident dans un garage

Dorian dépose la boîte de vitesses d'un véhicule « poids lourd », mais le vérin de fosse (chariot) qu'il utilise est un peu petit et la boîte de vitesses est mal arrimée. Lorsqu'il tente de la sortir du moteur, elle glisse sur lui et vient écraser son pied. Dorian a une fracture et une plaie ouverte. Il n'a pas fait de rappel du vaccin antitétanique depuis douze ans et sa plaie peut s'infecter.

À l'aide du document 1 et de la méthodologie de l'approche par le risque présentée sur les rabats du livre :

1. 1 Indiquer le problème posé dans cette situation.

Dorian a une fracture et un pied écrasé avec une plaie ouverte.

1. 2 Identifier dans la situation les éléments contribuant à l'apparition du dommage et les reporter dans le schéma du processus d'apparition d'un dommage ci-dessous.

SITUATION DANGEREUSE
Dorian fait la dépose d'une boîte
de vitesses de poids lourd

ÉVÉNEMENT DANGEREUX
La boîte de vitesses glisse
du chariot sur son pied

DANGER
La boîte de vitesses
est mal arrimée

OPÉRATEUR
Dorian

DOMMAGE
Pied écrasé avec plaie ouverte et fracture

1. 3 Pour savoir si elle doit mettre en place rapidement des mesures de prévention, l'entreprise s'appuie sur une donnée. Préciser le nom de cette donnée.

Il s'agit du niveau de priorité du risque.

1. 4 Rappeler les deux paramètres à considérer pour apprécier le niveau de priorité d'un risque.

Il s'agit de la gravité et de la probabilité d'apparition d'un dommage.

1. 5 Apprécier le risque dans la situation de Dorian en complétant le tableau suivant. Justifier vos estimations.

	Estimation	Justification
Niveau de gravité	Moyen	Accident de travail avec arrêt de travail
Niveau de probabilité d'apparition d'un dommage	Probable	Ce type d'intervention est fréquent. La probabilité d'apparition de ce risque lors de la dépose d'une boîte de vitesses est faible.

1. 6 En déduire une évaluation du risque.

La réduction du risque est prioritaire.

ÉTAPE 2

Mobiliser les connaissances

Savoir comment peut se manifester le risque mécanique et connaître les dommages qu'il peut provoquer pourrait permettre à Dorian de mieux se protéger.

Activité 2 Les manifestations du risque mécanique et ses dommages potentiels

Objectif : Identifier les manifestations du risque mécanique et caractériser les dommages potentiels.

Document 2 Les manifestations du risque mécanique

Le risque mécanique est un risque lié à une défaillance humaine ou technique à l'occasion de l'utilisation d'une machine ou d'un équipement de travail. Il concerne l'ensemble des travailleurs : agriculteurs, mécaniciens, menuisiers, plombiers, maçons… Une utilisation non conforme d'une machine ou d'un outil accroit le risque pour l'opérateur. On observe également de plus en plus d'accidents lors d'opérations d'entretien, de dépannage, de nettoyage, de réglage… alors que les machines ne fonctionnent pas.

Le risque mécanique peut se manifester de plusieurs façons :

Risque de sectionnement	Risque de perforation	Risque d'écrasement

Risque d'entraînement	Risque de choc	Risque de projection de solides ou de liquides

Le risque mécanique peut aussi se manifester à travers les risques de pincement, de coincement, de cisaillement, d'arrachement, d'abrasion…

2. 1 Identifier la définition du risque mécanique en la soulignant dans le document 2.

2. 2 Différencier les manifestations du risque mécanique dans les situations illustrées ci-dessous en nommant celle correspondant à chacune des images.

Risque de sectionnement

Risque de pincement, de coincement

Risque de projection

Risque d'abrasion

Document 3 Les dommages du risque mécanique sur l'organisme

Le risque mécanique peut être à l'origine de lésions physiques telles que : fractures, entorses, écorchures, plaies, hématomes, brûlures, amputations, abrasions…

2. 3 À l'aide du document 3, repérer les dommages du risque mécanique sur l'organisme, puis compléter l'illustration ci-dessous.

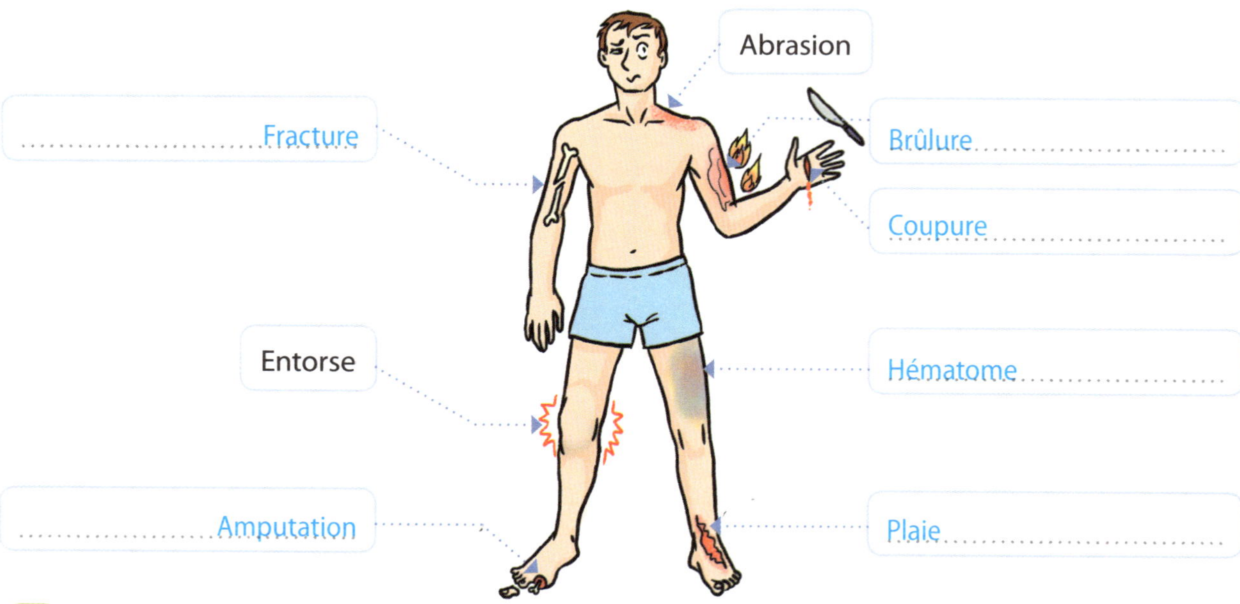

Lorsque la peau est lésée, le risque infectieux est fréquent. Suite à sa blessure, Dorian a constaté l'apparition de signes cliniques au niveau de sa plaie : sensation de chaleur, rougeur, gonflement et douleur.

Activité 3 Du risque mécanique au risque infectieux

Objectif : Expliquer le mécanisme de l'infection engendrée par le risque mécanique.

Document 4 La réaction inflammatoire

La peau et les muqueuses sont les premières barrières de défense de notre corps contre l'invasion des micro-organismes, qui peuvent provoquer des infections. Les lésions engendrées au niveau de la peau (principale cible du risque mécanique) sont des portes d'entrée pour les micro-organismes et une source de risque infectieux. L'organisme met en place des mécanismes de défense à travers la réaction inflammatoire.

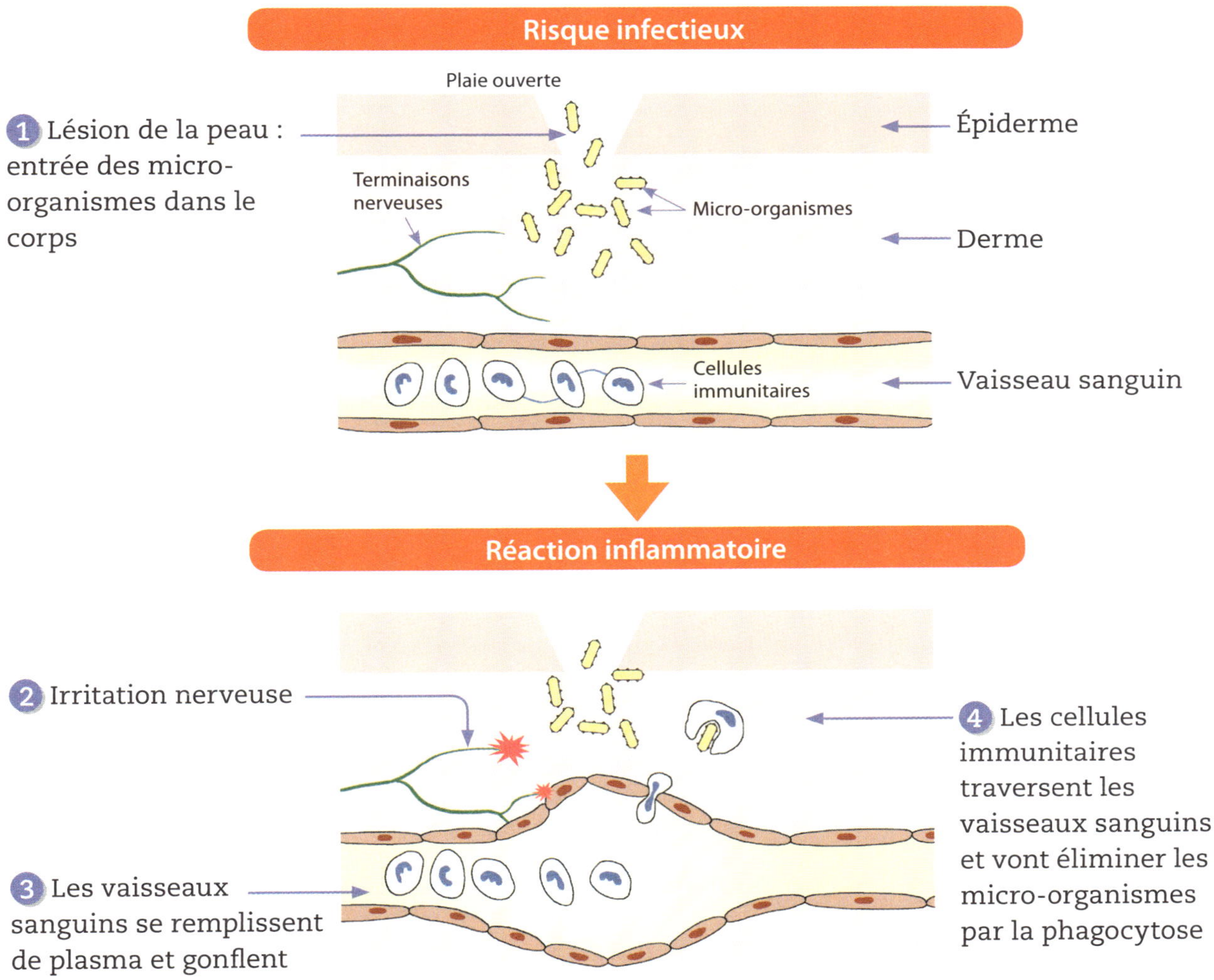

Phagocytose : les cellules immunitaires traversent les vaisseaux sanguins et vont éliminer les micro-organismes.

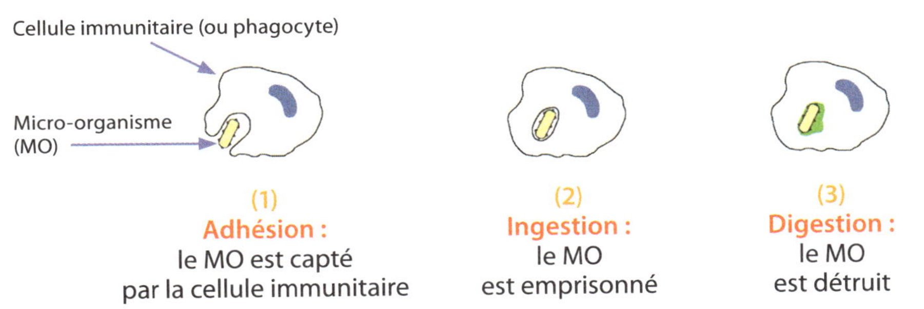

À l'aide du document 4 :

3. 1 Indiquer la conséquence immédiate d'une plaie ouverte au niveau de la peau.

Cela offre la possibilité aux micro-organismes de rentrer dans l'organisme.

3. 2 Nommer la réaction de défense de l'organisme en présence du risque infectieux.

Il s'agit de la réaction inflammatoire.

3. 3 Associer aux illustrations ci-dessous les différents signes cliniques de la réaction inflammatoire : rougeur, chaleur, douleur et gonflement.

Phénomènes	Illustrations	Signes cliniques
1 Plaie ouverte au niveau de l'épiderme et du derme. Entrée des micro-organismes dans l'organisme.	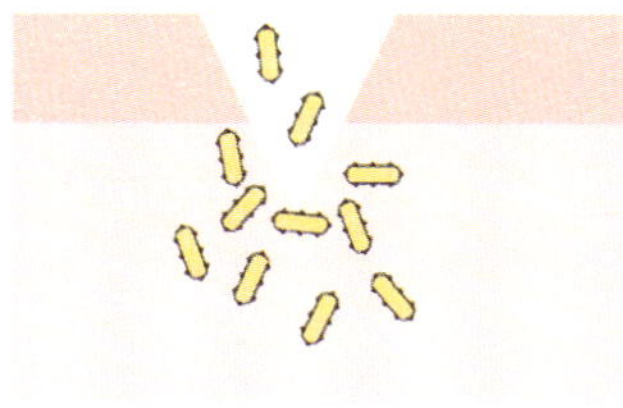	Aucun
2 Les terminaisons nerveuses sont irritées.	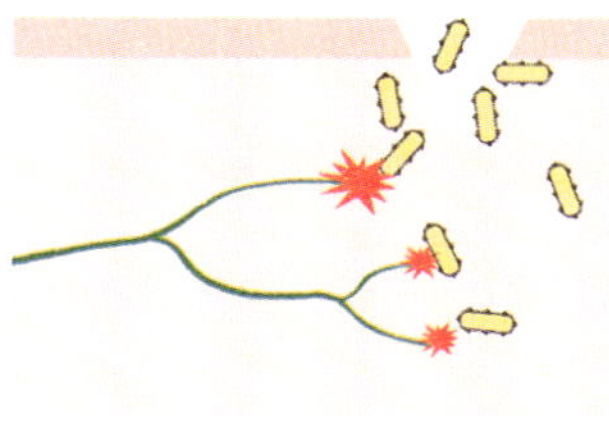	Douleur
3 Les vaisseaux sanguins se remplissent de plasma et gonflent.	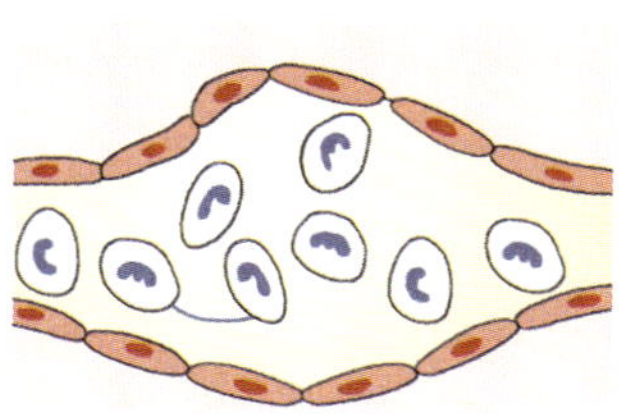	Rougeur, gonflement
4 Les cellules immunitaires traversent les vaisseaux sanguins et vont éliminer les micro-organismes par la phagocytose.	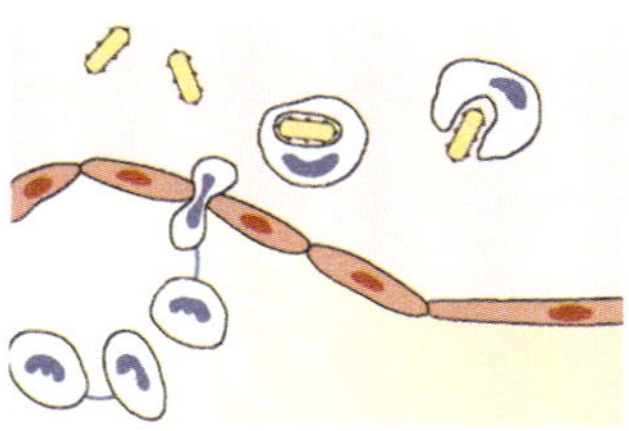	Chaleur

3. 4 Expliquer le lien entre risque infectieux et risque mécanique.

Lors d'une blessure liée à un risque mécanique, la peau est lésée : cela entraîne un risque d'infection qui demeure jusqu'à la guérison.

3. 5 Indiquer le rôle de la réaction inflammatoire.

La réaction inflammatoire est un mécanisme de défense et de protection du corps qui permet de détruire les micro-organismes, grâce à la phagocytose.

3. 6 Expliquer ce qu'est la phagocytose.

Il s'agit d'une réaction du corps face au risque infectieux, pendant laquelle les cellules immunitaires vont entourer puis « digérer » les micro-organismes.

ÉTAPE 3

Proposer des solutions

La prévention du risque infectieux est possible grâce à la désinfection de la plaie et à la vaccination contre le tétanos, maladie infectieuse grave.

Activité 4 Se protéger du tétanos

Objectif : Prévenir le risque de tétanos.

Document 5 Le vaccin et le sérum antitétanique

Le risque mécanique peut engendrer des maladies comme le tétanos. Cette maladie infectieuse grave, non contagieuse et souvent mortelle, est due au bacille tétanique. Les portes d'entrée du tétanos peuvent être de petites plaies passées inaperçues. Le tétanos se manifeste par une atteinte neuromusculaire avec des contractures musculaires (contractions spontanées des muscles) douloureuses et des convulsions qui peuvent entraîner la mort. La vaccination antitétanique (préparation contenant des microbes vivants atténués ou tués, active au bout de 3 semaines) est obligatoire. Elle procure une immunité (capacité de l'organisme à se défendre contre une agression) évaluée en moyenne à 10 ans du fait qu'elle entraîne une production d'anticorps. En cas de non-vaccination d'un individu ou d'une vaccination trop lointaine, l'injection d'un sérum antitétanique (contenant des anticorps spécifiques, dont l'action est immédiate et dure 4 semaines environ) est pratiquée dans l'urgence sur le patient concerné.

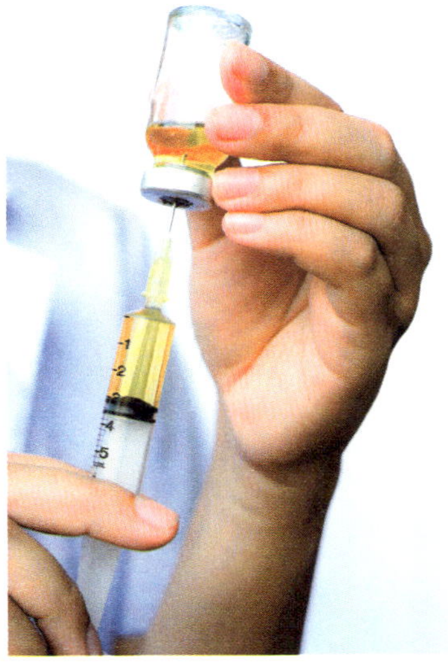

À l'aide du document 5 :

4. 1 Nommer le micro-organisme responsable du tétanos.

Le micro-organisme responsable du tétanos est le bacille tétanique.

4. 2 Identifier les symptômes du tétanos en les soulignant dans le document 5.

4. 3 Différencier le vaccin et le sérum en cochant les réponses correspondantes.

Caractéristiques	Vaccin	Sérum
Contient des anticorps	☐	☑
Provoque la fabrication d'anticorps	☑	☐
Immunité durable jusqu'à plusieurs années	☑	☐
Immunité passagère	☐	☑
Agit immédiatement	☐	☑
Actif au bout de plusieurs semaines	☑	☐

4. 4 Justifier la nécessité d'être vacciné contre le tétanos dans l'exercice d'un métier.

À tout moment, il est possible de se blesser et d'être exposé au risque de tétanos. La vaccination constitue une sécurité, une mesure de prévention durable.

Des mesures de prévention doivent être prises et respectées afin de réduire les accidents d'origine mécanique.

Activité 5 La prévention du risque mécanique

Objectif : Proposer et justifier les mesures de prévention adaptées aux situations exposant au risque mécanique.

Document 6 Les mesures de prévention du risque mécanique

La prévention du risque mécanique requiert un équipement adapté à chaque tâche, des dispositifs de sécurité, le respect de méthodes de travail, mais aussi un contrôle du bon état du matériel, notamment pour les objets coupants (lames de meuleuse, disqueuse...).

 Bouton d'arrêt d'urgence	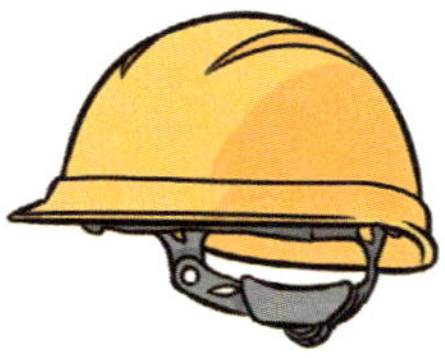 Casque	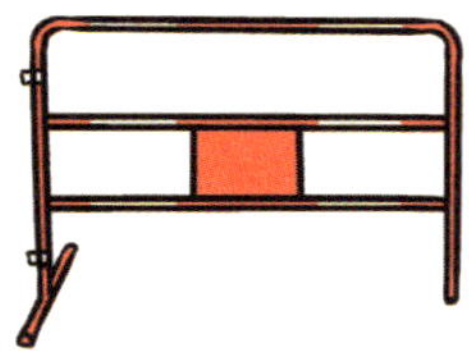 Barrière	 Panneau « port du casque obligatoire »
 Harnais de sécurité	 Panneau « port de chaussures de sécurité obligatoire »	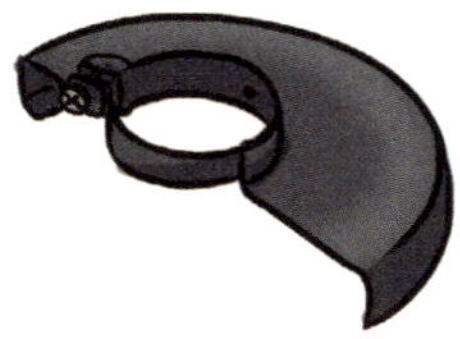 Carter de protection	 Panneau « port d'une tenue de protection obligatoire »
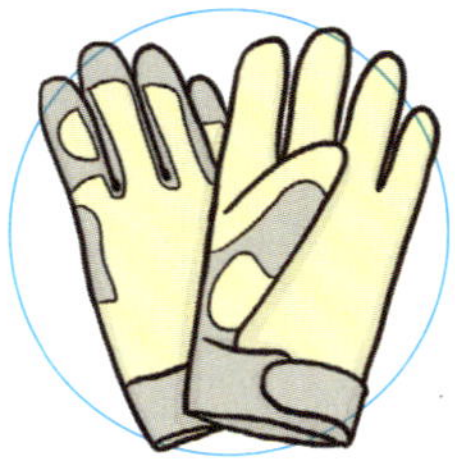 Gants	 Chaussures de sécurité	 Formation	

5. 1 Indiquer le nom des mesures de prévention du risque mécanique dans le tableau ci-dessus.

5. 2 Identifier les mesures de prévention qui auraient pu être mises en place pour prévenir le risque mécanique dans la situation de Dorian en les entourant sur le document 6.

5. 3 Dans le tableau ci-dessous :
- Reporter les mesures de prévention du document 6 concernant la situation de Dorian, ainsi que trois autres mesures de prévention pour d'autres situations du secteur de la mécanique.
- Cocher le niveau de prévention correspondant à chacune de ces mesures.

Mesures de prévention	Niveau de prévention			
	Intrinsèque	Individuelle	Collective	Formation / Information
Dans la situation de Dorian				
• Chaussures de sécurité	☐	☑	☐	☐
• Gants	☐	☑	☐	☐
• Formation	☐	☐	☐	☑
Pour d'autres situations du secteur de la mécanique				
• Mise en place de barrières autour de la zone de travail	☐	☐	☑	☐
• Tenue professionnelle (casque, harnais...)	☐	☑	☐	☐
• Carter de protection sur les machines	☑	☐	☐	☐

5. 4 Nommer les équipements de protection ci-dessous.

Casque

Tenue de travail

Gants

5. 5 Identifier l'activité pour laquelle cet équipement est nécessaire.

La soudure

Le matériel de protection et les équipements doivent être choisis pour être adaptés aux différentes situations professionnelles rencontrées dans l'exercice d'un métier.

Activité 6 Le choix d'un équipement de protection individuel (EPI) : les chaussures de sécurité

Objectif : Proposer et justifier le choix des EPI adaptés à une situation professionnelle.

Document 7 L'anatomie du pied

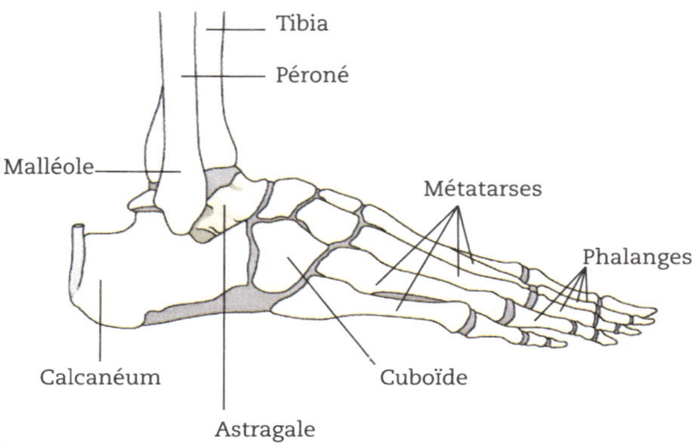

Document 8 La protection des pieds

Dans le tableau ci-après et à l'aide des documents 7 et 8 :

6. 1 Indiquer les éléments de protection du pied correspondants à chacun des risques mécaniques.

6. 2 Identifier les éléments de protection nécessaires pour assurer la protection des pieds dans la situation de Dorian en les soulignant.

Risques mécaniques	Éléments de protection
Chute sur les orteils	Embout de protection
Chute d'objet sur les métatarses	Protection des métatarses
Chute d'objets sur les malléoles	Protection des malléoles
Chute et impact sur le talon	Talon absorbeur d'énergie
Chute par glissade	Semelle antidérapante
Marche sur sol meuble et irrégulier	Reliefs de semelle marqués

6. 3 Les blessures au pied représentent 7 % du siège des lésions des accidents du travail. Lors de l'accueil d'un nouveau salarié, l'entreprise lui remet un livret d'accueil dans lequel elle recense notamment les consignes de sécurité. Justifier l'intérêt d'inclure dans ce livret le document 8.

Ce document va permettre au salarié d'apprécier l'importance du port de chaussures de sécurité compte tenu de tous les risques qu'elle prévient grâce aux éléments de protection qu'elle comporte. De plus, il y aura un bénéfice pour l'entreprise en matière de prévention des accidents du travail.

B Mémoriser et structurer les acquis

Organiser les différentes notions de la séquence en complétant le schéma ci-dessous à l'aide des activités précédentes.

Le risque mécanique

Manifestations

Coupure ou sectionnement • Perforation • Projection de solides ou de liquides • Écrasement • Choc • Entraînement d'un membre

Dommages sur l'organisme

Entorse • Fracture • Hématome • Plaie • Brûlure Abrasion…

Du risque mécanique au risque infectieux

Lors d'une blessure liée à un risque mécanique, si la peau est lésée, des micro-organismes peuvent pénétrer dans l'organisme et provoquer une infection.

Réaction immunitaire de l'organisme

- Réaction inflammatoire
- Phagocytose (destruction du micro-organisme)

Signes cliniques

- Sensation de chaleur
- Rougeur
- Douleur
- Gonflement

Prévention du risque infectieux

- Vaccination et sérum antitétanique
- Désinfection des plaies

Prévention du risque mécanique

Intrinsèque	• Carter de protection
Collective	• Bouton d'arrêt d'urgence • Barrière
Individuelle	• Casque • Gants • Chaussures de sécurité • Harnais de sécurité
Formation / Information	• Panneau « port du casque obligatoire » • Panneau « port de chaussures de sécurité obligatoire » • Formations

C Préparer l'évaluation

Situation d'étude

Léa est intérimaire, et elle vient de débuter son travail. Dès son arrivée, Jacques lui demande de l'assister pour déceler une panne sur une machine à vendanger. Jacques monte dans la machine et met en marche les batteurs, sans voir que Léa s'est déplacée dessous. Cette-dernière reçoit des coups de batteurs sur le visage et la tête, qui sont entaillés, et elle perd connaissance.

Le processus d'apparition d'un dommage

1 **Présenter les éléments de la situation de Paul en complétant le schéma du processus d'apparition d'un dommage.**

SITUATION DANGEREUSE

Léa se déplace sous la machine à vendanger en marche

ÉVÉNEMENT DANGEREUX

Léa reçoit des coups de batteurs au visage et à la tête

DANGER

Batteurs de la machine en mouvement

OPÉRATEUR

Léa

DOMMAGE

Visage et tête entaillés • Perte de connaissance

Les effets physiopathologiques

2 **Surligner les effets physiopathologiques du risque mécanique présents dans la situation et en citer deux autres.**

Hématomes, brûlures, fractures...

Les mesures de prévention

3 **À l'aide de l'exemple donné, proposer deux mesures de prévention à mettre en place dans la situation de Léa et indiquer le niveau de prévention correspondant en complétant le tableau ci-dessous.**

Mesures de prévention	Niveau de prévention
Information sur les dangers de la machine	Formation / Information
Mettre les EPI	Protection individuelle
Bouton d'arrêt d'urgence	Protection collective

SÉQUENCE 6 c

Le risque électrique

A Étudier la séquence

ÉTAPE 1 Analyser la situation

Activité 1 Le risque électrique dans l'activité professionnelle

Objectif : Analyser une situation avec le schéma du processus d'apparition d'un dommage et évaluer le risque.

Document 1 Accident électrique

Chloé est intérimaire et travaille pour une entreprise de dépannage. Alors qu'elle s'apprête à rentrer chez elle, son patron la rappelle pour une intervention urgente chez un particulier.
Arrivée chez le client, elle recherche l'origine de la panne d'un chauffe-eau électrique qui ne fonctionne plus. Elle pense qu'il s'agit d'un problème de résistance électrique et effectue des contrôles sur l'appareil alors qu'il est sous tension.
Mais elle n'a pas mis ses gants en latex isolants et touche par inadvertance un fil sous tension. Elle reçoit un choc électrique qui provoque une brûlure des tissus de la main.
Elle va consulter son médecin, qui lui prescrit un arrêt de travail d'une semaine.

Au regard du document 1 et en utilisant la méthodologie de l'approche par le risque présentée sur les rabats du livre :

1. 1 Identifier le problème posé dans la situation.

Chloé a reçu un choc électrique qui a provoqué une brûlure des tissus de la main.

1. 2 Identifier dans la situation les éléments contribuant à l'apparition du dommage et les reporter dans le schéma du processus d'apparition d'un dommage ci-dessous.

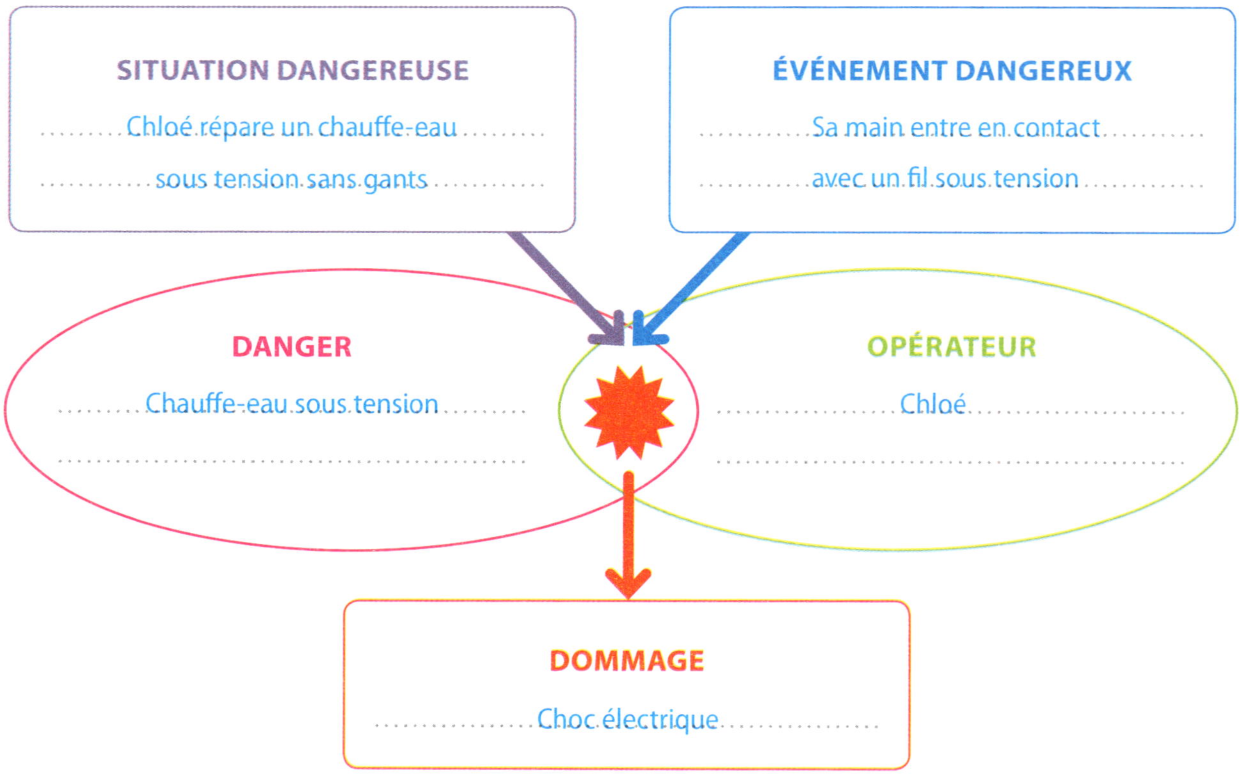

1. 3 Pour savoir si elle doit mettre en place rapidement des mesures de prévention, l'entreprise s'appuie sur une donnée. Préciser le nom de cette donnée.

Il s'agit du niveau de priorité du risque.

1. 4 Rappeler les deux paramètres à considérer pour apprécier le niveau de priorité d'un risque.

Il s'agit de la gravité et de la probabilité d'apparition d'un dommage.

1. 5 Apprécier le risque dans la situation de Chloé, en complétant le tableau suivant.

	Estimation	Justification
Niveau de gravité	Moyen	Accident de travail avec arrêt de travail
Niveau de probabilité d'apparition d'un dommage	Très probable	Ce type d'intervention est fréquent. La probabilité d'apparition de ce risque lorsque l'on travaille sous tension est élevée.

1. 6 En déduire une évaluation du risque.

La réduction du risque est prioritaire.

ÉTAPE 2 Mobiliser les connaissances

De nombreuses activités professionnelles exposent au risque électrique. Il est donc nécessaire de connaître les conditions qui exposent à ce risque pour mieux s'en protéger.

Activité 2 Les caractéristiques du risque électrique

Objectif : Caractériser le risque électrique.

Document 2 Électrisation ou électrocution ?

L'**électrisation** est le terme employé lorsqu'un courant électrique traverse le corps d'une personne et provoque des blessures plus ou moins graves.

On parle d'**électrocution** lorsque le courant électrique provoque la mort de la personne.
Trois conditions sont nécessaires pour qu'un accident d'origine électrique se produise :
- le circuit doit être sous tension ;
- la personne doit être en contact par deux points distincts de son corps avec des pièces sous tension (par exemple, la main et le pied si le sol n'est pas isolé) ;
- le circuit doit être fermé, c'est-à-dire que le courant doit passer (par exemple, l'appareil est sous tension).

Document 3 Les modes de contact

Quand il y a détérioration de l'isolant ou défaut d'isolement du récepteur, le courant peut circuler à travers un autre conducteur (par exemple le bâti d'un appareil), jusqu'au corps humain.
Le contact électrique peut se faire de deux manières :
- par un **contact direct** d'une personne avec une partie active, c'est-à-dire avec un matériel ou un conducteur électrique sous tension. C'est par exemple le contact avec un fil dénudé ;
- par un **contact indirect** avec une pièce conductrice mise accidentellement sous tension, à la suite d'un défaut d'isolement. C'est par exemple le contact avec une armoire métallique non reliée à la terre et dont l'équipement électrique qu'elle contient présente un défaut.

Contact direct

Contact indirect

À partir des documents 2 et 3 :

2. 1 Caractériser le risque électrique en répondant par vrai ou faux aux affirmations suivantes.

- Un circuit sous tension constitue une condition nécessaire du risque électrique : vrai
- Il suffit que le courant passe pour que l'on soit exposé au risque électrique : faux
- Le courant peut circuler à travers un conducteur jusqu'au corps humain lorsque l'isolant est défectueux : vrai
- On parle de contact indirect lorsqu'une personne est en contact avec une partie active d'un conducteur électrique sous tension : faux
- L'électrisation et l'électrocution sont deux conséquences du risque électrique qui se produisent simultanément : faux
- L'électrisation correspond au passage du courant électrique dans le corps humain : vrai
- L'électrocution conduit à la mort de l'individu : vrai

2. 2 Préciser si Chloé a été :

☑ électrisée

☐ électrocutée

2. 3 À l'aide du document 3, identifier les modes de contact (direct ou indirect) pour les exemples ci-dessous.

 Mehdi rembobine un enrouleur de câbles électriques. Sa main entre en contact avec une partie de fil dénudé et il n'avait pas débranché cette rallonge.	 Célia perce des pièces en métal avec une vieille perceuse électrique sans raccord à la terre. Elle s'électrise par l'intermédiaire de l'enveloppe métallique de la perceuse.
Contact direct	Contact indirect
 Armelle travaille sur un chantier du bâtiment. Elle bute contre une poutrelle métallique posée au sol, en contact avec un câble d'alimentation dont l'isolant est détérioré. Elle est électrocutée.	 Antoine intervient pour réparer une fuite sur un tuyau d'alimentation d'eau enterré. En piochant, il coupe le câble d'alimentation électrique situé juste en dessous. Il est électrisé.
Contact indirect	Contact direct

Le passage du courant électrique dans l'organisme est toujours dangereux et ce danger s'accroît considérablement dans certaines conditions.

Activité 3 Les paramètres de gravité du risque électrique

Objectif : Identifier les facteurs qui aggravent les effets du risque électrique.

Document 4 Le trajet du courant dans le corps humain

La trajectoire du courant joue un rôle important dans la gravité des blessures.
Dans l'organisme, le courant suit le trajet le moins résistant pour aller du point d'entrée au point de sortie (souvent le plus court).
Les organes qui offrent la moindre résistance sont le cœur, les poumons, les reins.
Des contacts établis entre deux doigts d'une même main n'offriront qu'un court trajet limité à la main. Une liaison établie entre les deux mains ou entre une main et un pied atteindra la totalité du thorax, c'est-à-dire rencontra les organes vitaux que sont le cœur et les poumons, et les conséquences pourront être très graves.

Trajet de la main vers le pied

Document 5 Les autres paramètres de gravité

D'autres facteurs ont également un impact sur la gravité du risque électrique.

1. **Les caractéristiques du courant :** plus la **tension** (en volt) est élevée, plus le risque de brûlure est grand. Lorsque l'**intensité** (en ampère) augmente, les réactions au courant électrique peuvent aller jusqu'à la mort par arrêt cardiaque.
2. **La durée du passage de l'électricité dans le corps :** plus le contact dure longtemps, moins l'organisme résiste, même pour les faibles intensités.
3. **La zone de contact :** plus la surface de contact et la pression exercée sont importantes, moins l'organisme résiste.
4. **La résistance corporelle :** elle varie en fonction de l'état de la peau (sèche ou humide) et de son épaisseur. Plus cette dernière est épaisse, mieux l'organisme résistera.
5. **Le milieu :** il peut être isolant ou très conducteur, en raison de l'humidité par exemple.

3. 1 À l'aide des documents 4 et 5, indiquer les paramètres de gravité pour les situations suivantes.

Situation 1 : Dimitri effectue une intervention de dépannage électrique dans le local d'une piscine municipale. Le sol est mouillé, ses mains aussi, et l'intensité du courant est élevée.

Le sol et les mains mouillés, ainsi que l'intensité du courant (élevée).

Situation 2 : Aïcha répare une machine à laver qui est restée branchée. Elle saisit fortement des deux mains un cache protecteur et reste « collée » à l'appareil.

La surface de contact, la pression exercée importante et le trajet (entre les deux mains, avec le passage au niveau du thorax par le cœur et les poumons).

L'organisme se comporte comme un récepteur électrique à l'intérieur duquel le passage du courant provoque des dommages.

Activité 4 Les effets physiopathologiques du risque électrique

Objectif : Mettre en évidence les effets physiopathologiques du risque électrique.

Document 6 Les principaux effets du courant électrique sur l'homme

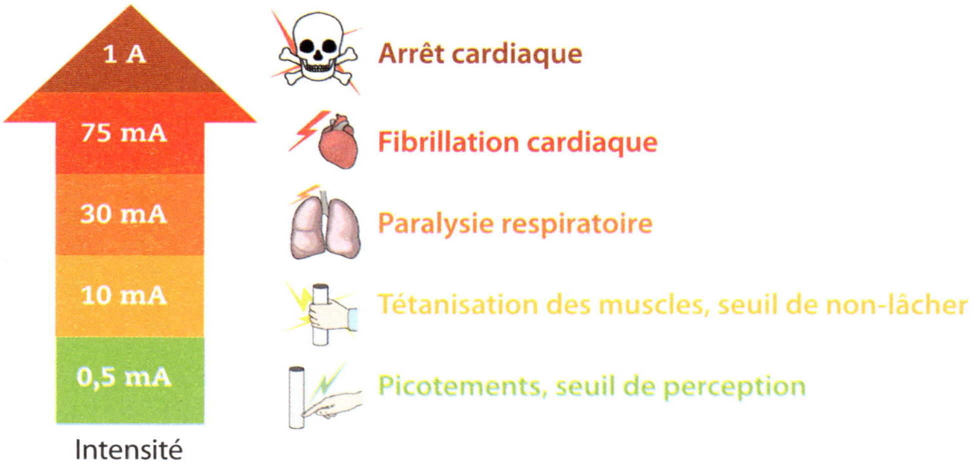

La fibrillation cardiaque : ce sont les contractions rapides et désordonnées du muscle cardiaque. Le passage du courant électrique provoque la fibrillation des ventricules (cavité du cœur), pathologie très grave qui peut entraîner rapidement un arrêt cardiaque, donc la mort.
La tétanisation des muscles : dans le cas d'une électrisation, elle correspond à la contraction spontanée et prolongée des fibres musculaires sous l'influence du passage du courant. S'il s'agit des muscles des mains, la tétanisation peut conduire à l'impossibilité de lâcher le conducteur. Le sujet peut aussi être projeté. Dans le cas du trajet mains-pieds, il y a tétanisation des muscles respiratoires, ce qui empêche l'arrivée d'oxygène et provoque une asphyxie.
Les effets thermiques : le courant, en longeant la peau, peut provoquer des brûlures superficielles ou internes (visibles aux points d'entrée et de sortie).

Plus le contact dure longtemps, moins l'organisme résiste, même pour les faibles intensités, et les effets sont alors majorés.

4. 1 Indiquer les deux paramètres de gravité qui, combinés, influencent les effets physiopathologiques du passage du courant électrique.

Il s'agit de l'intensité et de la durée de passage du courant dans l'organisme.

4. 2 Indiquer les effets produits par la tétanisation musculaire lors d'un choc électrique.

Les effets produits sont l'impossibilité de lâcher l'objet électrifié et la projection de la personne.

4. 3 Expliquer pourquoi le passage du courant provoque une paralysie respiratoire.

Les fibres musculaires des poumons se contractent de façon prolongée, ce qui empêche l'arrivée d'oxygène et provoque l'asphyxie.

4. 4 Indiquer l'effet physiopathologique représenté par chacune des illustrations ci-dessous et préciser les valeurs de l'intensité correspondante.

	Effet physiopathologique	Intensité
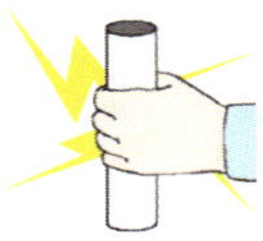	Tétanisation des muscles	10 mA
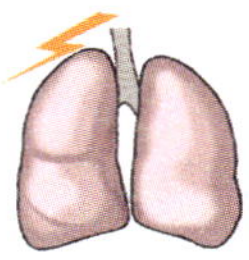	Paralysie respiratoire	30 mA
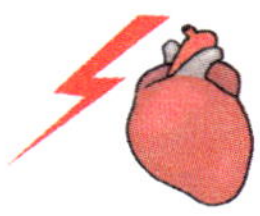	Fibrillation cardiaque	75 mA

4. 5 À l'aide du document 6, identifier les effets physiopathologiques du risque électrique correspondant à chacun des organes représentés, en complétant les légendes ci-dessous.

Poumons
Paralysie respiratoire

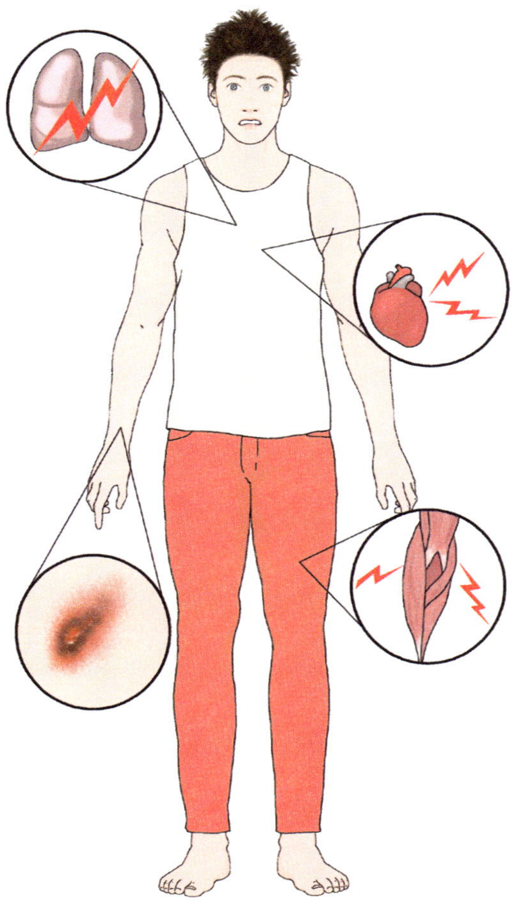

Cœur
Fibrillation cardiaque
Arrêt cardiaque

Peau
Picotements
Brûlures

Muscles
Non-lâcher
Tétanisation

4. 6 Dans le cadre d'une formation SST, on explique l'utilisation du défibrillateur cardiaque. Justifier l'importance de ce dispositif.

Il permet d'agir sur la fibrillation des ventricules, c'est-à-dire d'empêcher leur contraction anarchique pour rétablir des contractions normales.

ÉTAPE 3

Proposer des solutions

Des mesures de prévention doivent être prises et respectées afin de réduire les risques d'origine électrique.

Activité 5 La prévention du risque électrique

Objectif : Présenter les procédures d'intervention à mettre en place lors d'une exposition au risque électrique et les conditions nécessaires à la protection des installations et des opérateurs.

Document 7 L'habilitation électrique

L'habilitation électrique est la reconnaissance, par son employeur, de la capacité d'une personne à accomplir en sécurité les tâches fixées. Elle est obligatoire pour les travailleurs qui effectuent des opérations sur ou au voisinage d'installations électriques. Pour obtenir cette habilitation, les salariés doivent suivre une formation théorique et pratique qui est évaluée et passer un examen médical pour être reconnu apte au travail. Concernant le travailleur intérimaire, l'employeur de l'entreprise qui l'accueille doit vérifier que ce dernier a suivi une formation préparatoire à l'habilitation électrique en adéquation avec les opérations prévues.

5.1 À l'aide du document 7, identifier la personne chargée de la délivrance de l'habilitation électrique.

Il s'agit de l'employeur.

5.2 Chloé est intérimaire. Identifier dans le document 7 les obligations de son employeur quant à l'habilitation électrique et les soulignant.

5.3 À l'aide du document 7, indiquer deux conditions nécessaires pour obtenir une habilitation électrique.

– Être reconnu apte au travail par un examen médical.

– Suivre une formation théorique et pratique sur les risques électriques.

Document 8 Consigner une installation électrique

La **consignation électrique** correspond à une suite d'opérations chronologiques indispensables et réglementées, qui assurent la sécurité du personnel et du matériel avant d'intervenir sur un appareil ou une installation électrique. En effet, seuls les travaux effectués hors tension présentent une sécurité totale vis-à-vis du risque électrique, à condition que l'on soit sûr que toute tension est effectivement supprimée et qu'elle le reste : c'est le but de la consignation.
Toute consignation doit être signalée par une pancarte bien visible.

5. 4 À l'aide du document 8, indiquer l'objectif de la procédure de consignation.

L'objectif de la procédure de consignation est d'assurer la sécurité du personnel et du matériel avant d'intervenir sur un appareil ou une installation électrique.

5. 5 Justifier la nécessité de sa mise en œuvre.

La consignation assure une sécurité totale vis-à-vis du risque électrique en permettant d'effectuer les travaux hors tension, et d'être sûr que la tension électrique est supprimée et qu'elle le reste.

Document 9 La signalisation de travaux sur ou à proximité d'une installation électrique

Lors d'une intervention sur ou à proximité d'une installation électrique, il est indispensable de délimiter aux moyens d'obstacles et de signaler ladite intervention avec un panneau d'avertissement règlementaire.

Panneau d'avertissement

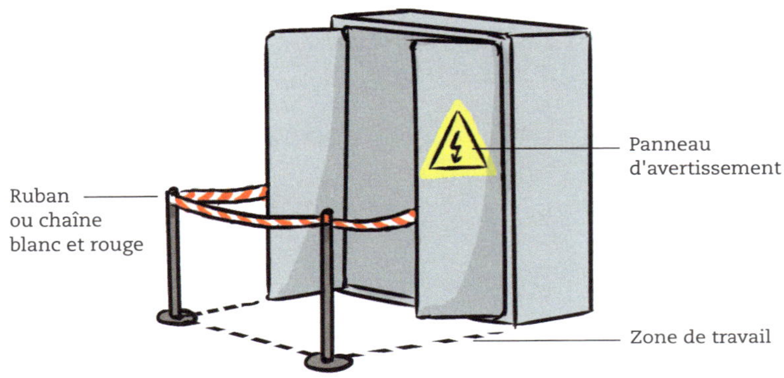

Balisage autour d'une armoire électrique

5. 6 Indiquer comment protéger et informer les opérateurs d'une entreprise dans laquelle se déroule une intervention sur une armoire électrique en surlignant la réponse dans le document 9.

Document 10 La protection des installations et du matériel

Le disjoncteur différentiel	Élimine les courants de défaut[1] à la terre et protège des surintensités.
La prise de terre	Conduit électrique qui permet de dévier le courant vers les fondations lorsqu'un défaut électrique apparaît, ainsi le courant ne présente plus de danger pour l'utilisateur.
La surveillance et l'entretien des installations	Permet d'avoir un matériel conforme et garant de la sécurité des opérateurs.
Les classes de matériel	Correspondent à la sécurité apportée selon le type d'isolation de l'appareil (classe 2 : sécurité renforcée ; classe 3 : matériel de chantier).
Le degré de protection assuré par l'enveloppe du matériel	Concerne les types de protection apportées : contre les chocs, contre les liquides.

1. Courants qui apparaissent lorsqu'un court-circuit se produit.

Document 11 La protection du personnel

5. 7 Légender le document 11 représentant les éléments de la tenue professionnelle d'un travailleur exposé au risque électrique.

5. 8 À l'aide des documents 7 à 11, différencier les mesures de prévention selon leur niveau d'action en complétant le tableau ci-dessous.

Prévention intrinsèque	- Procédure de consignation - Disjoncteur différentiel	
Protection individuelle	- Casque isolant - Gants isolants - Écran facial	- Chaussures isolantes - Tapis isolant - Vêtements de protection
Protection collective	- Prise de terre - Surveillance et entretien des installations	
Formation/Information	- Habilitation électrique - Signalisation des travaux	

5. 9 Des ouvriers doivent effectuer des travaux dans un emplacement présentant un risque électrique : indiquer les procédures à respecter.

- Mettre en place un panneau d'avertissement réglementaire.
- Installer un balisage de sécurité.

B Mémoriser et structurer les acquis

| Organiser les différentes notions de la séquence en complétant le schéma ci-dessous.

Le risque électrique

Électrisation	Passage du courant dans l'organisme sans provoquer la mort.
Électrocution	Passage du courant dans le corps provoquant la mort.
Contact direct	Contact avec une partie active. Exemple : un fil dénudé.
Contact indirect	Contact avec une pièce conductrice mise accidentellement sous tension. Exemple : armoire métallique non reliée à la terre dont l'équipement électrique qu'elle contient comporte un défaut.
Paramètres de gravité	• Les caractéristiques du courant : tension et intensité • La durée du passage de l'électricité dans le corps • La zone de contact et la trajectoire du courant • La résistance corporelle • La nature du milieu

Les effets physiopathologiques du risque électrique

Effets	Répercutions physiopathologiques
Effets thermiques	Brûlures
Effets respiratoires	Asphyxie
Effets sur les centres nerveux	Arrêt respiratoire et/ou cardiaque
Effets tétanisants	Contraction des muscles
Effets circulatoires	Arrêt cardiaque

Les mesures de prévention

Prévention intrinsèque	Protection individuelle	Protection collective	Formation / Information
– Procédure de consignation – Disjoncteur différentiel	– Casque isolant – Gants isolants – Écran facial – Vêtements de protection isolants – Chaussures isolantes – Tapis isolant	– Prise de terre – Surveillance et entretien des installations	– Habilitation électrique – Signalisation des travaux – Information sur les risques liés à l'électricité

C Préparer l'évaluation

Situation d'étude

Jean, ouvrier du bâtiment, intervient dans la construction d'une maison individuelle. Il travaille en même temps que le carreleur, qui vient de mouiller tout le sol. Alors qu'il utilise son poste à souder sur le sol mouillé, il touche le fil dénudé de son appareil. Il est victime d'une électrisation et présente un arrêt respiratoire.

1 **Compléter le schéma du processus d'apparition d'un dommage pour la situation donnée.**

SITUATION DANGEREUSE

Jean utilise son poste à souder sur un sol mouillé

ÉVÉNEMENT DANGEREUX

Il touche le fil dénudé

DANGER

Fil dénudé, sol mouillé

OPÉRATEUR

Jean

DOMMAGE

Électrisation

2 **Indiquer le facteur de gravité dans cette situation et en énoncer deux autres.**

Facteur de gravité de la situation	La nature du milieu : sol mouillé
Autres facteurs de gravité	La durée de passage du courant et l'intensité

3 **Indiquer pour cette situation :**

- une mesure de protection individuelle : porter les équipements de protection ;
- une mesure de protection collective : vérifier l'état du matériel ;
- une mesure de prévention intrinsèque : être formé à l'habilitation électrique.

4 **Indiquer deux effets physiopathologiques du risque électrique.**

– La tétanisation des muscles

– L'arrêt cardiaque

SÉQUENCE 7

Accident du travail, maladie professionnelle et cadre juridique de la prévention

A Étudier la séquence

ÉTAPE 1 Analyser la situation

Activité 1 Les arrêts de travail

Objectif : Identifier l'origine et les conséquences des arrêts de travail.

Document 1 Arrêts de travail : un enjeu majeur pour l'entreprise

Après avoir repris la direction d'une entreprise de bâtiment, le nouveau directeur constate qu'il y a eu un nombre élevé d'arrêts de travail sur les douze derniers mois.
Ces arrêts représentent un enjeu économique important pour l'entreprise (baisse de la productivité, coûts de réparation du matériel endommagé, démotivation du personnel…) et pour l'État (dépenses engagées par la sécurité sociale…).
Le nouveau directeur décide donc d'examiner les dossiers d'arrêts de travail et remarque que pour la majorité, il s'agit d'accidents du travail et de maladies professionnelles. Il décide alors de mettre en place des actions de prévention pour réduire les risques professionnels.

1. 1 Indiquer l'origine des arrêts de travail dans la situation du document 1.

Les arrêts de travail ont pour origine des accidents du travail et des maladies professionnelles.

1. 2 Citer les conséquences de ces arrêts de travail.

– Pour l'entreprise : baisse de la productivité, coûts de réparation du matériel endommagé, démotivation du personnel.

– Pour l'État : dépenses engagées par la sécurité sociale.

1. 3 Indiquer la mesure que le nouveau directeur décide de prendre en surlignant la réponse dans le document 1.

ÉTAPE 2 Mobiliser les connaissances

Pour être considérés comme tels, les accidents du travail (AT) et les maladies professionnelles (MP) doivent répondre à certains critères.

Activité 2 Les accidents du travail et les maladies professionnelles

Objectif : Définir les accidents du travail et les maladies professionnelles.

Document 2 Définitions

- Un **accident du travail** est un accident qui survient dans le cadre d'une activité professionnelle. On distingue :
  – l'accident sur le lieu de travail : lorsqu'un salarié prouve que les faits sont survenus au cours de son activité professionnelle, sur son lieu de travail, ceux-ci sont présumés être un accident du travail ;
  – l'accident de trajet : c'est un accident qui survient pendant le trajet aller-retour, soit entre le lieu de travail et le lieu de résidence principale (ou une résidence secondaire stable, ou encore un lieu où le salarié se rend de façon habituelle pour des motifs d'ordre familial), soit entre le lieu de travail et le restaurant, la cantine ou tout autre lieu où le salarié prend habituellement ses repas.
- Une **maladie professionnelle** est la conséquence de l'exposition plus ou moins prolongée à un risque lors d'une activité professionnelle.
- Un **accident de droit commun** est un accident survenu dans la vie quotidienne, causé par un tiers ou non, et qui n'a aucun rapport avec l'exercice d'un travail.

Source : Ameli.fr.

2.1 Identifier pour chaque situation ci-dessous le type d'accident ou de maladie.

	1 Dina est victime d'un accident de la route alors qu'elle part en week-end après sa journée de travail.	Accident de droit commun
	2 Antony se coupe profondément la main avec une disqueuse sur son lieu de travail.	Accident sur le lieu de travail
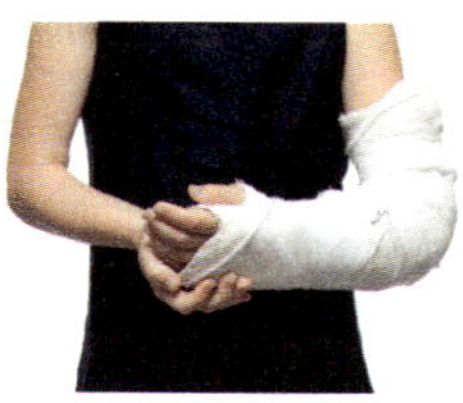	3 Marie se casse le bras en glissant dans le métro alors qu'elle se rendait au travail.	Accident de trajet
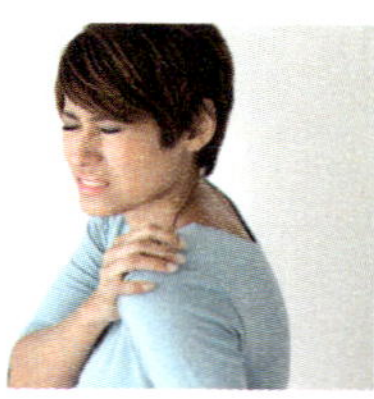	4 Zilda livre des colis pour une entreprise de transports. Elle souffre de douleurs dans le dos. Son médecin diagnostique une lombalgie due à la manutention répétée de charges lourdes.	Maladie professionnelle

Les accidents du travail (AT) et les maladies professionnelles (MP) sont à l'origine de coûts humains et financiers.

Activité 3 Les coûts humains et financiers des AT et des MP

Objectif : Distinguer les coûts humains et financiers des accidents du travail et des maladies professionnelles.

Document 3 Les coûts humains et financiers des AT et des MP

Les coûts liés aux AT et aux MP sont classés en deux catégories : financiers (pour l'entreprise*) et humains (pour le salarié), et chacun de ces coûts peut être direct ou indirect.

	Définitions	Exemples
Coûts financiers	**Coûts directs :** dépenses liées aux conséquences des dommages physiques subis par la victime d'AT ou de MP.	Frais médicaux (hôpital, médecin, radiologie, médicaments...), indemnités journalières pendant l'arrêt, rente à la famille si décès...
	Coûts indirects : tous les coûts liés aux conséquences dans l'entreprise de l'AT ou de la MP.	Remplacement du salarié, baisse de la production, remplacement du matériel détérioré...
Coûts humains	**Coûts directs :** dommages physiques subis par les victimes d'AT et de MP.	Blessures physiques.
	Coûts indirects : conséquences au niveau de la vie familiale, sociale et professionnelle de la victime.	Repli sur soi, dépression, changement de poste, diminution des revenus lors de l'arrêt, difficultés relationnelles...

* Les frais médicaux et les indemnités sont pris en charge par l'assurance maladie, puis répercutés sur l'entreprise, à travers les charges sociales qu'elle paie.

3. 1 À l'aide du document 3, distinguer les différents types de coûts liés à l'accident du travail de la situation ci-dessous en complétant le tableau.

Suite à un accident du travail, Jacobine est hospitalisée depuis deux mois, et son médecin lui annonce que les conséquences de ses blessures sont très importantes et qu'elle ne pourra pas reprendre son travail avant trois mois. Jacobine se retrouve dans une situation compliquée, car les indemnités qui vont lui être versées seront moins importantes que son salaire et elle doit rembourser plusieurs crédits, ce qui crée des tensions au sein de sa famille. Son patron a dû embaucher un intérimaire pour la remplacer, mais comme il a peu d'expérience, les clients ne sont pas livrés en temps et en heure du fait de la baisse de la productivité.

Coûts financiers		Coûts humains	
Directs	Indirects	Directs	Indirects
Frais d'hospitalisation, indemnités journalières	Remplacement de Jacobine, baisse de la productivité	Blessures	Diminution des revenus, tensions dans sa famille

Les procédures de déclaration des AT et des MP sont différentes. De plus, afin d'être recevable, le dossier de MP doit répondre à certains critères.

Activité 4 Les procédures de déclaration des AT et des MP

Objectifs : Distinguer les procédures de déclaration d'AT et de MP, et indiquer les démarches de constitution d'un dossier de maladie professionnelle recevable.

Document 4 Les procédures de déclaration d'accident du travail

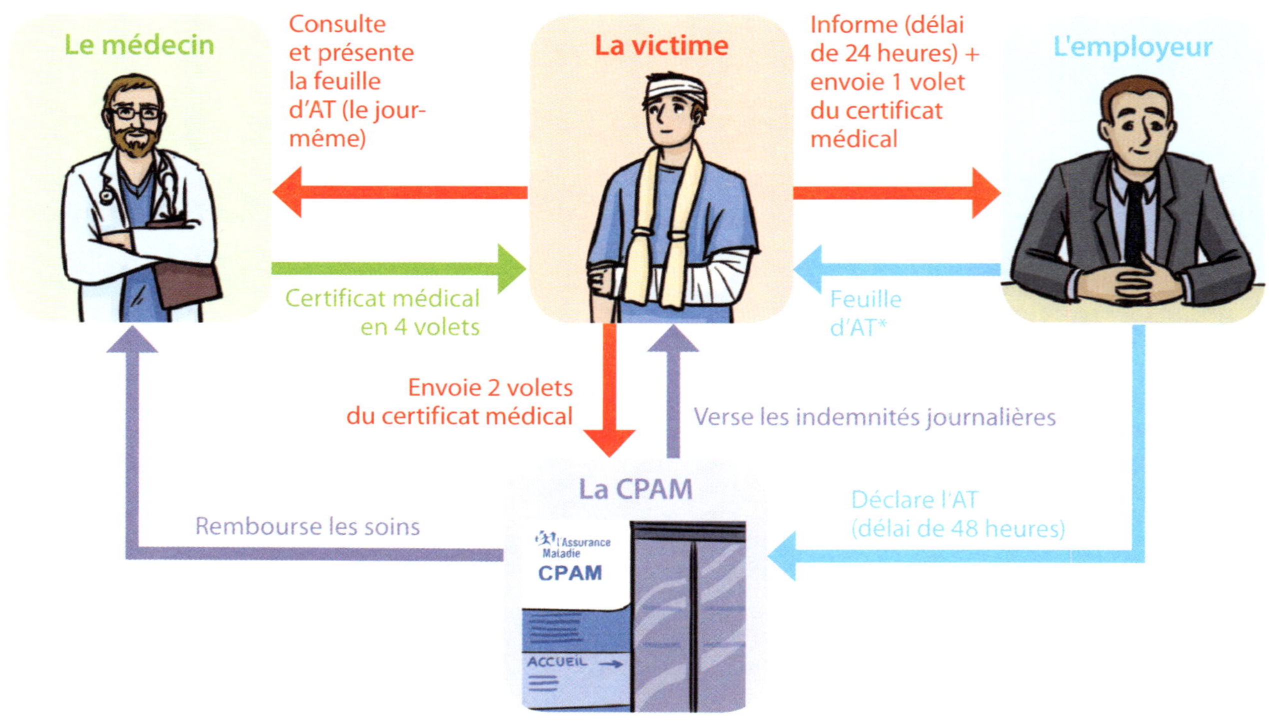

* La feuille d'AT permet à la victime de se faire soigner sans avancer les frais.

Document 5 La déclaration d'une maladie professionnelle

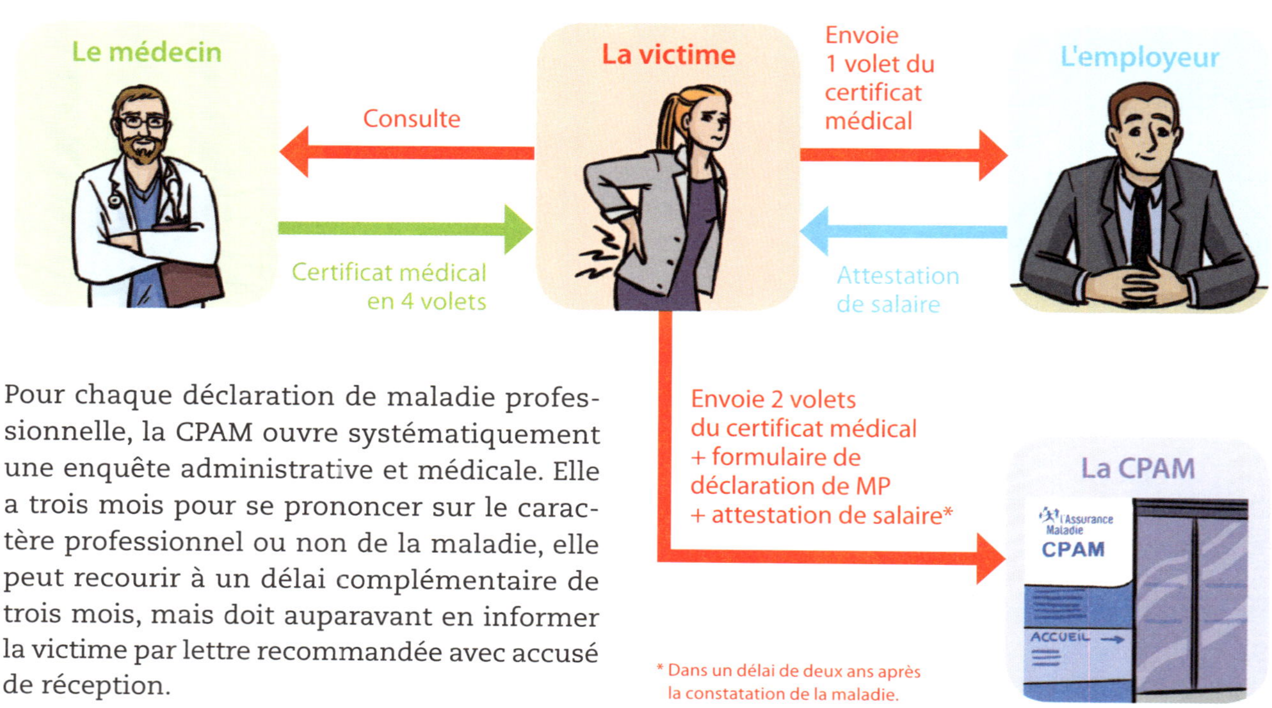

Pour chaque déclaration de maladie professionnelle, la CPAM ouvre systématiquement une enquête administrative et médicale. Elle a trois mois pour se prononcer sur le caractère professionnel ou non de la maladie, elle peut recourir à un délai complémentaire de trois mois, mais doit auparavant en informer la victime par lettre recommandée avec accusé de réception.

* Dans un délai de deux ans après la constatation de la maladie.

4. 1 Indiquer la personne qui fait la déclaration auprès de la CPAM en cas :

– d'accident du travail : l'employeur

– de maladie professionnelle : la victime

4. 2 Indiquer le délai dont dispose la victime pour :

– informer son employeur suite à un accident du travail : 24 heures

– déclarer sa maladie professionnelle à la CPAM après constatation de la maladie : 2 ans

4. 3 Indiquer le délai dont dispose l'employeur pour déclarer un accident du travail à la CPAM.

L'employeur dispose d'un délai de 48 heures.

Document 6 Reconnaissance d'une maladie professionnelle

Contrairement à l'accident du travail et à l'accident de trajet, les maladies professionnelles ne font pas l'objet d'une définition légale générale. Ce sont des tableaux spécifiques annexés au code de la sécurité sociale qui définissent celles qui sont indemnisables et précisent, pour chaque type d'affection, les conditions à remplir (délai de prise en charge à partir de la fin de l'exposition au risque et liste d'activités concernées).

Source : Ameli.fr.

Exemple de tableau : Lésions chroniques du ménisque

Désignation des maladies	Délai de prise en charge	Liste limitative des travaux susceptibles de provoquer ces maladies
Lésions chroniques du ménisque à caractère dégénératif, confirmées par examens complémentaires ou au cours de l'intervention curative, ainsi que leurs complications : fissuration ou rupture du ménisque.	2 ans	Travaux comportant des efforts ou des ports de charges exécutés habituellement en position agenouillée ou accroupie.

Source : INRS.

4. 4 Retrouver les trois critères nécessaires à la reconnaissance d'une maladie professionnelle et les entourer dans le tableau du document 6.

4. 5 À l'aide du document 6, indiquer si Romain (situation ci-dessous) est atteint d'une maladie professionnelle. Justifier votre réponse.

Romain, vingt-quatre ans, travaille dans un cabinet d'architecture depuis quatre ans. Son travail consiste à réaliser des plans à l'aide d'un logiciel informatique. Il passe la plupart de son temps assis derrière son écran d'ordinateur. Il ressent des douleurs au genou depuis plusieurs jours, consulte son médecin, qui diagnostique une lésion chronique du ménisque.

Non, ce n'est pas une maladie professionnelle, car dans la liste limitative des travaux susceptibles de provoquer la lésion de ménisque, il est stipulé : « travaux comportant des efforts ou des ports de charges », alors que Romain travaille devant un ordinateur.

Le respect des procédures de déclaration est nécessaire pour permettre à la victime d'un accident du travail ou d'une maladie professionnelle d'être indemnisée.

Activité 5 Indemnisation et responsabilité

Objectifs : Distinguer les prestations en nature des prestations en espèces et différencier les deux types de responsabilité (civile et pénale).

Document 7 Les différents types d'indemnisation des AT ou des MP

Lors d'un accident du travail ou d'une maladie professionnelle, la CPAM peut verser deux types de prestations.

- **Les prestations en nature :** il s'agit des remboursements des frais de santé engagés à l'occasion de l'AT ou de la MP, pris en charge en intégralité par l'assurance maladie.
- **Les prestations en espèces :** il s'agit des indemnités journalières (ou des rentes en cas d'incapacité ou de décès), qui permettent de couvrir la perte de salaire en cas d'arrêt de travail.

Que ce soit pour un AT ou une MP, l'indemnité journalière perçue pendant l'arrêt de travail est égale à 60 % du salaire journalier de base[1] du premier au vingt-huitième jour, et elle ne peut dépasser 193,23 €. À partir du vingt-neuvième jour et pendant trois mois, l'indemnité journalière est majorée à 80 % du salaire journalier de base, et elle est plafonnée à 257,64 €.

Exemple d'indemnités versées :

Salaire journalier de base	Du 1er au 28e jour	À partir du 29e jour
55 €	33 €	44 €

1. Le salaire journalier de base correspond à la moyenne des salaires bruts des trois derniers mois précédant l'arrêt de travail, que l'on divise par trente.

5. 1 Distinguer les prestations en nature et les prestations en espèces en reliant les exemples donnés aux types de prestations correspondantes.

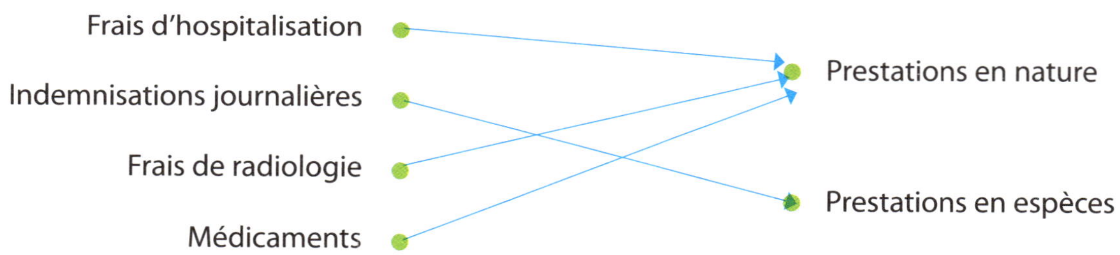

Document 8 Responsabilité de l'employeur en cas d'AT ou de MP

Il existe deux types de responsabilité pour l'employeur : la responsabilité civile et la responsabilité pénale, qui peuvent être engagées suite à un accident du travail ou une maladie professionnelle.

- **La responsabilité civile :** elle prévoit des dommages et intérêts pour les victimes.
- **La responsabilité pénale :** elle prévoit une condamnation à une peine d'amende et éventuellement à une peine d'emprisonnement, dans le but de punir l'auteur de l'infraction.

5. 2 Préciser le type de responsabilité permettant la réparation financière par l'employeur d'un préjudice subi par une victime.

Il s'agit de la responsabilité civile.

L'employeur et le salarié doivent se tenir informés non seulement de leurs droits en terme de sécurité, mais également de leurs devoirs.

Activité 6 Les obligations et les droits de l'employeur et du salarié en matière de sécurité

Objectif : Repérer les obligations et les droits de l'employeur et du salarié en général et dans des situations particulières.

Document 9 Sécurité au travail : ce que dit la loi

Obligations de l'employeur
L'employeur doit tout mettre en œuvre pour assurer la sécurité physique et mentale de ses employés (par exemple : des actions de prévention et d'information des risques professionnels, mise à disposition d'un matériel adapté…).

Ainsi, l'employeur organise des formations sur la sécurité au travail, auxquelles peuvent participer :
– les nouveaux travailleurs qu'il embauche ;
– les travailleurs qui changent de poste de travail ou de technique ;
– les salariés temporaires, à l'exception de ceux auxquels il est fait appel pour exécuter des travaux urgents nécessités par des mesures de sécurité et déjà dotés de la qualification nécessaire à cette intervention ;
– à la demande du médecin du travail, des travailleurs qui reprennent leur activité après un arrêt de travail d'une durée d'au moins vingt-et-un jours.

Obligations des employés
Les employés doivent respecter le règlement intérieur, et prendre soin de leur santé et de leur sécurité (ainsi que de celles de leurs collègues) sur leur lieu de travail en utilisant notamment les équipements de protection proposés par l'employeur.

6.1 À l'aide du document 9, repérer les obligations de l'employeur et du salarié en terme de sécurité, en complétant le schéma ci-dessous.

LES OBLIGATIONS EN TERME DE SÉCURITÉ

L'employeur doit :	Le salarié doit :
• assurer la sécurité physique et mentale de ses employés ;	• respecter le règlement intérieur ;
• organiser des formations sur la sécurité au travail.	• prendre soin de sa santé et de sa sécurité (ainsi que de celles de ses collègues), en utilisant notamment les équipements de protection.

6.2 Indiquer, pour chaque situation ci-dessous, si l'employé peut bénéficier ou non d'une formation sécurité. Justifier la réponse.

Situation 1 : Patrice, intérimaire dans le secteur du bâtiment, est appelé pour assurer le remplacement d'un ouvrier. Il devra se présenter dès le lendemain dans les locaux de l'entreprise. Patrice est qualifié pour ce type de poste.

Non, Patrice ne peut pas bénéficier d'une formation, car il est qualifié pour ce type de poste et il est appelé la veille pour le lendemain.

Situation 2 : Lola, nouvelle embauchée dans une entreprise de menuiserie, doit utiliser des machines dangereuses.

Oui, Lola peut bénéficier d'une formation sécurité, car tout nouvel embauché peut en bénéficier.

Document 10 **Le droit de retrait**

Le salarié confronté à un danger grave et imminent pour sa vie ou sa santé a le droit d'arrêter son travail et, si nécessaire, de quitter les lieux pour se mettre en sécurité (par exemple : quitter une pièce dont le plafond menace de s'écrouler, refuser de conduire un véhicule dont le système de freinage ne fonctionne pas…). L'employeur ou les représentants du personnel doivent en être informés. La décision du salarié ne doit cependant pas créer pour d'autres personnes une nouvelle situation de danger grave et imminent.

Face à un danger grave et imminent, l'employeur doit protéger ses salariés en prenant les mesures nécessaires et en donnant les instructions pour permettre aux salariés d'arrêter leur activité et de se mettre en sécurité.

6.3 À l'aide du document 10 et de la situation ci-dessous, renseigner les droits et les obligations du salarié et de l'employeur face à un danger grave et imminent en complétant le schéma.

Hakim, dix-huit ans, travaille depuis deux semaines dans une entreprise de dépannage. Il n'est pas parvenu à réparer la machine à laver d'un client, et ce dernier, très mécontent, commence à hausser le ton et à le menacer physiquement.

Danger grave et imminent

Obligation d'Hakim

Prévenir son supérieur hiérarchique

Obligation de l'employeur

Protéger son salarié

Droit d'Hakim

Quitter son poste de travail

ÉTAPE 3 Proposer des solutions

Afin de limiter les accidents du travail et les maladies professionnelles, il est nécessaire d'adopter une démarche de prévention, notamment en formalisant un document que l'on appelle : « document unique ».

Activité 7 Le document unique

Objectif : Participer à la formalisation ou à l'actualisation du document unique dans un atelier ou une zone de travail.

Document 11 Le document unique : une obligation en terme de prévention

Selon le Code du travail, tout employeur doit évaluer les risques pour la santé et la sécurité de ses employés.
Il a ainsi l'obligation de rédiger un « document unique », qui comporte un inventaire des risques dans chaque unité de travail de l'entreprise ou de l'établissement, mais aussi les mesures de prévention existantes et à prévoir pour supprimer ou réduire les accidents du travail et les maladies professionnelles au sein de la structure. Ce recueil de données va permettre d'organiser un programme d'action pour améliorer les conditions de travail et la sécurité.
Le document unique est mis à jour régulièrement, il est à la disposition du CHSCT*, du médecin du travail, des salariés et, sur demande, de l'inspecteur du travail et des contrôleurs de la CARSAT**.

* **CHSCT :** Comité d'hygiène et de sécurité des conditions de travail.
** **CARSAT :** Caisse régionale d'assurance retraite et de la santé au travail.

7. 1 Indiquer l'objectif du document unique.

L'objectif du document unique est de supprimer ou de réduire les accidents du travail et les maladies professionnelles.

7. 2 Lister les personnes ou organismes pouvant consulter librement le document unique.

Le CHSCT, le médecin du travail, les salariés.

7. 3 À l'aide du document 11, indiquer le titre de la rubrique manquante dans la grille d'évaluation des risques page suivante.

GRILLE D'ÉVALUATION DES RISQUES D'UN DOCUMENT UNIQUE (extrait)

Fonction professionnelle Magasinier	**Date :** 10/06/2016	**Responsable de l'unité :** Mme Z	**Nombre de salariés :** 24

Situations dangereuses	**Dommages éventuels**	**Estimation du risque**		**Niveau de priorité de la réduction du risque**	**Mesures de prévention**	
		Gravité	**Probabilité d'apparition**		Existantes	**À prévoir**
Situation 1 : porter des charges de manière répétitive	Douleurs dans le dos	3	3	Prioritaire	Formation PRAP	- Charriot d'aide à la manutention - Intervention simultanée de deux magasiniers
Situation 2 : travailler sur un ordinateur avec un éclairage éblouissant	Fatigue visuelle	2	3	Prioritaire	Stores à lamelles	- Changer de place le bureau (près des fenêtres) - Changer les luminaires
	Maux de tête	2	3	Prioritaire		

7. **4** À l'aide des informations recueillies lors d'une évaluation des risques pour les deux situations suivantes, renseigner la grille d'évaluation des risques en complétant le tableau ci-dessous.

Situation 1 : porter des charges de manière répétitive
Chez un concessionnaire automobile, des magasiniers portent, déplacent, chargent, déchargent et organisent le rangement des marchandises, ce qui peut provoquer des douleurs dans le dos. Le risque est grave (niveau 3) et fréquent (niveau 3), donc prioritaire. Une formation PRAP (prévention des risques liés à l'activité physique) a été mise en place pour les salariés. Les mesures de prévention à prévoir sont l'intervention simultanée de deux magasiniers pour certaines opérations et la présence d'un chariot d'aide à la manutention.

Situation 2 : travailler sur ordinateur avec un éclairage éblouissant
Lorsque les magasiniers gèrent les stocks sur poste informatique, ils sont souvent éblouis par la lumière du soleil, et plusieurs ressentent de la fatigue visuelle et des maux de tête. Il s'agit d'un risque prioritaire, car il est moyennement grave (niveau 2), mais fréquent (niveau 3). Actuellement, des stores à lamelles sont mis en place. Les mesures de prévention à prévoir sont de changer de place le bureau pour que l'ordinateur soit éclairé par la fenêtre sur le côté, et de changer les luminaires.

B Mémoriser et structurer les acquis

Organiser les différentes notions de la séquence en complétant le schéma ci-dessous à l'aide des activités précédentes.

Définitions et caractéristiques

Accident du travail	Accident qui survient dans le cadre d'une activité professionnelle et qui occasionne un dommage.
Maladie professionnelle	Conséquence de l'exposition plus ou moins prolongée à un risque lors d'une activité professionnelle.
Coûts financiers	**Coûts directs :** dépenses liées aux conséquences des dommages physiques subis par la victime de l'AT ou de la MP. **Coûts indirects :** tous les coûts liés aux conséquences dans l'entreprise de l'AT ou de la MP.
Coûts humains	**Coûts directs :** dommages physiques subis par les victimes d'AT et de MP. **Coûts indirects :** conséquences au niveau de la vie familiale, sociale et professionnelle de la victime.
Prestations en nature	Remboursement des frais de santé occasionnés par l'AT ou la MP, intégralement pris en charge par l'assurance maladie.
Prestations en espèces	Remplacement partiel du salaire pendant l'arrêt de travail lié à l'AT ou la MP (ou rente en cas d'incapacité ou de décès de la victime).

Les droits et les obligations

- Tout employeur est responsable de la sécurité et de la santé de ses salariés.
- Les salariés doivent quant à eux respecter le règlement intérieur.
- L'employeur doit former en matière de prévention tous les nouveaux embauchés.
- En cas d'accident du travail ou de maladie professionnelle, l'employeur voit sa responsabilité engagée s'il n'a pas respecté son devoir en terme de sécurité.
- Un salarié peut utiliser son droit de retrait quand il se trouve face à un danger grave et imminent.

Le document unique

L'employeur a l'obligation de procéder à l'évaluation des risques de son entreprise et de les hiérarchiser dans un « document unique », dont l'objectif est la mise en place d'actions de prévention pour réduire les accidents du travail et les maladies professionnelles.

C Préparer l'évaluation

Situation d'étude

Martin, dix-neuf ans, intérimaire, est manœuvre dans une entreprise de maçonnerie et de carrelage. Depuis quelques jours, Yohan, un de ses collègues, est absent car il est en arrêt de travail pour maladie professionnelle. On demande alors à Martin de le remplacer pour poser des carreaux au sol, mais ce dernier n'est pas formé pour ce travail. Il se sectionne un doigt après seulement une heure de travail en effectuant des coupes de carreaux à la carrelette. La machine se bloque et ne veut plus fonctionner.

Accident du travail et maladie professionnelle

1 Identifier le problème soulevé dans la situation d'étude en cochant la réponse exacte.

- [ ] Martin est atteint d'une maladie professionnelle.
- [x] Martin est victime d'un accident du travail.
- [ ] Martin est victime d'un accident de droit commun.

2 Justifier la réponse.

Il s'agit d'un accident du travail, car ce dernier est survenu sur son lieu de travail.

3 Indiquer un exemple pour chaque type de coûts liés à l'accident de Martin. Préciser s'il s'agit de coûts directs ou indirects.

- Coûts humains : blessure de Martin (coûts directs).
- Coûts financiers : détérioration de la machine (coûts indirects).

Démarches et prestations

4 Indiquer les démarches que Yohan (le collègue de Martin) doit effectuer afin de déclarer sa maladie professionnelle.

Il doit aller chez son médecin, qui va lui fournir un certificat médical constatant la maladie. Il enverra ensuite le certificat, le formulaire de déclaration de MP et une attestation de salaire à la CPAM.

5 Indiquer les deux types de prestations que la CPAM peut verser en cas d'accident du travail ou de maladie professionnelle, et donner un exemple pour chacune.

Prestations en espèces : indemnités journalières.

Prestations en nature : dépenses de santé liées au frais médicaux.

Prévention

6 Pour assurer la prévention dans l'entreprise, il existe un document régulièrement mis à jour qui recense les situations à risque et les mesures de prévention associées. Préciser le nom de ce document.

Il s'agit du document unique.

SÉQUENCE 8

Les acteurs et les organismes de prévention

A Étudier la séquence

ÉTAPE 1 Analyser la situation

Activité 1 Réunion du CHSCT

Objectif : Analyser le problème débattu en réunion par les salariés d'une entreprise.

Document 1 Extrait d'un compte rendu du CHSCT*

Le chef de service expose la situation de stress et d'inquiétude vécue par son équipe en raison d'une réorganisation du service et fait référence aux multiples interventions des salariés à propos des conditions de travail dans l'entreprise.
Un salarié évoque alors le manque d'effectifs, mais aussi la décision prise concernant la suppression des salles de repos dans les services. Pourtant, il rappelle la nécessité pour les équipes de pouvoir avoir un temps de pause quotidien pour échanger entre collègues.
Le médecin du travail propose la présence d'un psychologue sur quelques plages horaires de la semaine.
En conclusion, le responsable de l'établissement retient la proposition de prévoir une organisation du service qui facilite les rencontres des agents et propose qu'une étude sur la charge de travail des salariés soit réalisée. Il promet d'étudier la possibilité d'une intervention d'un psychologue dans le service.

*Comité d'hygiène, de sécurité et des conditions de travail.

1. 1 Nommer l'instance concernée par la réunion.

Il s'agit du comité d'hygiène, de sécurité et des conditions de travail (CHSCT).

1. 2 Indiquer le problème à l'ordre du jour de la réunion.

La situation de stress et d'inquiétude vécue par le personnel.

1. 3 Identifier les causes à l'origine du problème en les surlignant dans le document 1.

ÉTAPE 2

Mobiliser les connaissances

Pour améliorer les conditions de travail, il est important de connaître les personnes et les organismes responsables des actions de prévention au sein de l'entreprise.

Activité 2 Le CHSCT, acteur majeur de la prévention

Objectif : Indiquer les conditions d'existence, la composition et les missions du CHSCT.

Document 2 L'organisation du CHSCT

Le CHSCT (Comité d'hygiène, de sécurité et des conditions de travail) est un comité dont l'existence est obligatoire dans toute entreprise de plus de cinquante employés. Il a pour mission de contribuer à la protection de la santé et de la sécurité des travailleurs, ainsi qu'à l'amélioration des conditions de travail, notamment par :

– l'analyse des conditions de travail et des risques professionnels auxquels peuvent être exposés les travailleurs ;
– la vérification du respect de la loi et de la réglementation en matière de sécurité ;
– la mise en œuvre des mesures de prévention à travers des actions de sensibilisation et d'information ;
– l'analyse des circonstances et des causes des accidents du travail ou des maladies professionnelles.

Il doit se réunir au minimum une fois par trimestre, à la suite de tout accident et si deux de ses membres en font la demande.

Pour pouvoir mener ses missions à bien, le CHSCT doit pouvoir disposer de toutes les informations indispensables liées à l'entreprise (livres, registres, documents…).

La composition du CHSCT

* Nombre variable selon la taille de l'entreprise.
**CARSAT : Caisse régionale d'assurance retraite et de santé du travail.

2. 1 Identifier les différents acteurs permanents d'un CHSCT.

Le chef d'établissement ou son représentant et les représentants du personnel élus.

2. 2 Identifier les acteurs présents à titre consultatif d'un CHSCT.

Le chef du service sécurité du travail, le médecin du travail, l'inspecteur du travail, l'ingénieur conseil ou le contrôleur de sécurité du service prévention de la CARSAT, ainsi que toute personne qualifiée invitée.

2. 3 Indiquer dans quel type d'entreprise un CHSCT est obligatoire.

Un CHSCT est obligatoire dans toute entreprise de plus de cinquante employés.

2. 4 Présenter les conditions d'existence et de fonctionnement d'un CHSCT en cochant les réponses correctes.

	Les réunions du CHSCT
☐	Le CHSCT ne se réunit qu'à la suite d'un accident grave.
☑	Le CHSCT se réunit au minimum une fois par trimestre.
☑	Le CHSCT peut se réunir si deux de ses membres le demandent.
	Les missions du CHSCT
☑	Analyser les conditions de travail et les risques professionnels auxquels peuvent être exposés les travailleurs.
☐	Prescrire des arrêts de travail en cas d'accident grave.
☑	Mettre en œuvre des mesures de prévention à travers des actions de sensibilisation et d'information.
☑	Analyser les circonstances et les causes des accidents du travail ou des maladies professionnelles.
☐	Organiser les plannings de travail des salariés.
☐	Effectuer des contrôles de rendement des salariés.
☑	Vérifier le respect de la loi et de la réglementation en matière de sécurité.
	Les outils du CHSCT
☑	Le CHSCT doit disposer de tous les documents liés à l'entreprise.
☐	Le CHSCT n'a pas le droit de disposer des documents liés à l'entreprise.

Document 3 Participer au CHSCT

Il n'y a pas de restriction pour devenir membre du CHSCT, les candidatures sont ouvertes à tous les employés de l'entreprise. Les personnes ayant déposé leur candidature sont élues par les délégués du personnel à bulletin secret. Elles ont un mandat de deux ans renouvelable. L'employeur doit laisser à chaque représentant du personnel un temps minimal nécessaire à l'exercice de ses fonctions. Ces heures sont rémunérées et sont dépendantes du nombre de salariés dans l'entreprise.

2. 5 Citer les conditions pour faire partie du CHSCT.

Il n'y a aucune restriction, il faut néanmoins être élu par les délégués du personnel.

2. 6 Indiquer la durée d'un mandat pour un membre du CHSCT.

La durée du mandat est de deux ans.

Le chef d'entreprise joue un rôle majeur dans la prévention en entreprise et il est juridiquement responsable de la sécurité et de la santé de ses salariés. Des représentants des employeurs et des salariés ainsi que différents acteurs institutionnels complètent ce dispositif : ce sont les autres acteurs internes de la prévention.

Activité 3 Les autres acteurs internes de la prévention en entreprise

Objectif : Présenter les autres acteurs internes de la prévention.

Document 4 Le rôle des acteurs internes de la prévention dans une entreprise

Acteurs		Rôle
	**Le chef d'entreprise**	Il assure le maintien de l'intégrité physique et mentale des salariés. Il est tenu d'analyser et d'évaluer les risques professionnels dans son entreprise.
	**Le sauveteur secouriste du travail (SST)**	Il intervient rapidement sur un lieu d'accident et pratique les gestes de secours d'urgence en attendant l'arrivée des secours spécialisés.
	**Le médecin du travail**	Il veille sur la santé des salariés et conseille l'employeur sur l'ensemble des problématiques liées aux conditions de travail.
	**L'infirmier**	Il donne les soins en cas d'accident et mène également des actions de prévention et de formation dans le domaine de la santé.
	**Les délégués du personnel**	Ils transmettent les réclamations des employés concernant l'hygiène, l'application de la réglementation, la prévention et l'ergonomie*. * **Ergonomie :** adapation du matériel et de l'organisation de l'espace aux conditions de travail.
	**L'ingénieur conseil ou contrôleur de sécurité**	Il permet de contrôler, conseiller et former les employés dans le but de réduire le nombre et la gravité des accidents du travail et des maladies professionnelles.

3. 1 À l'aide du document 4, identifier l'acteur de prévention pour chaque situation ci-dessous.

- Je transmets au chef d'entreprise les réclamations des employés : les délégués du personnel.
- J'effectue des contrôles pour réduire les accidents : l'ingénieur conseil ou contrôleur de sécurité.
- J'évalue les risques dans mon entreprise : le chef d'entreprise.
- Je veille sur la santé des salariés : le médecin du travail.
- Je pratique les gestes de secours d'urgence : le sauveteur secouriste du travail.

Document 5 Le sauveteur secouriste du travail (SST)

Tout salarié volontaire qui connaît l'entreprise, les postes de travail, le matériel et les produits utilisés peut devenir sauveteur secouriste du travail, à condition de suivre une formation. Celle-ci dure 14 heures, pendant lesquelles le futur SST apprend les procédures et les gestes à pratiquer en cas d'urgence, par exemple dans le cas où une victime s'étouffe, a un malaise, se brûle… À la fin de cette formation, un certificat lui est remis suite à une évaluation. L'actualisation et le maintien des compétences des SST (ou recyclage) sont nécessaires tous les deux ans. Le SST n'est ni médecin ni infirmier, et lors d'un accident, il n'intervient que pendant les premières minutes, jusqu'à l'arrivée des secours. Il a également un rôle de prévention en entreprise : s'il s'aperçoit qu'une situation de travail est dangereuse, il doit en informer les acteurs de la prévention de son entreprise.

3. 2 Identifier les personnes qui peuvent devenir SST en surlignant la réponse dans le document 5.

3. 3 Indiquer les différents rôles d'un SST.

Le SST est la première personne à intervenir sur le lieu d'un accident, et il doit informer les acteurs de la prévention de son entreprise des situations dangereuses.

3. 4 Présenter la procédure pour devenir SST.

La formation pour devenir SST dure 14 heures et se termine par une évaluation et la remise d'un certificat. Un recyclage est prévu tous les deux ans.

Document 6 Les délégués du personnel (DP)

Dans toute entreprise d'au moins onze salariés, ces derniers doivent élire des DP. Ces délégués doivent avoir un an d'ancienneté minimum, sont élus pour quatre ans et leur nombre varie en fonction de l'effectif de l'entreprise.

En l'absence de CHSCT, les DP exercent les missions attribuées à ce comité. Ils sont notamment chargés : de présenter à l'employeur les réclamations individuelles ou collectives des salariés, de saisir l'inspection du travail de toute plainte d'un salarié, de communiquer au comité d'entreprise (CE) et au CHSCT les observations des salariés sur les questions de leurs compétences, de saisir l'employeur en cas d'atteinte injustifiée aux droits des personnes, à leur santé ou aux libertés individuelles.

Source : www.service-public.fr.

3. 5 Indiquer à partir de combien d'employés une entreprise doit avoir des délégués du personnel.

À partir de onze salariés.

3. 6 Différencier les conditions requises pour être élu en tant que délégué du personnel et en tant que membre du CHSCT. Comparer la durée de leurs mandats.

Pour être élu au CHSCT, il n'y a pas de minimum d'ancienneté, alors que pour être délégué du personnel, il faut avoir un an d'ancienneté minimum. Par ailleurs, les mandats ne sont que de deux ans, contre quatre ans pour les délégués du personnel.

En complément des acteurs de prévention internes à l'entreprise, il existe également des organismes externes en charge de la prévention.

Activité 4 Les organismes externes de la prévention

Objectif : Identifier les différents organismes externes en charge de la prévention, ainsi que leurs rôles et leurs conditions d'intervention.

Document 7 Les organismes d'État de la prévention

Ministère chargé du Travail	Ministère chargé de la Santé
ANACT *(Agence nationale pour l'amélioration des conditions de travail)* Elle permet aux entreprises de se développer et de mettre en place des projets innovants.	**CNAMTS** *(Caisse nationale de l'assurance maladie des travailleurs salariés)* Elle est chargée de définir des mesures et des moyens de prévention, ainsi que de garantir la réparation aux victimes d'AT-MP.
Inspection du travail Elle contrôle, conseille, informe les salariés, représentants du personnel et employeurs sur leur droits et leurs obligations. Elle constate également les infractions à la législation et fait évoluer la réglementation du travail.	**INRS** *(Institut national de recherche et de sécurité)* Cet organisme travaille en relation avec l'État et l'ensemble des organismes de prévention pour mettre en œuvre la politique nationale de prévention des risques professionnels.
DGT *(Direction générale du Travail)* Elle définit la stratégie réglementaire de prévention des risques sur les lieux de travail.	**CARSAT** *(Caisses régionales d'assurance retraite et de la santé au travail)* Elles aident les entreprises à évaluer les risques d'AT et de MP dans un but de prévention.

4. 1 À l'aide du document 7, identifier le rôle de chaque organisme en reliant les réponses correspondantes.

- DGT •
- INRS •
- Inspection du travail •

- • Constate les infractions à la législation.
- • Met en œuvre la politique nationale de prévention des risques professionnels.
- • Définit la stratégie réglementaire de prévention des risques sur les lieux de travail.

4. 2 Citer le ministère dont dépendent les organismes suivants.

- ANACT : ministère chargé du Travail.
- INRS : ministère chargé de la Santé.
- CARSAT : ministère chargé de la Santé.

ÉTAPE 3

Proposer des solutions

Grâce à l'ensemble des organismes de prévention et des acteurs présents au sein d'une entreprise, les travailleurs peuvent signaler leurs mauvaises conditions de travail et être écoutés. Dans le but de mener à bien une démarche de prévention, il a été établi neuf principes généraux qui permettent de diminuer et de limiter au maximum les risques.

Activité 5 Les principes de prévention

Objectif : Illustrer les principes généraux de prévention.

Document 8 Les neufs principes de prévention

Neuf grands principes généraux de prévention sont définis par le Code du travail (article L.4121-1), pour **évaluer, anticiper, protéger et informer**.

Principe	Prévention
1 Éviter les risques	Supprimer le danger ou l'exposition au danger.
2 Évaluer les risques qui ne peuvent pas être évités	Déterminer l'exposition au danger, sa nature et l'importance du risque.
3 Combattre les risques à la source	Intégrer la prévention le plus en amont possible, notamment dès la conception des lieux de travail, des équipements ou des modes opératoires.
4 Adapter le travail à l'homme	Prendre en compte en particulier ce qui concerne la conception des postes de travail, ainsi que le choix des équipements et des méthodes de travail et de production, en vue notamment de limiter le travail monotone ou cadencé.
5 Tenir compte de l'état d'évolution de la technique	Se tenir au courant et se servir des évolutions techniques, technologiques et organisationnelles pour la prévention.
6 Remplacer ce qui est dangereux par ce qui ne l'est pas ou l'est moins	Utiliser des procédés ou des produits moins dangereux pour réduire les dangers.
7 Planifier la prévention	Intégrer, dans un ensemble cohérent, la technique, l'organisation du travail, les conditions de travail, les relations sociales et l'influence des facteurs ambiants, notamment les risques liés au harcèlement moral et au harcèlement sexuel.
8 Donner la priorité aux mesures de protection collective	Permettre de protéger le maximum de personnes en un seul acte de prévention.
9 Donner les instructions appropriées aux travailleurs	Former et informer les salariés pour leur transmettre les connaissances nécessaires à la mise en place de la prévention.

5. 1 Retrouver le principe de prévention appliqué dans chacune des situations ci-dessous.

Solutions envisagées	Principe de prévention appliqué
Équiper un service de nouveaux ordinateurs plus rapides, plus performants	Tenir compte de l'état d'évolution de la technique.
Réorganiser les plannings pour que la répartition des tâches soit plus équitable et plus diversifiée	Adapter le travail à l'homme
Organiser au sein de l'entreprise une formation de sauveteur secouriste du travail	Donner les instructions appropriées aux travailleurs.

5. 2 Indiquer le principe de prévention mis en application dans le cas de la mise en place d'une salle de repos. Justifier la réponse.

Combattre le risque à la source. La mesure de prévention relève de l'organisation des locaux et va permettre d'éviter la fatigue des employés.

5. 3 Citer l'acteur qui aurait pu être contacté par les employés en difficulté, dans le cas d'une entreprise de moins de cinquante salariés.

Un délégué du personnel.

Document 9 Une affiche de prévention

5. 4 Identifier l'objet de l'affiche de prévention du document 9.

Le harcèlement moral.

5. 5 Présenter les acteurs et les actions permettant de lutter contre ce problème.

- Acteurs : CHSCT, médecin du travail, infirmier, délégués du personnel.
- Actions : réunions d'information, de conseil et de prévention sur le risque de harcèlement moral.

B Mémoriser et structurer les acquis

Organiser les différentes notions de la séquence en complétant le schéma ci-dessous.

Les acteurs et organismes de la prévention en entreprise

Organismes et rôles	Acteurs et rôles
............La DGT............ : définir la stratégie réglementaire de prévention des risques sur les lieux de travail.	**Le chef d'entreprise :** assurer le maintien de l'intégrité physique .... et mentale des salariés. ....
La CNAMTS (Caisse nationale de l'assurance maladie des travailleurs salariés) : définir des mesures et des moyens de prévention.	**Les délégués du personnel :** transmettre les réclamations des employés concernant l'hygiène, l'application de la réglementation, la prévention et l'ergonomie.
L'ANACT (Agence nationale pour l'amélioration des conditions de travail) : permettre aux entreprises de se développer .... et de mettre en place des projets innovants.	..........Le CHSCT..........: analyser les conditions de travail et les risques professionnels auxquels peuvent être exposés les travailleurs. Obligatoire pour toute entreprise de plus de cinquante employés. Il est composé du chef d'entreprise, des délégués du personnel et de membres consultatifs (médecin du travail, contrôleur sécurité…).
Les CARSAT (Caisses régionales d'assurance retraite et de la santé au travail) : aider les entreprises à évaluer les risques d'accidents du travail et de maladies professionnelles (AT-MP) dans un but de prévention.	**Le SST :** intervenir rapidement sur un lieu d'accident et pratiquer les gestes de secours d'urgence en attendant l'arrivée des secours spécialisés.

Les neuf principes de prévention

Principes	Exemples
Éviter les risques	Renouveler un appareil électrique dont le fil est en mauvais état.
Évaluer les risques qui ne peuvent pas être évités	Apprécier les risques persistants lors d'une réparation sur un appareil alors que des opérateurs travaillent à proximité.
Combattre les risques à la source	Modifier un protocole qui présente une étape particulièrement dangereuse.
Adapter le travail à l'homme	Équiper un atelier d'un monte-charge pour éviter les manipulations inutiles.
Tenir compte de l'état d'évolution de la technique	Équiper une usine de fabrication de pièces détachées de nouvelles machines moins bruyantes.
Remplacer ce qui est dangereux par ce qui ne l'est pas ou l'est moins	Fournir des peintures moins toxiques que celles utilisées auparavant.
Planifier la prévention	Prévoir les mesures de prévention pour le travail simultané de deux opérateurs.
Donner la priorité aux mesures de protection collective	Insonoriser un atelier de réparation.
Donner les instructions appropriées aux travailleurs	Afficher le protocole d'utilisation d'une machine dangereuse.

C Préparer l'évaluation

Situation d'étude

Anaïs travaille depuis quelques mois dans une usine de fabrication de volets. Au cours de son travail, elle participe à la chaîne de montage des différentes parties, et peut occuper différents postes selon les jours. Un matin, elle se blesse à la main à cause d'une lame coupante qui dépasse d'une machine. Lors de sa visite à l'infirmerie, elle apprend qu'elle n'est pas la première personne à s'être blessée à cause de cette machine.

Analyse de la situation

1 Identifier le danger auquel est exposée Anaïs.

Le danger est la lame coupante qui dépasse d'une machine.

2 Indiquer s'il s'agit d'un phénomène isolé ou récurrent.

Il s'agit d'un phénomène récurrent.

Les acteurs de prévention

3 Citer les acteurs qu'Anaïs peut contacter pour signaler le danger en cause.

Les délégués du personnel, les membres du CHSCT, et le chef d'entreprise.

4 Présenter le rôle de la DGT.

Définir la stratégie réglementaire de prévention des risques sur les lieux de travail.

Les principes de prévention

5 Illustrer, pour chaque principe cité ci-dessous, un exemple de mesure qui pourrait être appliquée dans cette situation.

Principes	Mesures de prévention
Éviter les risques	Supprimer la lame qui dépasse
Tenir compte de l'état d'évolution de la technique	Remplacer la machine par une autre plus performante
Donner la priorité aux mesures de protection collective	Couvrir ou isoler la machine pour protéger les salariés
Remplacer ce qui est dangereux par ce qui ne l'est pas ou l'est moins	Remplacer par une machine avec une protection intégrée

SÉQUENCE 9

Le risque chimique

A Étudier la séquence

ÉTAPE 1 Analyser la situation

Activité 1 Le risque chimique dans l'activité professionnelle

Objectif : Analyser une situation avec le schéma du processus d'apparition d'un dommage et évaluer le risque.

Document 1 Situation à risque

Quentin est ouvrier du bâtiment, et il travaille depuis plusieurs années dans une entreprise de maçonnerie qui construit des maisons individuelles. Sur chacun des chantiers de construction, le travail est réalisé en équipe, et dans chaque équipe, l'employeur a délégué des tâches précises à chaque ouvrier afin que le travail soit effectué de manière plus efficace. Quentin est chargé de préparer les bétonnières de ciment pour plusieurs maçons, et il manipule le ciment sans protection toute la journée. Régulièrement, ses mains sont très sèches et il souffre de démangeaisons. Il décide de consulter un dermatologue, qui diagnostique une dermite eczématiforme causée par les ciments. Le médecin lui prescrit un arrêt de travail.

À l'aide du document 1 et de la méthodologie de l'approche par le risque présentée sur les rabats du livre :

1. 1 Indiquer le problème posé dans cette situation.

Quentin a une dermite eczématiforme due à la manipulation à mains nues de ciment.

1. 2 Identifier dans la situation les éléments contribuant à l'apparition du dommage et les reporter dans le schéma du processus d'apparition d'un dommage ci-dessous.

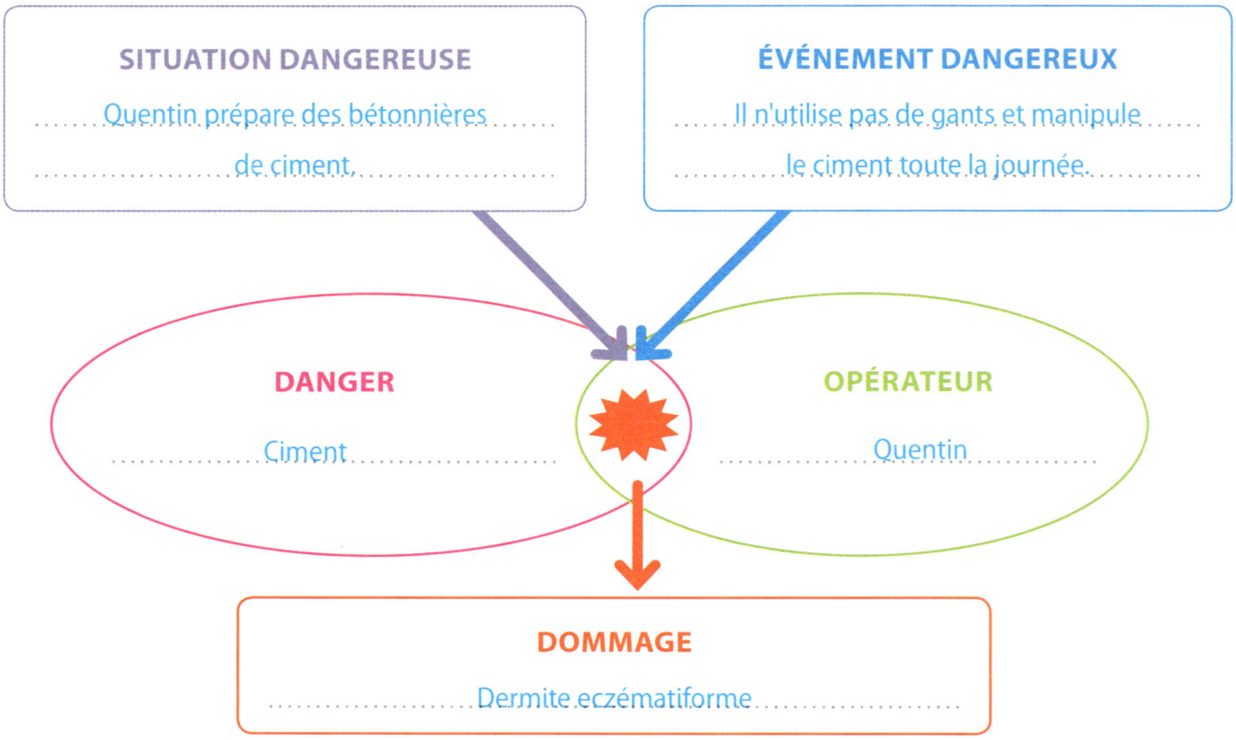

1. 3 Apprécier le risque dans la situation de Quentin en complétant le tableau suivant. Justifier vos estimations.

	Estimation	Justification
Niveau de gravité	Moyen	Accident du travail avec arrêt de travail
Niveau de probabilité d'apparition d'un dommage	Très probable	L'exposition à ce risque est fréquente et la probabilité d'apparition est élevée

1. 4 En déduire une évaluation du risque.

La réduction du risque est prioritaire.

1. 5 Identifier d'autres activités professionnelles où le risque chimique est présent en légendant les images ci-dessous.

Soudure	Mécanique	Peinture

ÉTAPE 2

Mobiliser les connaissances

Chaque produit chimique possède ses propres particularités, et il est important de connaître les différents états dans lesquels ils peuvent être (solide, liquide, gazeux), leur dangerosité, ainsi que les modes d'exposition.

Activité 2 La nature du risque chimique

Objectif : Identifier les caractéristiques du risque chimique.

Document 2 Un produit chimique, c'est quoi ?

Les produits chimiques existent sous trois états : **solide** (dosette de Javel ou cube de lessive), **liquide** (détergent, désinfectant), **gazeux** (spray, aérosol). Certains des produits chimiques avec lesquels nous sommes en contact sont fabriqués par l'homme : médicaments, cosmétiques, produits d'entretien ménager... De nombreux autres produits chimiques sont naturels, ils sont présents dans l'air, dans l'eau, dans les sols (par exemple : le dioxyde de carbone, l'azote, le méthane...). Certains sont classés parmi les ACD (agents chimiques dangereux) : ce sont les substances ou produits, en l'état ou au sein d'un mélange, qui peuvent contenir des agents cancérogènes, mutagènes* ou toxiques pour la reproduction.

* **Mutagène :** qui peut provoquer une mutation génétique.

Document 3 Les modes d'exposition au risque chimique

En milieu de travail, on distingue deux circonstances d'exposition.

- Les produits sont utilisés de façon délibérée, à l'état liquide, solide ou gazeux, pour leurs propriétés (diluant, dégraissant...) ou pour fabriquer un matériau.
- Un procédé ou une activité donne lieu à des émissions de produits chimiques (poussières, vapeurs, gaz, fumées, brouillards...) : il y a alors pollution du poste de travail et de son environnement. Tous les secteurs d'activité sont concernés par ce type d'exposition.

2.1 À l'aide du document 2, citer les trois états possibles des produits chimiques.

Solide, liquide, gazeux.

2.2 Définir ce que sont les ACD.

Les ACD, ou agents chimiques dangereux, sont des substances ou produits, en l'état ou au sein d'un mélange, qui peuvent contenir des agents cancérogènes, mutagènes ou toxiques pour la reproduction.

2.3 Dans le document 3, surligner les deux types d'exposition au risque chimique pour un salarié.

Connaître la façon dont ces produits chimiques pénètrent dans l'organisme permet de mieux se protéger.

Activité 3 Les voies de pénétration des agents chimiques et les formes d'intoxication

Objectif : Identifier les voies de pénétration des agents chimiques au niveau de l'organisme en distinguant les formes d'intoxication.

Document 4 Le passage des produits chimiques dans l'organisme

Il existe trois voies de pénétration des agents chimiques, qui diffèrent en fonction de l'état du produit chimique, solide, liquide ou gazeux) : la **voie respiratoire** (inhalation du produit), qui est le mode d'exposition le plus fréquent, la **voie cutanée** (passage par la peau ou les muqueuses, en particulier les yeux) et la **voie digestive** (ingestion). Quelle que soit la voie de pénétration, les agents chimiques vont passer les différentes barrières de l'organisme et se retrouver dans le sang, pouvant ainsi atteindre n'importe quel tissus ou organe (notamment le cerveau).

Passage de l'air (contenant des particules chimiques) par le nez jusqu'aux poumons au niveau des alvéoles pulmonaires

Voie respiratoire ....

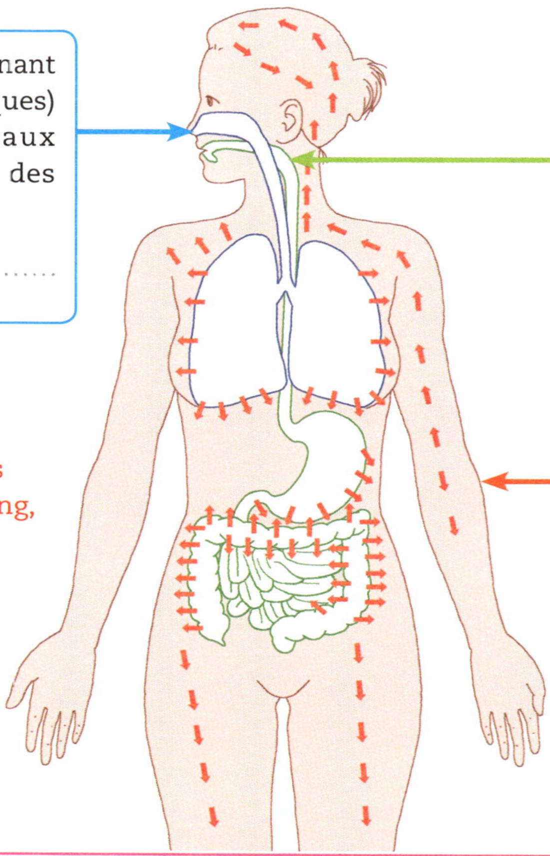

Passage des éléments chimiques dans le sang, libre circulation dans l'organisme

Passage des produits chimiques par la bouche, puis dans le système digestif composé entre autres de l'estomac et de l'intestin

Voie digestive ....

Passage des éléments chimiques à travers la peau ou par le biais d'une plaie, des muqueuses

Voie cutanée ....

Document 5 Les formes d'intoxication

Lorsqu'une personne est en contact avec un agent chimique toxique, les effets que ce dernier va produire dépendent de sa nature, de la voie de pénétration, mais également de la fréquence et de la concentration du produit. En effet, lorsque l'exposition à un agent chimique est de courte durée, mais que sa concentration est très élevée, il s'agit d'une intoxication dite « aigüe ». En revanche, lorsque la concentration de l'agent chimique est faible et la fréquence d'exposition régulière, il s'agit d'une intoxication dite « chronique ».

3. 1 Identifier les trois voies de pénétration des agents chimiques dans l'organisme en complétant le document 4.

3. 2 Préciser la voie de pénétration en cause dans la situation de Quentin.

Il s'agit de la voie cutanée.

3. 3 Identifier la manière dont l'agent chimique peut atteindre l'ensemble des tissus et organes, quelle que soit la voie de pénétration.

Quelle que soit la voie de pénétration, l'agent chimique va passer dans le sang, et ainsi atteindre l'ensemble des tissus et organes.

3. 4 Déterminer, pour chaque situation ci-dessous, la voie de pénétration en cause en la reliant à la bonne réponse.

Situations à risque
Se frotter les yeux après avoir touché un produit chimique
Ne pas mettre en place la ventilation lors de la manipulation d'un produit chimique
Réutiliser une bouteille ayant contenu des produits chimiques comme contenant alimentaire
Consommer des produits pharmaceutiques périmés
Manipuler des produits chimiques sans gants

Voies de pénétration de l'agent chimique
Voie digestive
Voie respiratoire
Voie cutanée

3. 5 Associer chaque type d'intoxication à ses caractéristiques en cochant les réponses correspondantes dans le tableau suivant.

Type d'intoxication	Fréquence d'exposition	Concentration du produit
Intoxication aigüe	☑ Rare ☐ Fréquente	☑ Forte ☐ Faible
Intoxication chronique	☐ Rare ☑ Fréquente	☐ Forte ☑ Faible

3. 6 Indiquer le type d'intoxication dans la situation de Quentin.

Il s'agit d'une intoxication chronique.

En fonction de la voie de pénétration des produits chimiques et de leurs caractéristiques, les conséquences sur la santé seront différentes. Néanmoins, tous vont passer dans le sang.

Activité 4 Les effets physiopathologiques du risque chimique

Objectif : Mettre en évidence les conséquences de la contamination de l'organisme par des agents chimiques.

Document 6 Les dommages liés au risque chimique

Lors de l'exposition à un agent chimique, les effets peuvent être très variables en fonction de la durée d'exposition, de la nature de l'agent chimique, de sa concentration et de la voie de pénétration : les effets peuvent être localisés au niveau des organes de la voie de pénétration (les poumons pour la voie respiratoire, par exemple), ou se généraliser à d'autres organes suite au passage dans le système sanguin. Les effets physiopathologiques peuvent être minimes (irritation localisée…) ou majeurs (cancers, troubles psychiatriques…).

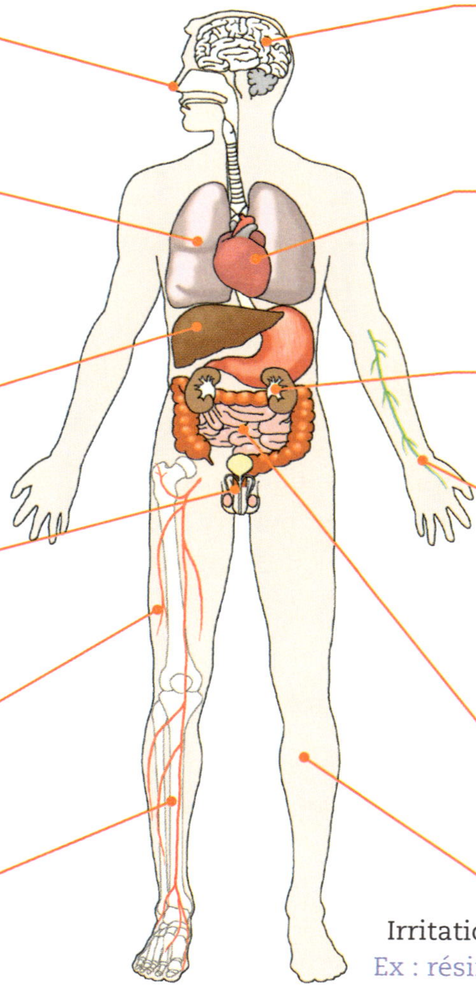

Fosses nasales
Allergies, hypersensibilité
Ex : ozone, chrome

Poumons
Maladies respiratoires, asthme, cancers
Ex : gaz, particules solides

Foie
Hépatites, cancers
Ex : plomb, mercure

Appareils reproducteurs
Stérilité, cancers
Ex : PCB (isolant électrique)

Système sanguin
Anémie, leucémie
Ex : plomb, pesticides

Os
Cancer de la moelle osseuse
Ex : benzène

Cerveau
Problèmes de développement, tumeurs cérébrales
Ex : mercure

Cœur
Infarctus, troubles du rythme cardiaque
Ex : plomb, hydrocarbures

Reins
Néphrites, cancers
Ex : mercure, cadmium

Nerfs
Atteinte de la commande nerveuse du muscle, tremblements, cancers
Ex : solvants

Troubles digestifs
Irritations, cancers
Ex : hydrocarbures

Peau
Irritations, eczéma, brûlures, cancers
Ex : résines, solvants, acide sulfurique

4. 1 Indiquer les organes qui peuvent être touchés par un agent chimique.

Tous les organes du corps humain peuvent être touchés par un agent chimique.

4. 2 Citer les facteurs déterminant l'effet physiopathologique de chaque produit chimique.

Les effets peuvent être très variables en fonction de la durée d'exposition, de la nature de l'agent chimique, de sa concentration et de la voie de pénétration.

4. 3 À l'aide du document 6, indiquer la (ou les) voie(s) de pénétration et les dommages potentiels liés au risque chimique pour les situations ci-dessous en complétant le tableau.

1 Olivier, paysagiste, vient d'ingérer par inadvertance du gasoil qui avait été mis dans une bouteille de boisson aromatisée et laissée sur un établi.

2 Justin, mécanicien, manipule une batterie sans bouchons. Celle-ci lui glisse des mains, et de l'acide sulfurique est projeté sur ses yeux et son visage.

3 Romuald réalise l'installation d'une chaudière dans un local non aéré et les fumées de soudage s'accumulent. Il tousse et a du mal à respirer.

Situations professionnelles	Type de produits en cause	Voie(s) de pénétration	Dommages potentiels
1	Gasoil (hydrocarbures)	Digestive	Irritations, cancers, infarctus, troubles du rythme cardiaque
2	Acide sulfurique	Cutanée	Irritations, eczéma, brûlures, cancers
3	Fumées de soudage (gaz et particules solides)	Respiratoire	Asthme, maladies respiratoires, cancers

4. 4 À l'aide du document 6, identifier les effets physiopathologiques lors de l'exposition au plomb.

Hépatites, cancers, anémie, leucémie, infarctus, troubles du rythme cardiaque.

4. 5 Identifier dans le document 6 un agent chimique présent dans votre milieu professionnel.

Réponse selon le secteur concerné.

4. 6 Citer deux effets physiopathologiques, ainsi que les voies de pénétration associées à cet agent.

Réponse selon le secteur concerné.

Une règlementation relative à l'étiquetage des produits chimiques a été mise en place au niveau de l'Union européenne afin que ces derniers soient utilisés en toute sécurité.

Activité 5 La classification et l'étiquetage des produits chimiques

Objectif : Présenter le règlement CLP et les nouveaux pictogrammes de dangers d'une étiquette de produit chimique.

Document 7 Les pictogrammes de danger

Depuis 2009, de nouvelles règles en matière de classification, d'étiquetage et d'emballage des produits chimiques pour les secteurs du travail et de la consommation ont été établies au niveau européen. Ces nouvelles règles sont définies dans le règlement CLP (*Classification*, *Labelling*, *Packaging*). Les différents dangers sont classés selon les types de dommages qu'ils peuvent occasionner : les dangers physiques (qui peuvent causer des dommages généraux), les dangers pour la santé (qui portent atteinte à la santé de l'homme), et les dangers pour l'environnement (qui portent atteinte aux écosystèmes). De nouveaux pictogrammes de danger ont également été mis en place.

Explosif  Danger physique	Nuit gravement à la santé  Danger pour la santé	Comburant (fait flamber)  Danger physique
Toxicité aigüe  Danger pour la santé	Toxique pour l'homme et l'environnement, irritant  Danger pour l'environnement et la santé	Inflammable (peut prendre feu)  Danger physique
Gaz sous pression  Danger physique	Pollue les milieux aquatiques  Danger pour l'environnement	Corrosif  Danger physique et pour la santé

5. 1 Identifier les risques associés à chaque pictogramme du document 7 en indiquant s'il s'agit d'un danger physique, d'un danger pour la santé et/ou d'un danger pour l'environnement.

ÉTAPE 3

Proposer des solutions

La prévention du risque chimique est possible à plusieurs niveaux. Des seuils d'exposition à un agent chimique (concentration et durée) ont ainsi été fixés pour prévenir le risque d'intoxication aigüe ou chronique.

Activité 6 Les valeurs limites d'exposition aux agents chimiques

Objectif : Présenter les valeurs limites d'exposition professionnelle.

Document 8 La règlementation

Les valeurs limites d'exposition professionnelle (VLEP) sont exprimées sous forme de concentration dans l'air d'une substance chimique, pour un temps d'exposition déterminé. Ces données permettent de prévenir la survenue de pathologies d'origine professionnelle suite à l'exposition à un agent chimique. On distingue plusieurs sortes de VLEP :

- **Les valeurs limites de court terme** (VLEP CT) : ce sont des valeurs mesurées sur une période de référence de 15 minutes. Elles sont destinées à éviter les effets toxiques dus à des pics d'exposition sur une courte durée.
- **Les valeurs limites d'exposition sur 8 heures** (VLEP 8H) : ces valeurs sont mesurées sur une durée de travail de 8 heures. Elles sont destinées à protéger les salariés des effets sur le long terme des polluants.

6.1 Indiquer la signification du terme VLEP.

VLEP signifie : valeurs limites d'exposition professionnelle.

6.2 Présenter le rôle des VLEP.

Le rôle des VLEP est de prévenir la survenue de pathologies d'origine professionnelle suite à l'exposition à un agent chimique.

6.3 Indiquer les deux types de VLEP ainsi que la durée pendant laquelle elles sont mesurées en complétant le tableau ci-dessous.

VLEP	VLEP CT	VLEP 8H
Temps de mesure de l'exposition	15 minutes	8 heures

Pour prévenir les risques chimiques, il existe de nombreux équipements et mesures de prévention, à adapter en fonction des caractéristiques du produit chimique en cause.

Activité 7 Les mesures de prévention du risque chimique

Objectif : Proposer et justifier les mesures de prévention adaptées à une situation exposant au risque chimique.

Document 9 Les différents moyens pour prévenir le risque chimique

Pour se protéger des agents chimiques, il existe de nombreux moyens, dont l'efficacité va dépendre de la nature de l'agent chimique, de sa concentration, de sa voie de pénétration.

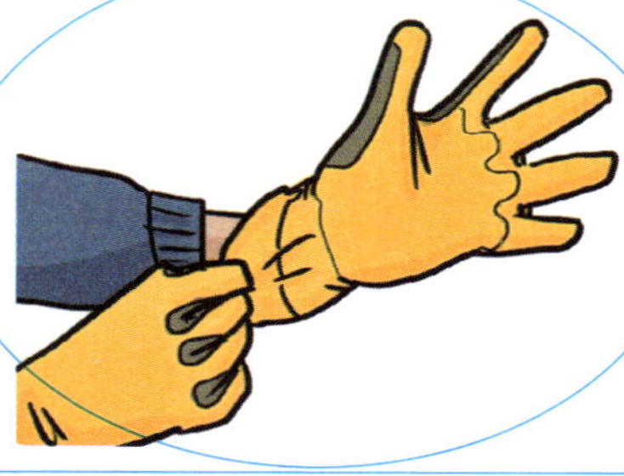		
Gants	Tenue de protection	Masque de protection

Remplacer des produits dangereux par des produits non dangereux	Étiquetage	Armoire réservée aux produits chimiques et fermée à clé

Hotte aspirante	Formation / Information	Lunettes de protection

7.1 Nommer chacune des mesures de prévention illustrées dans le document 9.

7.2 Identifier les mesures pouvant s'appliquer à la situation de Quentin en les entourant sur le document 9.

B Mémoriser et structurer les acquis

Organiser les différentes notions de la séquence en complétant le schéma ci-dessous.

Caractéristiques des agents chimiques

Un **agent chimique** est une substance qui résulte soit de la transformation industrielle d'une ressource naturelle par un traitement chimique, soit d'une transformation naturelle.

Forme de l'agent chimique

- Liquide
- Solide
- Gazeux

Type d'intoxication

- Aigüe : exposition de courte durée, mais concentration très élevée.
- Chronique : concentration faible, mais fréquence d'exposition régulière.

Voies de pénétration

- Voie respiratoire
- Voie digestive
- Voie cutanée

Effets physiopathologiques

Les conséquences de l'exposition à un agent chimique peuvent être très variables en fonction de la durée de l'exposition, la nature de l'agent chimique, sa concentration et la voie de pénétration.

➤ Les effets peuvent être localisés au niveau des organes de la voie de pénétration.

Exemples : irritation, eczéma, brûlure, asthme…

➤ Lorsque l'agent chimique passe dans le sang, il peut alors atteindre tout l'organisme.

Exemples : tumeurs cérébrales, maladies cardiovasculaires, stérilité, cancers…

Étiquetage des produits chimiques

La réglementation CLP définit les normes européennes en matière de classification, d'étiquetage et d'emballage des produits chimiques. Elle distingue les dangers :

- physiques (peuvent causer des dommages généraux) ;
- pour la santé (portent atteinte à la santé de l'homme) ;
- pour l'environnement (portent atteinte aux écosystèmes).

De nouveaux pictogrammes de danger ont également été mis en place.

Prévention du risque chimique

Intrinsèque	Collective	Individuelle	Formation / Information
• Remplacement des produits dangereux par des produits non dangereux	• Armoire spécifique pour les produits chimiques et fermée à clé • Respect des VLEP (valeurs limites règlementaires d'exposition) • Hotte aspirante	• Gants • Lunettes • Masque • Tenue de protection	• Formations sur les risques chimiques • Étiquetage

C Préparer l'évaluation

Situation d'étude

Élodie travaille dans le secteur du bâtiment. Elle participe au chantier de rénovation d'une maison individuelle, où elle est chargée de refaire le crépi de la façade. Elle utilise pour cela un produit de revêtement plastique épais (qui dégage des substances toxiques), qu'elle applique sans masque. Quelques minutes après avoir commencé, elle est prise de nausées, de vomissements et de vertiges. Elle est obligée de cesser le travail et consulte un médecin, qui diagnostique une intoxication.

Le risque chimique

1 Citer les dommages occasionnés suite à l'exposition au risque chimique dans la situation d'Élodie.

Nausées, vomissements et vertiges

2 Présenter l'événement entraînant l'exposition d'Élodie au risque chimique.

Élodie n'utilise pas de masque.

3 Identifier la voie de pénétration impliquée dans la situation.

Il s'agit de la voie respiratoire.

4 Indiquer le type d'intoxication en cause dans la situation.

Il s'agit d'une intoxication aigüe.

Les mesures de prévention

5 Proposer deux mesures de prévention à mettre en place dans la situation d'Élodie et indiquer le niveau de prévention concerné en complétant le tableau ci-dessous.

Mesures de prévention	Niveau de prévention
Information sur la lecture des étiquettes	Formation / Information
Remplacer le produit par un produit moins toxique	Prévention intrinsèque
Port d'un masque spécifique	Protection individuelle

6 Sur l'étiquette du produit utilisé par Élodie se trouvaient deux pictogrammes. Identifier pour chacun les risques signalés.

Toxique pour l'homme et l'environnement, irritant

Toxicité aigüe

SÉQUENCE 10

Les risques liés à l'activité physique

A Étudier la séquence

ÉTAPE 1 Analyser la situation

Activité 1 Les risques liés à l'activité physique dans les situations de travail

Objectif : Analyser la situation d'un opérateur en présence du risque lié à l'activité physique avec le schéma du processus d'apparition d'un dommage.

Document 1 Situations de travail qui exposent au risque lié à l'activité physique

Leïla travaille dans une entreprise de transport et doit notamment livrer quarante cartons d'environ 30 kg chacun, qu'elle a précédemment chargés le matin. En retard du fait d'un accident sur la route, elle se hâte de les décharger manuellement, en effectuant de nombreux mouvements d'extension et de fléchissement. À la quinzième caisse, alors qu'elle travaille depuis 30 minutes, elle ressent une vive douleur dans le dos qui l'empêche de continuer.

Karim travaille dans un cabinet d'architectes. Assis face à un ordinateur, il réalise des plans de maisons individuelles à l'aide d'un logiciel, et effectue aussi des demandes de permis de construire. Il reste à ce poste pendant de longues périodes chaque jour de travail depuis trois ans. Cette posture statique lui est devenue pénible et difficile à maintenir trop longtemps. Depuis quelques temps, il a des douleurs dans la nuque et dans le dos.

1. 1 Indiquer le problème posé dans chacune des situations présentées.

Leïla : elle ressent une vive douleur dans le dos.

Karim : il a des douleurs dans la nuque et dans le dos.

1. 2 Identifier les éléments contribuant à l'apparition du dommage dans la situation de Leïla, et les reporter dans le schéma ci-dessous.

SITUATION DANGEREUSE

Leïla décharge manuellement quarante cartons de 30 kg

ÉVÉNEMENT DANGEREUX

Répétitivité des gestes et efforts depuis trente minutes

DANGER

Déplacement manuel de charges lourdes, mouvements d'extension et de fléchissement

OPÉRATEUR

Leïla

DOMMAGE

Vive douleur dans le dos

1. 3 Identifier les éléments contribuant à l'apparition du dommage dans la situation de Karim et les reporter dans le schéma ci-dessous.

SITUATION DANGEREUSE

Karim travaille devant un ordinateur toute la journée

ÉVÉNEMENT DANGEREUX

Il reste assis devant un ordinateur pendant de longues périodes chaque jour de travail

DANGER

Posture statique

OPÉRATEUR

Karim

DOMMAGE

Douleurs dans la nuque et dans le dos

ÉTAPE 2 Mobiliser les connaissances

Certaines postures (ou positions du corps), en particulier lorsqu'elles ne sont pas naturelles, peuvent accroître la fatigue musculaire.

Activité 2 Les postures contraignantes

Objectif : Repérer les situations contraignantes ou dangereuses.

Document 2 Les postures contraignantes

Les postures dites « contraignantes » (ou postures pénibles) sont définies comme des positions forcées des articulations (jonction entre deux os), pendant lesquelles ces dernières sont contraintes à former des angles extrêmes : inflexion, torsion, flexion, extension. Par ailleurs, le maintien prolongé de positions articulaires durant de longues périodes génère d'autres contraintes physiques (posture des bras sans appui, maintien prolongé d'une posture accroupie ou du dos penché en avant, station statique prolongée…).

Exemples de postures contraignantes :

 Inflexion	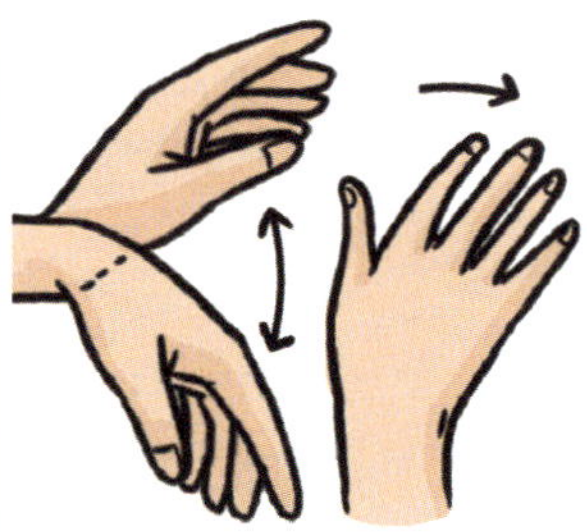 Flexion du poignet vers l'avant, vers l'arrière ou de côté	 Extension des bras au-dessus des épaules	 Torsion
Exemple : changer une roue	Exemple : visser et dévisser des boulons	Exemple : peindre un mur	Exemple : se tourner pour attraper des outils derrière soi

2.1 Définir ce que sont les postures contraignantes en surlignant la réponse dans le document 2.

2.2 Indiquer dans le document 2 un exemple de tâche professionnelle pour chaque posture contraignante.

2.3 Identifier, parmi les tâches réalisées par un ouvrier, celles qui peuvent provoquer des postures contraignantes, en cochant les réponses correspondantes.

- [x] Le montage d'une cloison
- [x] Le déplacement de sacs de ciment
- [ ] La réalisation d'une facture

Le travail dynamique et le travail statique ont des effets différents sur le fonctionnement de l'organisme, et ces effets se répercutent sur l'état de fatigue des opérateurs.

Activité 3 Le travail statique et dynamique

Objectif : Comparer les effets du travail statique et du travail dynamique sur les muscles.

Document 3 Les effets du travail statique et dynamique

Les muscles sont le moteur du corps, ils permettent sa mobilité et sont également à l'origine de la stabilité. Pour fonctionner, ils ont besoin d'énergie, d'oxygène, de sang et de nutriments.
Le travail musculaire est qualifié de **dynamique** lorsqu'il comporte des mouvements, des déplacements. Il est qualifié de **statique** lorsque l'opérateur est immobile, toujours dans la même posture.
En position dynamique, les muscles se contractent puis se relâchent, alors qu'en position statique prolongée, les muscles sont en contraction continue, réduisant ainsi la possibilité d'échange sanguin.
Sans une circulation sanguine adéquate, le corps n'est plus en mesure de fournir l'apport d'énergie nécessaire, ce qui provoque une fatigue musculaire.

	Travail statique	Travail dynamique
Les poumons	Le rythme respiratoire est constant.	Le rythme respiratoire accélère.
Le cœur	La fréquence et le débit cardiaque sont constants.	Le rythme cardiaque et la pression dans les artères augmentent.
Les muscles	Les muscles sont en contraction continue.	Les muscles se contractent et se relâchent.

3. 1 Identifier les éléments indispensables au fonctionnement du muscle en surlignant la réponse dans le document 3.

3. 2 Différencier le travail musculaire statique et dynamique en complétant le tableau du document 3.

3. 3 Expliquer ce qui fatigue le muscle en position statique.

En position statique, les échanges sanguins sont réduits, le muscle n'a alors plus l'énergie suffisante pour fonctionner.

3. 4 À partir des définitions données dans le document 3, préciser pour chaque situation ci-dessous s'il s'agit d'un travail statique ou dynamique.

Travail statique	Travail dynamique	Travail dynamique

De nombreuses situations de travail peuvent exposer à une fatigue physique, du fait d'une sollicitation des muscles.

Activité 4 Les effets de la contraction musculaire

Objectif : Expliquer le phénomène de fatigue et de tétanisation musculaire.

Document 4 Contraction du muscle et fatigue musculaire

La contraction musculaire se décompose en trois phases : un stimulus (par exemple un pincement) qui provoque une contraction du muscle, puis une phase de relâchement. Un temps de réaction du muscle après la stimulation est nécessaire pour qu'il réagisse : c'est le temps de latence.
La fatigue musculaire intervient généralement après un effort physique prolongé. Elle correspond à une incapacité à maintenir le travail physique habituel : trop sollicités, les muscles ne répondent plus de façon satisfaisante.
La fatigue musculaire va limiter dans le temps l'activité physique : elle entraîne tout d'abord une baisse de performance, réversible mais qui nécessite une phase de récupération. S'il n'y a pas de repos, elle se poursuit par l'apparition de douleurs qui peuvent conduire à l'épuisement et à l'arrêt de l'activité.

Enregistrement de la contraction musculaire

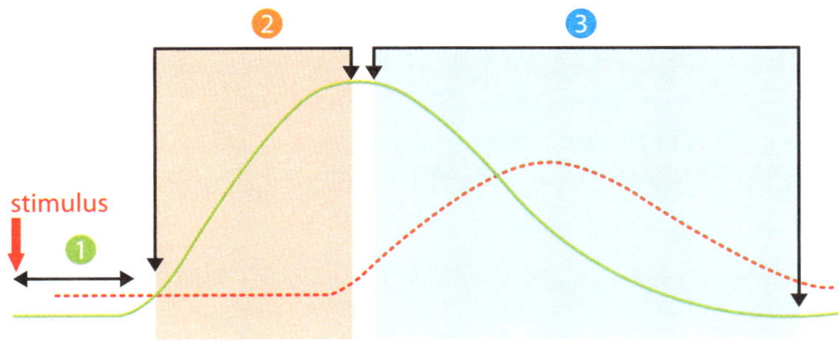

Légende
- : contraction normale d'un muscle
- : contraction d'un muscle fatigué
- 1 : phase de latence
- 2 : phase de contraction
- 3 : phase de relâchement

4.1 Définir la fatigue musculaire en surlignant la réponse dans le document 4.

4.2 À l'aide du document 4, identifier les caractéristiques du muscle fatigué en cochant les réponses correspondantes.

Les caractéristiques du muscle fatigué	
Amplitude de la contraction	☐ Égale à celle du muscle normalement contracté ☑ Inférieure à celle du muscle normalement contracté ☐ Supérieure à celle du muscle normalement contracté
Temps de latence	☐ Égal à celui du muscle normalement contracté ☐ Inférieur à celui du muscle normalement contracté ☑ Supérieur à celui du muscle normalement contracté
Phase de relâchement	☐ Absente ☐ Présente et identique à celle du muscle normalement contracté ☑ Présente, mais inférieure à celle du muscle normalement contracté

4.3 Indiquer les conséquences de la fatigue musculaire en les soulignant dans le document 4.

4.4 À l'aide du document 4, expliquer l'importance d'une phase de récupération suite à un effort physique.

La phase de récupération empêche l'apparition de douleurs qui peuvent conduire à l'épuisement et à l'arrêt de l'activité.

Document 5 La tétanisation et les crampes musculaires

Le tétanos physiologique correspond à la contraction prolongée d'un muscle, produite par la stimulation répétée de ce muscle à une fréquence assez élevée (par exemple lors d'un exercice physique de longue durée). Le muscle tétanisé est alors fortement contracté et douloureux.
Lorsque les fibres musculaires contractées ne peuvent plus se relâcher, des **crampes** peuvent apparaître. Celles-ci correspondent à des contractions douloureuses et involontaires d'un muscle qui apparaissent soudainement. Ce dernier devient de plus en plus rigide et l'effort de plus en plus pénible. Lors d'un effort, le corps élimine énormément d'eau par la sueur (jusqu'à un litre par heure). Le manque d'hydratation du muscle favorise sa contraction et la survenue de crampes.
Lors d'une crampe, le muscle reste en général tétanisé pendant quelques minutes, jusqu'à ce que les fibres musculaires se détendent. Ces contractures sont localisées le plus souvent au niveau des membres inférieurs (mollet, pied).

4.5 Définir le phénomène de tétanisation musculaire en surlignant la réponse dans le document 5.

4.6 Indiquer la conséquence physiologique de la tétanisation.

Le muscle tétanisé est fortement contracté et douloureux.

4.7 Préciser le lien qui existe entre tétanisation et crampe.

La crampe est la conséquence de la tétanisation du muscle, elle se produit lorsque ce dernier reste tétanisé trop longtemps.

4.8 Donner deux conseils pour prévenir les crampes sur le lieu de travail.

– Bien s'hydrater.
– Ne pas solliciter les muscles pendant une durée trop longue.

Certains types de travaux peuvent conduire à adopter des postures qui perturbent le fonctionnement des muscles et des articulations, provoquant des troubles de santé.

Activité 5 Les troubles musculo-squelettiques et les facteurs aggravants

Objectif : Définir et identifier les principaux troubles musculo-squelettiques et repérer les facteurs aggravants.

Document 6 Les caractéristiques des troubles musculo-squelettiques (TMS)

Les troubles musculo-squelettiques sont des affections qui touchent les muscles, les tendons, les articulations, les ligaments. Ils peuvent concerner les membres supérieurs et inférieurs (bras et jambes), mais aussi le dos et la nuque.

Les TMS proviennent de contraintes posturales auxquelles un opérateur est soumis dans le cadre de son activité professionnelle.

Les TMS peuvent se manifester par une douleur, des gonflements, des fourmillements, des pertes de sensation, des engourdissements, de la chaleur, des crampes, des raideurs, une sensibilité à la pression… Ils ont pour effet de réduire l'amplitude des mouvements.

Les secteurs les plus touchés par les TMS sont : la grande distribution (hypermarchés, supermarchés…), la metallurgie, la construction automobile, le BTP.

Schéma d'une articulation

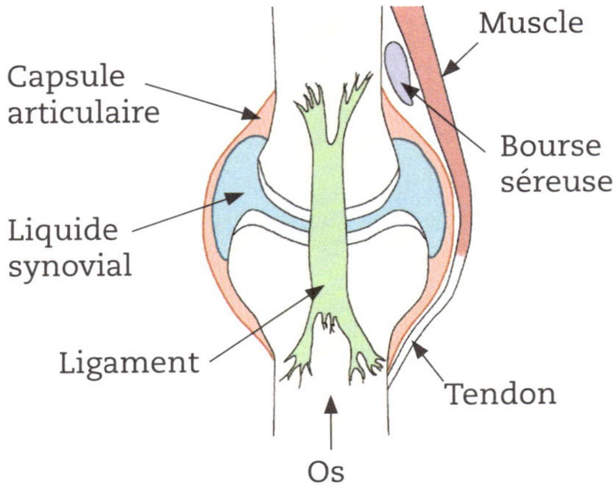

Document 7 Les TMS les plus fréquents

1. Épaule (tendinite)
2. Coude (hygroma)
3. Poignet, main (syndrome du canal carpien)
4. Cervicales (cervicalgie)
5. Dos (dorsalgie)
6. Genou (hygroma)
7. Cheville (tendinite)

5. 1 Définir les troubles musculo-squelettiques en surlignant la réponse dans le document 6.

5. 2 Indiquer quatre manifestations qui caractérisent les TMS.

Douleur, perte de sensation, gonflement, chaleur.

5. 3 Nommer le facteur à l'origine (ou qui peut déclencher) des TMS dans le cadre d'activités professionnelles.

Il s'agit des contraintes posturales.

Document 8 Les facteurs aggravants des TMS

Certains facteurs peuvent augmenter la survenue de TMS :
- la répétitivité des gestes, les mouvements de force, les postures extrêmes (bras au-dessus des épaules, mouvements de torsion du poignet, du tronc, flexion et extension du coude) ;
- une organisation du travail inadaptée (comme des déplacements inutiles, être seul pour effectuer une tâche pénible…) et des contraintes psychologiques (par exemple l'exigence d'un rendement excessif) ;
- le froid, les vibrations ;
- des facteurs individuels : âge, sexe, présence de maladies (diabète, problème thyroïdien).

5. 4 À l'aide des documents 7 et 8, identifier pour chaque situation le (ou les) TMS potentiel(s) et les facteurs aggravants.

Situations	TMS	Facteurs aggravants
	Hygroma du genou, dorsalgie	Âge, posture extrême
	Syndrome du canal carpien, hygroma du coude, tendinite à l'épaule	Répétitivité des gestes, torsion du poignet

5. 5 Indiquer votre secteur professionnel et préciser s'il fait partie des secteurs particulièrement concernés par les TMS.

S'il s'agit de la metallurgie, de la construction automobile ou du BTP, le secteur fait partie des secteurs particulièrement concernés.

Une articulation peut être atteinte de TMS, notamment chez les opérateurs qui effectuent des tâches sollicitant à de nombreuses reprises cette articulation.

Activité 6 Les atteintes d'une articulation

Objectif : Comparer une articulation saine et une articulation atteinte de TMS.

Document 9 Qu'est-ce qu'un hygroma ?

L'hygroma est un TMS qui touche l'articulation du coude ou du genou. Il se manifeste par l'apparition d'un gonflement d'une bourse habituellement vide. Cette bourse séreuse est une cavité qui facilite le glissement de la peau sur l'os lors de la flexion du coude. Cette poche peut s'enflammer, les parois fabriquent alors du liquide synovial et son volume augmente : on parle d'hygroma ou de bursite. Ce TMS survient lors d'une sollicitation répétée de l'articulation et provoque une gêne fonctionnelle qui s'accompagne d'une difficulté à accomplir certains mouvements et de douleurs.

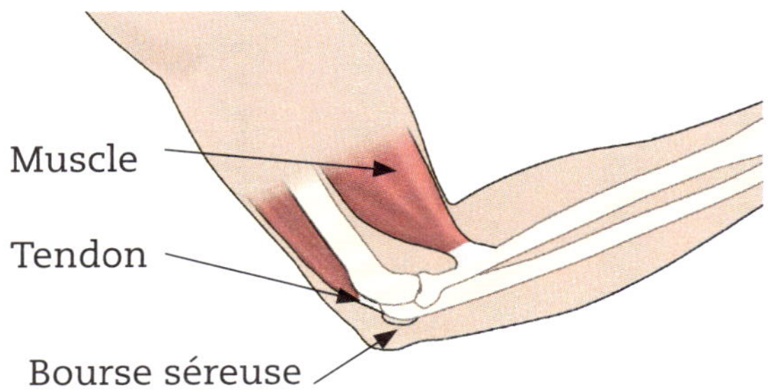

Articulation saine

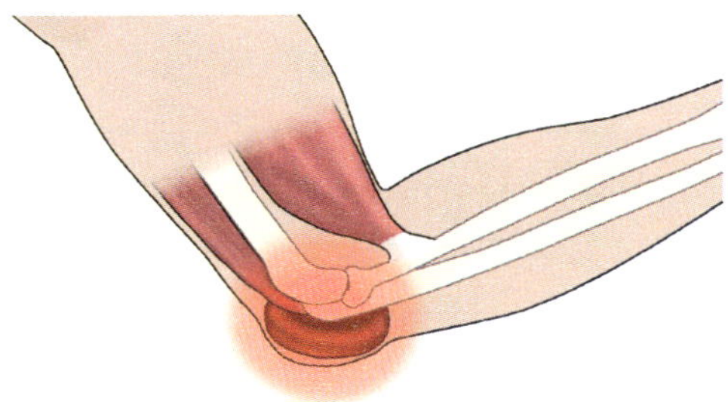

Articulation atteinte d'hygroma

6.1 Distinguer une articulation saine d'une articulation atteinte d'hygroma en identifiant chacune d'elles dans les illustrations du document 9.

6.2 Indiquer ce qui différencie une articulation saine d'une articulation atteinte d'hygroma en complétant le tableau ci-dessous.

Éléments observés	Articulation saine	Articulation atteinte d'hygroma
Aspect de l'articulation	Normale	Augmentation du volume, gonflement
Bourse séreuse	Cavité vide	Enflammée, cavité remplie de liquide synovial
Tendon	Normal	Enflammé et enflé

6.3 Expliquer les répercussions que peut avoir un TMS sur la réalisation et la qualité de l'une des trois tâches ci-dessous (au choix) :
– le ponçage d'un meuble ;
– la réparation d'une boîte de vitesses ;
– le cablage d'un tableau électrique.

La perte de mobilité articulaire va nuire à la réalisation des mouvements requis par la tâche, le travail pourra être moins bien fait, dans un temps plus long, et sera douloureux.

Les douleurs dans le dos peuvent apparaître à différents endroits, selon la région de la colonne vertébrale atteinte.

Activité 7 Les différentes régions de la colonne vertébrale

Objectif : Repérer les différentes zones de la colonne vertébrale.

Document 10 La colonne vertébrale

La colonne vertébrale comprend cinq régions, où se répartissent 33 à 35 vertèbres :
- les **cervicales** (7 vertèbres) ;
- les **dorsales** (12 vertèbres, sur lesquelles s'articulent les côtes) ;
- les **lombaires** (5 vertèbres) ;
- le **sacrum** (5 vertèbres soudées) ;
- le **coccyx** (3 à 5 vertèbres atrophiées, au développement incomplet).

Chaque vertèbre est percée d'un orifice et la superposition de ces orifices liée à l'empilement des vertèbres forme le canal rachidien, qui renferme et protège la moelle épinière, le point de départ des nerfs.

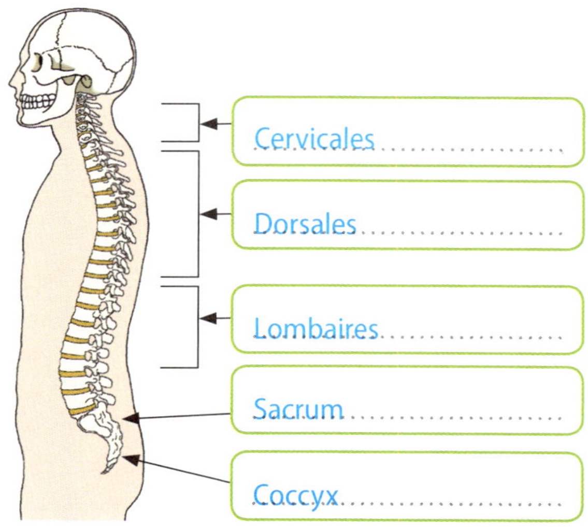

7. 1 Localiser les différentes régions de la colonne vertébrale en légendant l'illustration du document 10.

Document 11 Les disques intervertébraux

Toutes les vertèbres de la colonne vertébrale sont séparées entre elles par des disques intervertébraux, qui jouent un rôle d'amortisseur et constituent un joint flexible qui permet le mouvement. Ces derniers peuvent être à l'origine de certaines affections douloureuses du dos si leur structure subit des modifications.

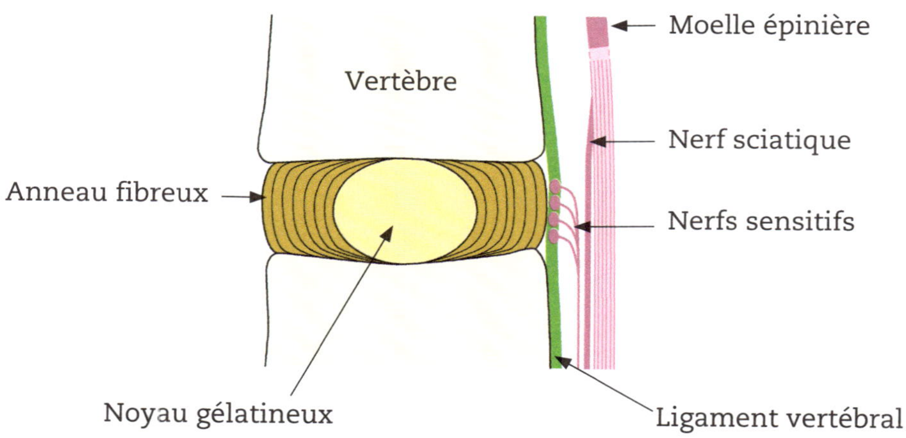

7. 2 À l'aide du document 11, nommer l'élément qui favorise la mobilité de la colonne vertébrale et qui se trouve à l'origine des douleurs du dos.

Il s'agit du disque intervertébral.

Les mauvaises postures, le transport de charges et les manutentions peuvent être à l'origine d'affections de la colonne vertébrale, et plus précisément du disque intervertébral.

Activité 8 Les affections du disque intervertébral et les facteurs aggravants

Objectif : Expliquer les pathologies du disque intervertébral.

Document 12 Les pathologies du disque intervertébral

Le lumbago : il se manifeste par une douleur aiguë de la région lombaire, survenant brutalement à la suite d'un effort parfois minime, mais toujours réalisé dans une mauvaise position. Le noyau du disque intervertébral se retrouve en contact avec le nerf sensitif.

La sciatique : le noyau du disque intervertébral vient toucher le nerf sciatique, provoquant une vive douleur irradiant de la fesse à la jambe. La sciatique peut être provoquée par une mauvaise posture, le soulèvement d'objets lourds, le vieillissement des disques intervertébraux.

La hernie discale : le noyau du disque intervertébral déchire l'anneau fibreux, sort de cette enveloppe et vient au contact de la moelle épinière, provoquant des douleurs violentes dans le dos irradiant dans la jambe, et une raideur de la colonne vertébrale. Elle survient après des efforts répétés, des torsions brusques, des mauvais mouvements, le soulèvement fréquent d'objets lourds.

Le tassement discal : il correspond à la détérioration du disque intervertébral. L'enveloppe du noyau éclate et la substance gélatineuse se répand dans l'anneau fibreux. On constate un rapprochement des vertèbres, qui peut provoquer des douleurs dans le dos et une restriction de la mobilité de la colonne vertébrale. Il est la conséquence du vieillissement du disque, mais peut aussi survenir à la suite d'un choc violent ou d'efforts répétitifs.

À l'aide du document 12 :

8. 1 Retrouver les symptômes de chaque pathologie en reliant les réponses correspondantes.

Tassement discal •	• Douleur aigüe au niveau des lombaires
Hernie discale •	• Douleur violente irradiant de la fesse à la jambe
Sciatique •	• Douleur violente dans le dos irradiant dans la jambe
Lumbago •	• Douleur dans le dos et restriction de la mobilité

8. 2 Identifier la pathologie du disque intervertébral représentée par chaque illustration ci-dessous et préciser la modification qui s'opère au niveau du noyau en complétant le tableau.

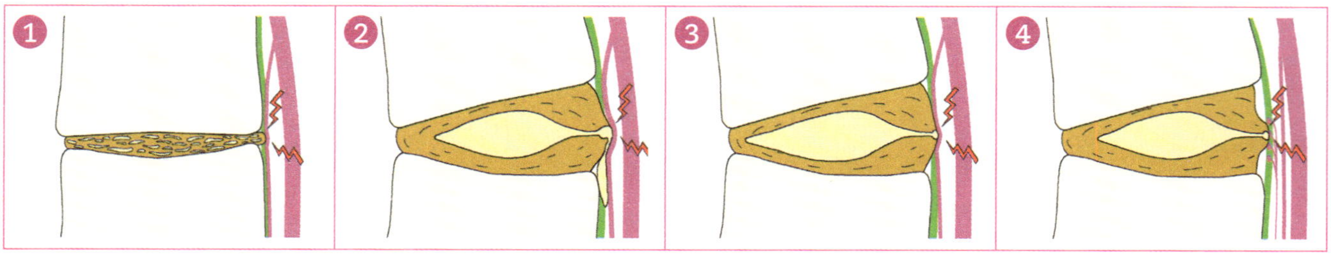

	Pathologies	Modifications au niveau du noyau
1	Tassement discal	Le noyau s'est désagrégé.
2	Hernie discale	Le noyau sort de son enveloppe et vient au contact de la moelle épinière.
3	Sciatique	Le noyau vient toucher le nerf sciatique.
4	Lumbago	Le noyau vient au contact des nerfs sensitifs.

Document 13 Les facteurs aggravants

Les facteurs aggravants sont des éléments qui amplifient les troubles et qui en accentuent la gravité. Ils peuvent être classés en quatre familles :
- **les facteurs liés à l'environnement de travail** : délais d'exécution tendus, postes de travail mal organisés (stockage inadapté, éloigné…), matériel d'aide à la manutention inexistant ou inadapté, matériel vibrant, froid, stress… ;
- **les facteurs liés aux gestes et postures** : postures contraignantes ou statiques, port de charges lourdes, mouvements ou gestes répétitifs… ;
- **les facteurs individuels** : l'âge du salarié, l'ancienneté sur des postes difficiles, la déformation de la colonne vertébrale (par exemple une scoliose).

8. 3 Identifier les facteurs aggravants suggérés par chacune des images en les légendant.

Port de charge lourde	Posture contraignante	Déformation de la colonne vertébrale

ÉTAPE 3

Proposer des solutions

Grâce à la prévention, les TMS peuvent être évités, ou du moins leur nombre et leur importance peuvent être réduits.

Activité 9 La prévention des troubles musculo-squelettiques du dos et des membres

Objectif : Proposer des mesures de prévention pour prévenir ou réduire les TMS.

Document 14 Les mesures et les dispositifs de prévention

Pour prévenir les risques de TMS, il est souhaitable de prévoir des plannings qui organisent judicieusement le travail ou qui permettent d'alterner les tâches. Il faut aussi former le personnel à la prévention des risques liés à l'activité physique (PRAP) pour appliquer les gestes et les postures adaptés. La mise en place de pauses actives qui permettent détente et relaxation est indispensable. Pour réduire l'effort et la charge physique, le travail d'équipe et la manutention mécanique sont à privilégier. Par ailleurs, certains équipements qui facilitent la préhension et la manutention de charges permettent également de prévenir les TMS.

Exemples d'équipements :

Chariot de manutention mécanique

Monte-charge

Chariot de transport

Grue

Document 15 La réglementation concernant le port de charges

Âge	Port de charge occasionnel[1]		Port de charge répétitif[2]	
	Femme	Homme	Femme	Homme
15-18 ans	12 kg	15 kg	10 kg	12,5 kg
18-45 ans	15 kg	30 kg	12,5 kg	25 kg
45-65 ans	12 kg	25 kg	10 kg	20 kg

1. Une fois au plus par cinq minutes.
2. Plus d'une fois toutes les cinq minutes pendant plusieurs heures.

Source : Norme NF X 35-109.

9. 1 Samuel, vingt ans, est manutentionnaire dans une entreprise de transport. À l'aide des documents 14 et 15, identifier pour chaque famille de solutions techniques proposées des aménagements qui permettront de réduire le risque de TMS. Préciser le niveau de prévention correspondant (individuelle, collective, intrinsèque ou formation / information).

Solutions techniques	Aménagements spécifiques	Niveau de prévention
Principe de sécurité et d'économie d'effort	– Former le personnel à la prévention des risques liés à l'activité physique (PRAP)	Formation/ Information
Aménagement et organisation du travail	– Plannings qui permettent d'alterner les tâches – Pauses actives qui permettent détente et relaxation – Travail d'équipe	Protection collective
Adaptation du mobilier et du matériel, aide technique à la manutention	– Monte-charge – Chariot de transport – Chariot de manutention mécanique	Protection collective
Réglementation	– 25 kg maximum pour un port de charge répétitif	Protection collective

9. 2 Pour chacune des situations ci-dessous, indiquer le poids maximum de la charge à respecter.

Situations	Poids maximum à respecter
Chloé (vingt ans), transporte manuellement des sacs de ciment pendant deux heures sur le chantier où elle travaille.	12,5 kg
Rachid (trente ans) travaille dans une entreprise de peinture. Avant d'effectuer la pose de tapisserie, 45 minutes de manutention lui sont nécessaires pour apporter sur le chantier : la décolleuse à papier peint, la table à tapisser, les rouleaux, le petit matériel, la caisse à outils, la colle, les pots de peinture et l'enduit. Pour gagner du temps, il porte simultanément plusieurs de ces objets.	30 kg
Sandra, stagiaire de dix-sept ans, réalise avec son tuteur la dépose des éléments d'une salle de bain toute une matinée avant la mise en place d'un équipement neuf.	10 kg

Document 16 Le déplacement d'une charge

Pour ne pas provoquer des affections de la colonne vertébrale, il est important de respecter certains principes de sécurité et d'économie d'effort lors de la manutention manuelle de charges.

1 Se positionner

2 Soulever

3 Déplacer

Pour le port à deux d'une charge longue (échelle, tube…), les opérateurs doivent la positionner sur l'épaule et la maintenir manuellement.

9. 3 Identifier les principes à respecter pour soulever et déplacer une charge en complétant le texte ci-dessous.

1 Se positionner

- Position de la charge par rapport au corps : proche du corps.
- Position des pieds par rapport à la charge : les pieds encadrent la charge et sont légèrement décalés.

2 Soulever

- Position du dos : dos droit.
- Positionnement des jambes : jambes fléchies.

3 Déplacer

- Positionnement des bras : bras tendus.
- Positionnement du dos : dos droit.

9. 4 Identifier les positions de port de charge non correctes en barrant les illustrations non conformes.

Le travail statique à un bureau peut lui aussi être à l'origine de TMS, c'est pourquoi des aménagements du poste de travail sont nécessaires.

Activité 10 L'aménagement d'un poste de travail assis

Objectif : Proposer des aménagements pour un poste de travail assis.

Document 17 Le siège ergonomique

Le siège ergonomique permet d'assurer une posture correcte : il soulage des douleurs dorsales et permet une assise bien droite, car la colonne vertébrale est alignée avec le dos, les épaules et le cou. De plus, le fait de pouvoir régler le siège en hauteur et en profondeur permet d'adapter la position à la personne ou à la tâche. Par ailleurs, la présence d'un repose-pieds permet également le maintien d'une posture correcte.

10.1 Lauriane travaille assise devant un ordinateur. Identifier dans le document 17 les aménagements prévus sur un siège ergonomique qui permettent de soulager les problèmes de dos en complétant la légende.

Document 18 Les zones de préhension d'un poste de travail assis

Pour faciliter le travail et éviter les mouvements inutiles, il faut placer les objets à utiliser ou manipulés le plus fréquemment dans les zones d'atteinte optimales (distance maximum bras tendus).
La zone de préhension optimale sur le **plan vertical** est située entre 70 et 135 cm de haut environ (de mi-cuisses à cœur).
La zone de préhension optimale sur le **plan horizontal** est de 30 cm environ (voir illustration ci-contre). De plus, les objets doivent être positionnés face à l'opérateur pour faciliter l'accessibilité et éviter les torsions.
La longueur minimale d'un plan de travail doit être de 120 cm.

10.2 Indiquer sur le schéma l'emplacement idéal du clavier et de la souris de Lauriane. Justifier la réponse.

Ces deux objets sont utilisés très souvent par Lauriane, ils devront donc se situer dans la zone de préhension optimale au plus proche d'elle et devant elle pour faciliter les mouvements et éviter les torsions.

B Mémoriser et structurer les acquis

Organiser les différentes notions de la séquence en complétant le schéma ci-dessous.

Les situations à risque

Plusieurs types d'activité entraînent un risque lié à l'activité physique :

- l'activité dynamique (travail comportant des mouvements et des déplacements) ;
- l'activité statique (opérateur immobile).

Par ailleurs, certaines situations sont contraignantes (exemple : posture difficile à maintenir) et donc dangereuses pour l'opérateur.

Les effets physiopathologiques du travail musculaire

L'activité musculaire dynamique :	**L'activité musculaire statique :**
le rythme cardiaque et respiratoire augmente. Il y a contraction puis relâchement du muscle.	le rythme cardiaque et respiratoire reste constant. Il n'y a pas de relâchement du muscle.

La tétanisation musculaire correspond à une contraction prolongée du muscle, qui devient douloureux. Elle entraîne une baisse des performances et est à l'origine des crampes.
La phase de récupération est importante car elle empêche l'apparition de douleurs, qui peuvent conduire à l'épuisement et à l'arrêt de l'activité.

Les affections de la colonne vertébrale

- La colonne vertébrale comprend : les cervicales, les dorsales, les lombaires, le sacrum et le coccyx.
- Les principales affections de la colonne vertébrales sont : le tassement discal, la hernie discale, la sciatique, le lumbago. Elles sont liées à une atteinte du disque intervertébral.
- Différents facteurs peuvent aggraver les contraintes subies par la colonne vertébrale : poids de la charge, répétition des gestes, cadence élevée, postures contraignantes, déformations de la colonne vertébrale.

Les troubles musculo-squelettiques (TMS)

Les troubles musculo-squelettiques regroupent des affections touchant les muscles, les tendons, les nerfs, les articulations et les os. On retrouve au niveau des mains le syndrome du canal carpien, au niveau des bras ou des jambes des tendinites, au niveau du genou ou du coude l'hygroma.

Les mesures de prévention

- **Aménagement des postes de travail :** hauteur des plans de travail réglable, siège ergonomique.
- **Aides tecŸiques :** monte-charge, chariot de transport, grue…
- **Organisation :** alternance des tâches, formation PRAP (prévention des risques liés à l'activité physique), application des gestes de principe et d'économie d'effort.
- **Réglementation :** le poids maximum pour le port de charge est de 30 kg pour les hommes et de 15 kg pour les femmes. Il est inférieur pour certaines tranches d'âge, ainsi que pour les ports de charge répétitifs.

C Préparer l'évaluation

A

B

L'activité physique : caractéristiques et effets physiopathologiques

1 Présenter chaque situation en complétant le tableau ci-dessous.

Caractéristiques	Situation A	Situation B
Type de travail musculaire (statique ou dynamique)	Dynamique	Statique
Facteurs aggravants	Poids de la charge, âge	Répétitivité des gestes
Exemples de TMS susceptibles de survenir	Dorsalgie	Dorsalgie, hygroma du coude

2 Un muscle très sollicité peut subir une contraction prolongée et devenir très douloureux.

- Indiquer le nom de cet effet physiopathologique : la tétanisation musculaire.
- Expliquer l'importance de la phase de récupération : elle empêche l'apparition de douleurs, qui peuvent conduire à l'épuisement et à l'arrêt de l'activité.

Les mesures de prévention

3 Proposer une mesure de prévention adaptée à chaque situation et préciser pour chacune le niveau d'action et le niveau de prévention.

- Situation A : utiliser un chariot de transport (mesure collective concernant l'utilisation d'aides techniques).
- Situation B : permettre la rotation de postes (mesure collective concernant l'organisation).

SÉQUENCE 11

Les effets physiopathologiques de la charge mentale

A Étudier la séquence

ÉTAPE 1 Analyser la situation

Activité 1 Le stress au travail

Objectif : Analyser le problème engendré par le stress au travail.

Document 1 Le stress au travail est-il devenu une fatalité ?

On parle de stress au travail quand une personne ressent un déséquilibre entre ce qu'on lui demande de faire dans le cadre professionnel et les ressources dont elle dispose pour y répondre. Les situations stressantes qui s'installent dans la durée (moins de pauses, plus de dossiers à traiter, mauvaise ambiance de travail, harcèlement professionnel…) ont toujours un coût pour la santé des individus qui les subissent (fatigue, irritabilité, dépression…). Elles ont également des répercussions négatives sur le fonctionnement des entreprises (journées de travail perdues, perte de qualité de la production, démotivation…).

Extrait du dossier web INRS « Stress au travail », www.inrs.fr/risques/stress/ce-qu-il-faut-en-retenir.html.

1. 1 Présenter le document 1 en complétant le schéma ci-dessous.

Problème soulevé : Le stress au travail

Causes

- Moins de pauses
- Plus de dossiers à traiter
- Mauvaise ambiance de travail
- Harcèlement professionnel

Conséquences

Pour les salariés	Pour l'entreprise
Fatigue	Journées de travail perdues
Irritabilité	Perte de qualité de la production
Dépression	Démotivation

ÉTAPE 2

Mobiliser les connaissances

L'ensemble des tâches réalisées par un opérateur lors de son activité professionnelle peut provoquer une pression sur lui. Cette pression, ou « charge mentale », peut être affective ou psychologique. Si elle est trop importante, elle peut être source de stress.

Activité 2 La charge mentale et les facteurs de stress

Objectifs : Définir la charge mentale, différencier la charge mentale affective de la charge mentale psychologique et identifier les facteurs de stress.

Document 2 Charge mentale affective et psychologique

La charge mentale correspond à l'ensemble des sollicitations du cerveau pendant l'exécution d'un travail. On distingue :

- **La charge mentale psychologique** (ou cognitive) : elle correspond à l'effort mental nécessaire pour accomplir une tâche (quantité d'informations à mémoriser, nombre de dossiers à traiter, contraintes de temps, absence de formation adéquate…).
- **La charge mentale affective** (ou psychique) : elle correspond à toutes les pollutions affectives qui peuvent accompagner les activités intellectuelles dans le travail (poids de la hiérarchie, monotonie, contact avec des personnes en détresse…).

Si l'opérateur est débordé mentalement par sa tâche professionnelle, on parle alors de « surcharge mentale », avec des répercutions négatives sur sa santé.

2. 1 Retrouver la définition de la charge mentale dans le document 2, en la surlignant.

2. 2 Indiquer un facteur à l'origine d'une « surcharge mentale » pour chacune des professions suivantes.

- Maçon en CDD : crainte pour l'avenir de son emploi.
- Intérimaire non expérimenté dans un garage : absence de formation adéquate.
- Votre futur métier : toute réponse cohérente est acceptée.

2. 3 Indiquer pour chacune des situations ci-dessous si la charge mentale supportée est affective ou psychologique.

Karim, intérimaire depuis une semaine dans une entreprise du bâtiment, ne connaît pas le fonctionnement de tous les engins, faute de formation.

Charge mentale psychologique

Jules, électricien en période d'essai, est convoqué chez son supérieur hiérarchique. Il est angoissé à l'idée de ne pas être embauché.

Charge mentale affective

Katia, peintre en bâtiment depuis plus de cinq ans, a de plus en plus de mal à supporter la pression des clients et de son patron.

Charge mentale affective

Document 3 Les facteurs de stress

Les facteurs de stress liés au travail sont regroupés en six grandes familles.

1 **Intensité et temps de travail :** exigences excessives de travail, complexité du travail, difficultés à concilier vie professionnelle et personnelle…

2 **Exigences émotionnelles :** nécessité de maîtriser ou de cacher ses émotions…

3 **Manque d'autonomie :** procédures trop rigides, sous-utilisation des compétences…

4 **Rapports sociaux de travail dégradés :** conflits entre collègues, manque de reconnaissance…

5 **Conflits de valeurs :** conflit éthique (faire quelque chose que l'on désapprouve), qualité empêchée (ne pas avoir les moyens de faire correctement son travail)…

6 **Insécurité de la situation de travail :** peur de perdre son emploi, incertitude sur l'avenir de son métier…

Extrait du dossier web INRS « Stress au travail », www.inrs.fr/risques/stress/ce-qu-il-faut-en-retenir.html.

2. 4 À l'aide du document 3, identifier les facteurs de stress de Nabil, employé en CDD en tant que magasinier dans une casse automobile, en les surlignant dans la situation ci-dessous.

Tous les jours, ma supérieure me donne des ordres en me hurlant dessus, et comme je n'ai jamais fini à temps, elle me supprime toutes mes pauses. Je n'arrive pas à boucler toutes les commandes car je ne maîtrise pas bien le fonctionnement du transpalette... Parfois, je suis face au public et je dois toujours être de bonne humeur... C'est difficile le soir quand je rentre de m'occuper de mes enfants, car je suis très énervé…

2. 5 Reporter les facteurs de stress identifiés dans la question précédente dans le tableau ci-dessous et indiquer pour chacun la famille à laquelle ils appartiennent.

Facteurs de stress de Nabil	Familles de facteurs de stress
Contrat à durée déterminée (CDD)	Insécurité de la situation de travail
ma supérieure me donne des ordres en me hurlant dessus	Rapports sociaux de travail dégradés
supprime toutes mes pauses	Intensité et temps de travail
je ne maîtrise pas le fonctionnement du transpalette	Conflits de valeurs
je dois toujours être de bonne humeur	Exigences émotionnelles
c'est difficile le soir quand je rentre de m'occuper de mes enfants	Intensité et temps de travail

Le mécanisme du stress se met en place quand un individu se sent menacé. Il s'agit d'une réaction physiologique normale face à un stress ponctuel (stress aigu), qui permet de s'adapter à la situation. Mais si le stress s'installe dans la durée (stress chronique), cela peut avoir des conséquences néfastes sur la santé de l'individu concerné…

Activité 3 Les étapes du stress

Objectif : Décrire le mécanisme du stress, différencier le stress aigu et le stress chronique.

Document 4 Le mécanisme physiologique du stress

1 **Phase d'alarme** (perception d'une situation stressante)

Le cerveau ordonne, *via* le système nerveux, la libération d'adrénaline* et de noradrénaline*. Ces hormones permettent de préparer le corps à l'action, en entraînant immédiatement différents symptômes : accélération du rythme cardiaque et respiratoire, dilatation des pupilles, augmentation du débit sanguin et de la pression artérielle, afflux de sang vers les muscles décuplant la force physique, transpiration…

2 **Phase de résistance**

Quand la situation stressante se prolonge, le cerveau ordonne, *via* le système nerveux, la libération de cortisol*. Cette hormone stimule la synthèse de sucres, afin d'aider l'organisme à tenir dans la durée. Au début, les connexions au niveau du cerveau sont plus efficaces, puis l'effet s'inverse. Les effets physiologiques apparus lors de la phase d'alarme s'estompent.

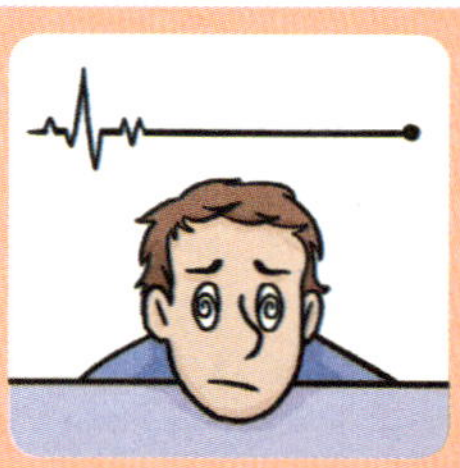

3 **Phase d'épuisement**

Si la situation stressante dure trop longtemps, la sécrétion de cortisol persiste et s'intensifie, ce qui entraîne le dérèglement de certaines fonctions de l'organisme. Le cerveau devient insensible à la commande des glandes surrénales d'ajuster la production d'hormones hypophysaires pour faire face au stress. L'individu est alors débordé par la situation, ses ressources sont épuisées et des troubles graves de santé apparaissent.

* L'adrénaline, la noradrénaline et le cortisol sont des hormones libérées dans le corps par les glandes surrénales, situées juste au-dessus des reins.

3. 1 À l'aide du document 4, localiser les symptômes du stress lors de la phase d'alarme en complétant les légendes de l'illustration ci-dessous.

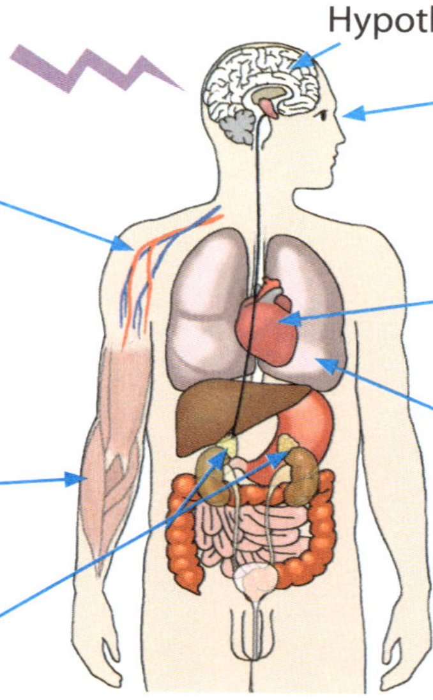

Yeux
Dilatation des pupilles

Circulation sanguine
Augmentation du débit sanguin et de la pression artérielle

Cœur
Accélération du rythme cardiaque

Muscles
Afflux de sang

Poumons
Accélération du rythme respiratoire

3. 2 À partir du document 4, décrire le mécanisme du stress en complétant le schéma ci-dessous.

Le mécanisme du stress

Les trois phases	**Phase 1** Alarme	**Phase 2** Résistance	**Phase 3** Épuisement
Organe de commande et de contrôle de la réaction	Cerveau	Cerveau	Cerveau
Glandes sollicitées	Surrénales	Surrénales	Surrénales
Hormones sécrétées par les glandes	Adrénaline + Noradrénaline	Cortisol	Cortisol
Action de l'hormone	Symptômes du stress	Stimule la synthèse de sucres	Dérèglement de certaines fonctions de l'organisme
Réaction de l'organisme	Préparation du corps à l'action	Adaptation à la situation	L'organisme est débordé, épuisé

Document 5 **Bon stress ? Mauvais stress ?**

Selon des idées répandues, le bon stress (« stress positif ») permettrait aux salariés de donner le meilleur d'eux-mêmes, tandis que le mauvais stress (« stress négatif ») rendrait malade. Il n'y a pourtant scientifiquement ni bon, ni mauvais stress, mais un phénomène d'adaptation du corps rendu nécessaire par l'environnement. Il faut en revanche différencier « stress aigu » et « stress chronique », qui ont des effets distincts sur la santé.
L'état de stress aigu correspond aux réactions de notre organisme quand nous faisons face à une menace ou un enjeu ponctuel (prise de parole en public, changement de poste, situation inattendue…). Quand la situation prend fin, les symptômes de stress s'arrêtent peu après.
L'état de stress chronique est une réponse de notre corps à une situation de stress qui s'installe dans la durée […]. Le stress chronique a toujours des effets néfastes sur la santé.

Extrait du dossier web INRS « Stress au travail », www.inrs.fr/risques/stress/ce-qu-il-faut-en-retenir.html.

3. 3 Différencier le stress aigu et le stress chronique à l'aide du document 5.

Le stress aigu correspond à un stress ponctuel, qui ne dure pas, et qui n'a pas de conséquences néfastes sur la santé de l'individu. Le stress chronique, quant à lui, correspond à un stress qui s'installe dans la durée et qui a des effets néfastes sur la santé.

Activité 4 Les effets du stress sur la santé

Objectif : Énoncer les effets à court et à long terme du stress sur la santé et expliquer les autres effets physiopathologiques.

Document 6 Les effets du stress

À court terme (stress aigu) : le stress ne représente pas vraiment de menace pour la santé, car ses effets sont minimes et réversibles (troubles du sommeil, de l'appétit, de la digestion, sensibilité et nervosité accrues, angoisse, excitation, sensation de mal-être…). Les effets s'estompent quand la situation stressante se termine.

À long terme (stress chronique) : des conséquences sur la santé plus graves apparaissent, comme des maladies cardiovasculaires, une dépression nerveuse pouvant aller jusqu'au burn-out *, des troubles musculo-squelettiques, des désordres hormonaux, des maladies immuno-allergiques, des ulcères de l'estomac…

* Syndrome d'épuisement professionnel caractérisé par une fatigue psychique et physique intense, accompagnée d'un sentiment d'impuissance et de désespoir (voir document 7).

4. 1 À l'aide du document 6, indiquer trois effets à court terme (réversibles) du stress sur la santé.

- Troubles du sommeil
- Troubles de la digestion
- Sensibilité et nervosité accrues

4. 2 Différencier les effets du stress à long terme en complétant le tableau ci-dessous.

Effets du stress à long terme	
Effets physiques	Effets psychologiques
• Troubles musculo-squelettiques • Désordres hormonaux • Maladies immuno-allergiques • Ulcères de l'estomac	• Dépression nerveuse pouvant aller jusqu'au burn-out

Document 7 Du stress chronique au burn-out

Le burn-out correspond à un syndrome d'épuisement professionnel caractérisé par une fatigue psychique et physique intense, accompagnée d'un sentiment d'impuissance et de désespoir.

Un sondage a été effectué auprès de 1 000 actifs, et contrairement aux idées reçues, la victime type du burn-out n'est pas nécessairement un jeune cadre urbain dynamique et hyper stressé…

Portrait-robot des personnes les plus exposées au burn-out

12,6 % des actifs occupés présentent un risque élevé de burn-out.

- **Les personnes qui se sentent émotionnellement vidées par leur travail**

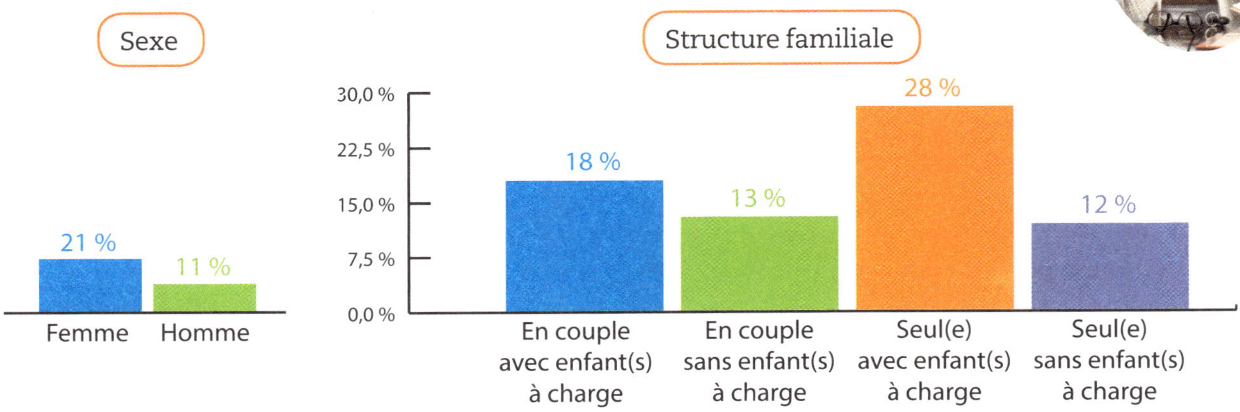

- **Les personnes qui travaillent de manière excessive et compulsive**

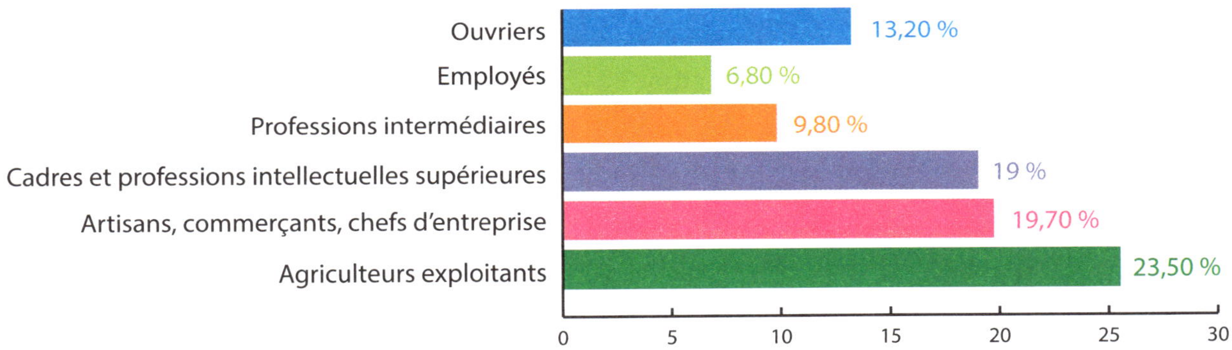

Source : « Étude clinique et organisationnelle permettant de définir et de quantifier le burn-out », Technologia, 2014.

4. 3 Indiquer le nom de la pathologie évoquée dans le document 7.

Il s'agit du burn-out.

4. 4 Indiquer les deux principaux symptômes de cette pathologie.

Les deux principaux symptômes de cette pathologie sont :

– une fatigue psychique et physique intense ;

– un sentiment d'impuissance et de désespoir.

4. 5 Préciser les caractéristiques de la victime type exposée à un burn-out en indiquant son sexe, sa situation familiale, son activité professionnelle.

Il s'agit plutôt d'une femme, travaillant dans l'agriculture, vivant seule avec enfant(s).

ÉTAPE 3

Proposer des solutions

Afin d'éviter les conséquences pathologiques dues au stress, une démarche de prévention s'impose.

Activité 5 La prévention contre le stress

Objectif : Connaître les mesures à mettre en place pour prévenir le stress.

Document 8 Les démarches de prévention en entreprise

Tout employeur a pour devoir de supprimer ou de réduire les risques professionnels, y compris ceux liés au stress, afin d'assurer la sécurité et le bien-être de ses employés, quel que soit leur statut (CDI, CDD, intérimaire…).

La démarche privilégiée pour prévenir le stress est la **prévention collective**, qui est axée sur le travail et son organisation : amélioration de la communication interne, maintien de marges de manœuvre pour organiser son travail, organisation du travail en équipe… Pour qu'elle soit efficace, tous les acteurs (direction, salariés, représentants du personnel…) doivent être impliqués dans cette démarche et motivés.

Chaque individu peut également adopter une démarche de **prévention individuelle**, qui viendra en complément de la démarche collective (pratiquer un sport, faire des exercices de relaxation lorsque cela est possible, faire des pauses, manger équilibré au déjeuner…).

5. 1 À l'aide du document 8, indiquer sous chaque illustration :

- la mesure de prévention ;
- le type de mesure de prévention (individuelle ou collective).

Faire du sport	Faire des pauses	Travailler en équipe
Prévention individuelle	Prévention individuelle	Prévention collective

5. 2 Préciser pourquoi il est important d'adopter des démarches pour prévenir le stress au travail.

- Pour l'employé : pour assurer sa sécurité et son bien-être.
- Pour l'entreprise : si la sécurité et le bien-être de l'employé sont assurés, le travail sera fait correctement, il y aura moins d'accidents du travail et moins d'arrêts de travail, qui peuvent nuire à la stabilité d'une entreprise.

B Mémoriser et structurer les acquis

Organiser les différentes notions de la séquence en complétant le schéma ci-dessous à l'aide des acticités précédentes.

La charge mentale

Définition : ensemble des sollicitations du cerveau pendant l'exécution d'un travail.

Charge mentale **psychologique** :	Charge mentale **affective** :
effort mental nécessaire pour accomplir une tâche	pollutions affectives qui peuvent accompagner les activités intellectuelles dans le travail.

Les facteurs de stress

• Exigences émotionnelles	→ Ex. : Nécessité de maîtriser ses émotions
• Rapports sociaux de travail dégradés	→ Ex. : Conflits entre collègues
• Insécurité de la situation de travail	→ Ex. : Peur de perdre son emploi
• Intensité et temps de travail	→ Ex. : Exigences excessives de travail
• Manque d'autonomie	→ Ex. : Procédures trop rigides
• Conflits de valeurs	→ Ex. : Faire quelque chose que l'on désapprouve

Les effets du stress

Les trois phases

Phase 1 : Alarme	**Phase 2 :** Résistance	**Phase 3 :** Épuisement
Perception d'une situation stressante.	La situation stressante se prolonge.	La situation stressante dure trop longtemps.

Les symptômes

• Transpiration	• Accélération du rythme cardiaque et respiratoire
• Dilatation des pupilles	• Augmentation de la pression artérielle

Les effets physiopathologiques

À court terme : troubles du sommeil, de l'appétit, excitation, angoisse…	À long terme : maladies cardiovasculaires, ulcères, TMS…

La prévention contre le stress

Prévention collective : prévention que l'employeur a l'obligation de mettre en place, et qui est axée sur le travail et son organisation (exemple : amélioration de la communication interne).

Prévention individuelle : en complément de la prévention mise en place par l'employeur, chacun peut agir pour se protéger des risques liés au stress (exemple : pratiquer un sport).

C Préparer l'évaluation

Situation d'étude

Arthur travaille dans une entreprise multiservices. Depuis plusieurs mois, il enchaîne les réparations, car un salarié de l'entreprise est absent. Son patron le presse sans cesse, et les clients sont mécontents car il n'arrive jamais à l'heure prévue. Chez lui, il doit aussi consacrer du temps aux devoirs de ses enfants. Récemment, il est devenu agressif et s'est mis en colère car son patron lui a refusé une semaine de congés. Aujourd'hui, il n'arrive plus à faire face, il se sent débordé : son cœur s'accélère, il n'arrive plus à respirer, il est épuisé moralement et physiquement et ne peut pas reprendre son travail. Il se rend chez son médecin, qui diagnostique un burn-out.

Les phases du stress

1 Préciser la phase de stress où se situe Arthur, justifier votre réponse.

Arthur se trouve en phase d'épuisement, car il est atteint de burn-out, son corps ne dispose plus de ressources pour lutter contre le stress.

La charge mentale

2 Différencier les deux formes de charge mentale en citant un exemple pour chacune dans la situation d'Arthur.

- Charge mentale affective : son patron le presse, les clients sont mécontents.
- Charge mentale psychologique : il enchaîne les réparations, car un salarié de l'entreprise est absent.

Les facteurs du stress et ses effets

3 L'employeur d'Arthur lui a refusé une semaine de congés. Préciser le facteur de stress mis en jeu dans cette situation en cochant la réponse exacte.

☐ Intensité et temps de travail ☐ Conflits de valeurs ☑ Rapports sociaux de travail dégradés

4 Retrouver deux effets physiologiques dus à la réaction de l'organisme d'Arthur face au stress.

- Accélération du rythme cardiaque
- Accélération du rythme respiratoire

5 Arthur est atteint de burn-out. Préciser s'il s'agit d'une conséquence du stress à court terme ou à long terme. Justifier votre réponse.

Il s'agit d'un effet à long terme du stress, cela fait plusieurs mois qu'Arthur n'arrive plus à assumer sa charge de travail.

SÉQUENCE 12

Prévention des risques liés à la charge mentale : l'approche par le travail

A Étudier la séquence

ÉTAPE 1 Analyser la situation

Activité 1 Identifier un problème ergonomique

Objectif : Recueillir des données concernant une situation de travail qui présente un problème ergonomique afin de proposer des solutions grâce à l'approche par le travail.

Document 1 Le poste de travail de Joachim

Joachim, vingt-cinq ans, est employé depuis cinq ans dans une PME d'usinage de pièces en matière plastique fonctionnant en flux tendu, spécialisée dans la fabrication de pièces industrielles pour l'automobile (boutons de commandes, phares, arbre de transmission…). Il travaille en horaires postés, soit de 7 heures à 13 heures, soit de 13 heures à 20 heures, selon les semaines. Son poste de travail est dédié au contrôle des phares de voiture, il doit contrôler les pièces fabriquées et les ranger dans des cartons en sortie de chaîne. La cadence pour les phares est de vingt pièces par minute. Pour réaliser son travail, il doit saisir chaque pièce, l'observer pour vérifier la qualité du produit (absence de défaut de fabrication, assemblage et emboîtage conformes) et mémoriser ces informations pour écarter les produits défectueux. Il dispose ensuite les phares dans des boîtes, et organise leur rangement dans un carton. Il a souvent du mal à tenir le rythme en raison de la cadence des machines et de ce fait ne contrôle pas toutes les pièces. L'entreprise est très exigeante sur la qualité de ses produits et Joachim craint de laisser passer des produits défectueux. Heureusement, jusqu'à présent toutes les commandes ont été honorées et les clients satisfaits. Mais Joachim est stressé, il a des douleurs dans le dos et il a de plus en plus de mal à dormir. Cela fait déjà deux fois cette année que son médecin lui a prescrit un arrêt de travail compte tenu de son état de santé.

Document 2 Qu'est-ce qu'un problème ergonomique ?

Un problème ergonomique est un problème qui concerne une inadaptation du travail, des outils ou de l'environnement à l'homme. Ce sont donc les conditions de travail qui sont à l'origine du problème, comme un outil ou une organisation de travail inadaptés.

1. 1 Identifier le problème posé dans le document 1.

Joachim est stressé, a des douleurs dans le dos et a de plus en plus de mal à dormir.

1. 2 À l'aide du document 2, expliquer pourquoi on peut dire qu'il s'agit d'un problème ergonomique.

Il s'agit d'un problème ergonomique parce que ce problème concerne des conditions de travail inadaptées.

Document 3 Les étapes de l'approche par le travail (ou approche ergonomique)

1 Identifier le problème ergonomique

Mettre en évidence un problème lié aux conditions de travail d'un opérateur.

2 Décrire et analyser la situation de travail

Recueillir des données sur les caractéristiques de l'opérateur, son travail, mais aussi sur celles de l'entreprise, afin de compléter le schéma de compréhension de la situation de travail (voir p. 169).

3 Formuler une ou plusieurs hypothèses

À partir du schéma de compréhension de la situation de travail, on établit des liens entre les effets de l'activité de travail sur l'opérateur et sur l'entreprise, et les autres éléments de la situation. Cela permet d'émettre des hypothèses (suppositions) sur l'origine de ces effets.

4 Valider les hypothèses

Grâce à des investigations (mesures, observations du travail réel effectué par l'opérateur), on peut valider ou non les hypothèses.

Les hypothèses sont-elles validées ? — non : retour à l'étape 3 ; oui : étape 5

5 Proposer des mesures pour améliorer la situation de travail

Une fois les hypothèses validées, des solutions adaptées à la situation pourront être proposées.

1. 3 Identifier les informations à recueillir pour analyser la situation, en les surlignant dans le document 3.

1. 4 Identifier l'étape qui va conduire à s'interroger sur les origines possibles du problème et l'entourer dans le document 3.

ÉTAPE 2 Mobiliser les connaissances

Pour analyser une situation avec l'approche par le travail, une fois le problème ergonomique identifié, il est nécessaire de recueillir des données concernant les caractéristiques de l'opérateur et de l'entreprise, le travail de l'opérateur, les effets positifs ou négatifs de ce travail sur l'opérateur et sur l'entreprise.

Activité 2 Décrire et analyser une situation de travail

Objectif : Recueillir les données d'une situation de travail.

Document 4 Déterminants opérateur et déterminants entreprise

Les **déterminants opérateur** correspondent aux caractéristiques de l'opérateur, c'est-à-dire son âge, ses caractéristiques physiques, sa qualification, son expérience professionnelle, son état physique du moment.

Les **déterminants entreprise** correspondent aux caractéristiques de l'entreprise, c'est-à-dire les dispositifs techniques (machines, outils, logiciels…), l'organisation (temps de travail, horaires, rotations…), l'environnement (bruit, chaleur, espace de travail, relations sociales…).

2. 1 À l'aide du document 4, identifier pour la situation de Joachim les déterminants opérateur et les déterminants entreprise.

Déterminants opérateur	Déterminants entreprise
- Joachim, vingt-cinq ans	- PME d'usinage de pièces
- Cinq ans d'ancienneté	- Flux tendu
	- Horaires postés (7 h - 13 h ou 13 h - 20 h)
	- Cadence de vingt phares par minute
	- Exigence sur la qualité des produits

Document 5 Travail prescrit ou travail réel ?

Le **travail prescrit** est ce que l'entreprise définit à l'avance concernant le travail à réaliser d'un point de vue quantitatif et qualitatif. Il s'appuie sur des consignes, des procédures à suivre.
Le **travail réel** correspond à ce que fait l'opérateur et à la façon dont il le réalise en fonction de ses contraintes (par exemple, en utilisant un matériel différent de celui qui est prévu lorsque ce dernier est défectueux ou absent).

2. 2 À l'aide du document 5, différencier travail réel et travail prescrit en reliant les réponses correspondantes.

- Travail réel •
- Travail prescrit •

- • L'opérateur réalise le contrôle de phares et les range selon un mode opératoire donné.
- • L'opérateur ne contrôle pas tous les phares du fait de la cadence des machines.

(Réponse : Travail réel → L'opérateur ne contrôle pas tous les phares du fait de la cadence des machines ; Travail prescrit → L'opérateur réalise le contrôle de phares et les range selon un mode opératoire donné.)

Document 6 Tâche ou activité ?

- Une **tâche** est une action que l'opérateur réalise sur un objet ou sur l'environnement (par exemple : déplacer un objet, rédiger un formulaire...).
- Une **activité** est la façon dont l'opérateur réalise cette action. Celle-ci peut être de deux sortes :
  – physique, c'est-à-dire le mouvement réalisé ou la posture (par exemple : bras tendus, debout, position statique...) ;
  – mentale, c'est-à-dire l'opération intellectuelle effectuée (par exemple : organiser des données ou des objets, mémoriser une information...).

2. 3 Différencier tâche et activité en indiquant pour chaque situation ci-dessous : une tâche, une activité physique et une activité mentale.

	Tâche : Peindre une fenêtre Activité physique : Être debout le bras tendu Activité mentale : Faire attention de ne pas dépasser
	Tâche : Scier sur une planche Activité physique : Avoir le dos courbé Activité mentale : Veiller à scier droit

2. 4 Indiquer pour la situation de Joachim :

- deux tâches : saisir le phare, vérifier la qualité du produit ;
- deux activités : mémoriser des informations, organiser le rangement des phares.

2. 5 Différencier les effets d'une situation de travail sur l'opérateur et sur l'entreprise dans le cas de Joachim, en cochant les bonnes réponses dans le tableau ci-dessous.

Effets potentiels	Effets sur l'opérateur	Effets sur l'entreprise
Pertes de revenus	☑	☐
Baisse de productivité	☐	☑
Coût des arrêts de travail	☐	☑
Clients satisfaits	☐	☑
Commandes honorées	☐	☑
Coût de traitement des produits défectueux	☐	☑
Problèmes de sommeil	☑	☐
Stress	☑	☐

2. 6 Identifier les effets négatifs sur l'entreprise en les surlignant dans le tableau ci-dessus.

Les informations recueillies lors de l'analyse de la situation doivent être organisées dans le schéma de compréhension de la situation de travail, de façon à pouvoir ensuite établir des liens entre elles.

Activité 3 Le schéma de compréhension d'une situation de travail

Objectif : Compléter un schéma de compréhension avec les informations recueillies concernant une situation de travail.

3. 1 Reporter dans le schéma de compréhension ci-dessous les informations manquantes pour la situation de Joachim.

Document 7 Le schéma de compréhension de la situation de travail de Joachim

DÉTERMINANTS OPÉRATEUR
(Caractéristiques de l'opérateur)

- Joachim
- Vingt-cinq ans
- Cinq ans d'ancienneté

DÉTERMINANTS ENTREPRISE
(Caractéristiques de l'entreprise)

- PME d'usinage de pièces
- Flux tendu
- Horaires postés (7 h - 13 h/13 h - 20 h)
- Cadence de vingt phares par minute
- Exigence sur la qualité des produits

TRAVAIL PRESCRIT
(Consignes données par l'entreprise pour réaliser le travail)

- Joachim doit contrôler et ranger des phares

TRAVAIL RÉEL

Tâches réelles *(Travail réalisé par l'opérateur)*	Activités réelles *(Comment l'opérateur réalise le travail)*
• Saisir chaque pièce	• Se pencher en adoptant une posture pénible
• Vérifier la qualité du produit	• Analyser les éléments observés
• Écarter les produits défectueux	• Mémoriser des informations
• Disposer les phares dans des boîtes	• Organiser le rangement dans le carton

EFFETS SUR L'OPÉRATEUR
(Conséquences négatives et positives provoquées par le travail réel pour l'opérateur)

- Stress
- Douleurs dans le dos
- Problèmes de sommeil

EFFETS SUR L'ENTREPRISE
(Conséquences négatives et positives provoquées par le travail réel pour l'entreprise)

- Baisse de productivité
- Coût des arrêts de travail
- Clients satisfaits
- Commandes honorées

Une fois les informations recueillies et organisées dans le schéma de compréhension de la situation de travail, il est nécessaire d'exploiter ces données. En effet, émettre des hypothèses sur les origines possibles du problème ergonomique identifié permettra ensuite de pouvoir apporter des solutions adaptées à ce problème.

Activité 4 Formuler et valider des hypothèses

Objectif : Formuler des hypothèses sur l'origine d'un problème et présenter des outils de validation de ces hypothèses.

Document 8 Liens de causalité et hypothèses

À partir du schéma de compréhension de la situation de travail, on établit des liens entre les informations, que l'on matérialise par des flèches.
La mise en évidence des liens de causalité se fait **en partant du problème**.

Exemple (situation de Pierre, qui effectue le suivi des livraisons dans une entreprise de transport) :

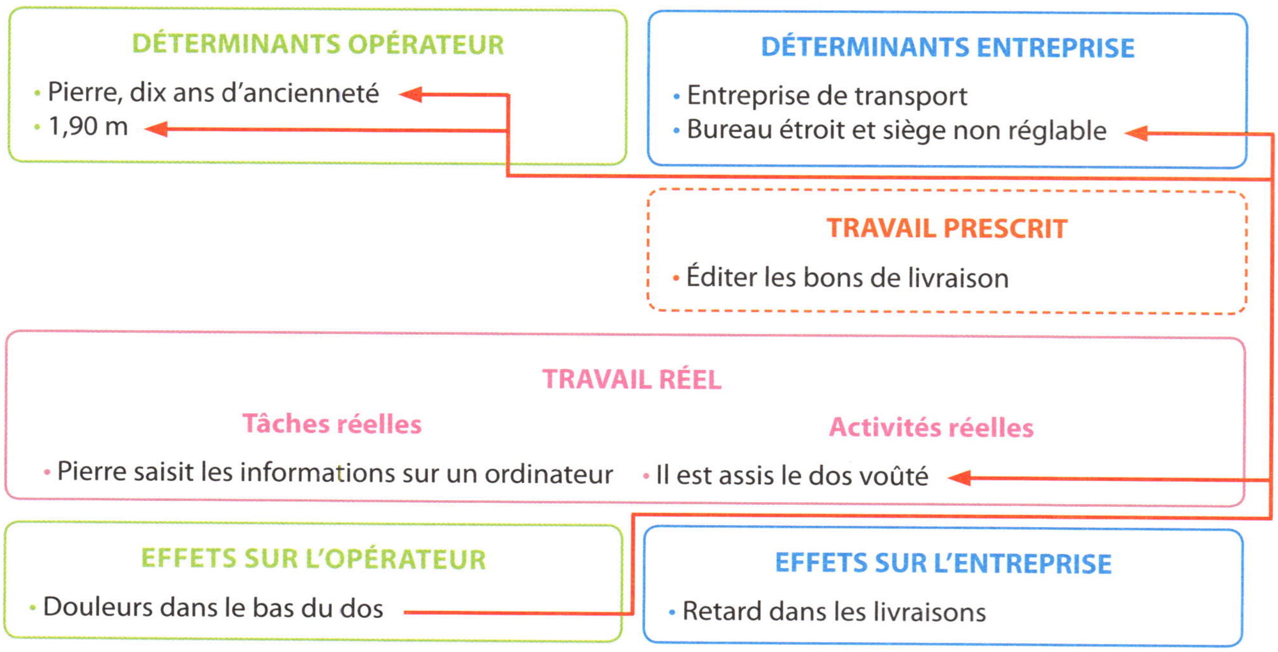

La formulation de l'hypothèse se fait en lisant les informations **à partir des déterminants** et sera énoncée comme ceci :
Il semblerait que les déterminants suivants : la taille de Pierre (1,90 m) et ses dix ans d'ancienneté, mais aussi son bureau étroit et la présence d'un siège non réglable ;
conduisent l'opérateur à : être assis le dos voûté ;
ce qui provoque : des douleurs dans le bas du dos.

4. 1 Identifier les liens de causalité dans la situation de Joachim en traçant les flèches correspondantes sur le schéma de compréhension du document 7.

4. 2 Rédiger la formulation de l'hypothèse correspondante pour la situation de Joachim.

Il semblerait que les déterminants suivants : Joachim, cinq ans d'ancienneté, travaillant en horaires postés à une cadence élevée avec des exigences de qualité ;

conduisent l'opérateur à : adopter une posture pénible, analyser les éléments observés et mémoriser des informations ;

ce qui provoque : stress, douleurs dans le dos et problèmes de sommeil.

Document 9 La validation des hypothèses

Pour valider les hypothèses, on effectue des observations systématiques et significatives de l'activité à l'origine du problème observé.
Il existe plusieurs catégories d'éléments observables : la posture, le déplacement, l'effort, les communications, les actions, les prises d'informations…
Pour mesurer et quantifier les observables, il existe plusieurs outils :
– les diagrammes, histogrammes, chronogrammes, schémas de posture ;
– les photographies et vidéos ;
– les documents internes (enregistrements, statistiques…).

4. 3 Identifier dans le document 9 les outils d'observation qui peuvent être utilisés pour valider les hypothèses en les surlignant.

Document 10

Comparaison des contraintes occasionnées par le poste d'emballage en fonction de la cadence

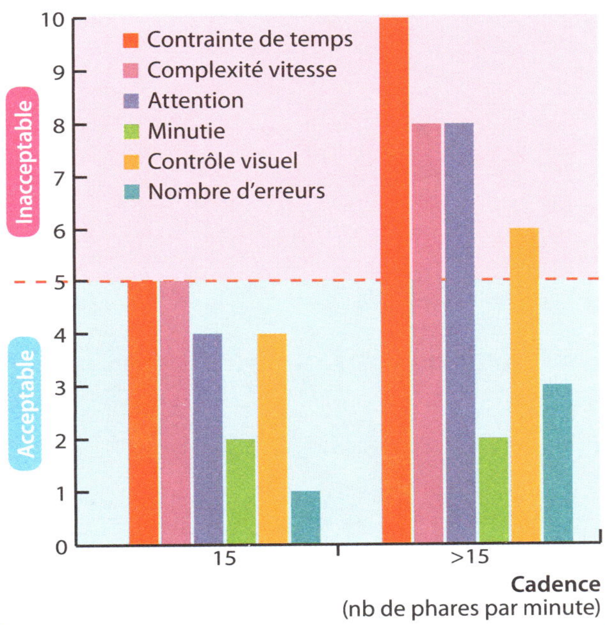

Document 11

Analyse de la répartition des postures sur le temps de travail

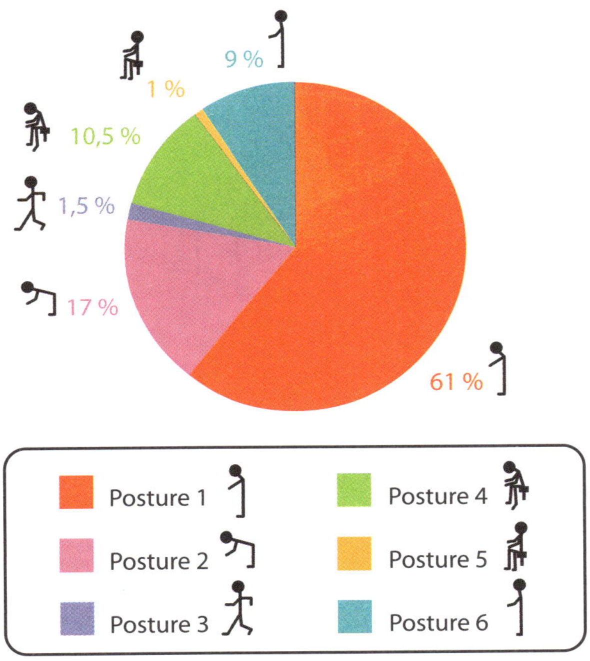

4. 4 Indiquer le constat que l'on peut faire à partir du document 10 en ce qui concerne la cadence. Justifier l'intérêt de cet observable pour la situation de Joachim.

Le document 10 démontre que lorsque la cadence est supérieure à quinze phares par minute, cela augmente nettement les contraintes de temps et porte l'attention et le contrôle visuel à un niveau inacceptable pour l'opérateur. Cet observable permet de valider l'hypothèse sur le stress.

4. 5 Indiquer l'information fournie par le document 11 sur la posture adoptée le plus souvent par Joachim durant sa journée de travail.

Joachim est debout, penché en avant pendant 61 % du temps.

4. 6 Justifier l'importance de cet observable dans la situation de Joachim.

Cet observable permet de valider l'hypothèse concernant les douleurs dorsales de Joachim.

ÉTAPE 3 Proposer des solutions

L'entreprise doit se préoccuper du problème de Joachim en proposant des solutions adaptées, mais aussi agir de façon globale sur la prévention des problèmes ergonomiques dans l'entreprise.

Activité 5 La prévention des problèmes ergonomiques

Objectif : Proposer des aménagements qui réduisent ou suppriment des contraintes mentales et physiques.

Document 12 Les aménagements d'un poste de travail

Le CHSCT de l'entreprise dans laquelle travaille Joachim a proposé des aménagements de son poste de travail.

Ancien poste de travail	Nouveau poste de travail

5. 1 À l'aide du document 12, indiquer les deux aménagements du poste de travail proposés par le CHSCT.

• Prévoir deux opérateurs qui effectuent deux tâches différentes.

• Positionner le carton de rangement des phares sur un plan de travail un peu en dessous du tapis d'alimentation pour réduire la contrainte physique.

Document 13

5. 2 À l'aide du document 13, proposer deux autres mesures de prévention adaptées à la situation de Joachim.

• Augmenter les temps de pause.

• Informer et/ou former les salariés sur le stress et sa gestion.

5. 3 Identifier dans le tableau ci-dessous pour chaque niveau d'action un exemple de mesure de prévention correspondant.

Mesures de prévention	Niveau d'action
Limiter les cadences des machines	Prévention intrinsèque
Favoriser la communication dans l'entreprise	Protection collective
Positionner le carton de rangement des phares sur un plan de travail un peu en dessous du tapis d'alimentation	Protection individuelle
Informer et/ou former les salariés sur le stress et sa gestion	Formation / Information

Document 14 L'impact de l'environnement de travail sur le stress

Améliorer l'organisation du poste de travail diminue la contrainte posturale et agit positivement sur le stress. Il existe un lien entre environnement de travail et bien-être. Par ailleurs, la qualité des espaces de travail est une donnée importante : elle apaise le stress et les tensions liées à la pression des résultats. Des efforts sur le confort ou la décoration sont appréciés par les salariés, sensibles aux gestes d'attention de l'entreprise à leur égard. Ils se sentent considérés, respectés. Le bien-être des salariés dans l'entreprise, source de créativité et de performance, est un investissement qui s'avère toujours payant dans la mesure où les actifs passent la moitié de leur temps dans leur univers professionnel. L'aménagement de l'espace de travail est un facteur déterminant pour se sentir bien sur son lieu de travail.

5. 4 Expliquer l'impact de l'amélioration de l'environnement de travail sur :

– le stress du salarié en surlignant la réponse dans le document 14 ;

– l'entreprise : les salariés qui éprouvent du bien-être sont plus créatifs et plus performants.

Document 15 Mieux gérer le travail posté

Les contraintes particulières du travail posté (ou travail en horaires décalés) et/ou de nuit génèrent du stress. Elles peuvent cependant être adaptées et acceptées par certains salariés, en fonction de facteurs personnels et/ou économiques, ce qui minimise grandement les risques : l'employeur doit donc privilégier l'emploi de ce type de personnel pour ces postes.

5. 5 Identifier les catégories de salariés à qui un poste en horaires décalés et/ou de nuit pourrait convenir en cochant les réponses correspondantes.

- ☐ Une mère célibataire
- ☑ Un travailleur qui souhaite disposer de temps libre pendant la journée
- ☐ Un jeune qui pratique un sport en compétition
- ☑ Un jeune sans contraintes familiales

Il existe des mesures de prévention pour améliorer une situation existante et des mesures plus globales qui permettent d'agir en amont des difficultés.

Activité 6 Des mesures de prévention correctives ou à la source

Objectif : Différencier les mesures correctives et les mesures à la source.

Document 16 Prévention du stress au travail

Les risques de stress correspondent à des situations de déséquilibre entre les contraintes et les ressources. Ces contraintes peuvent concerner l'organisation du travail ou la façon dont se fait la communication au sein de l'entreprise.

Il existe deux niveaux de prévention du stress au travail :
– la **prévention à la source**, qui vise à éviter ou à réduire les contraintes ;
– la **prévention corrective**, qui vise à limiter les conséquences sur la santé des personnes déjà atteintes de stress chronique.

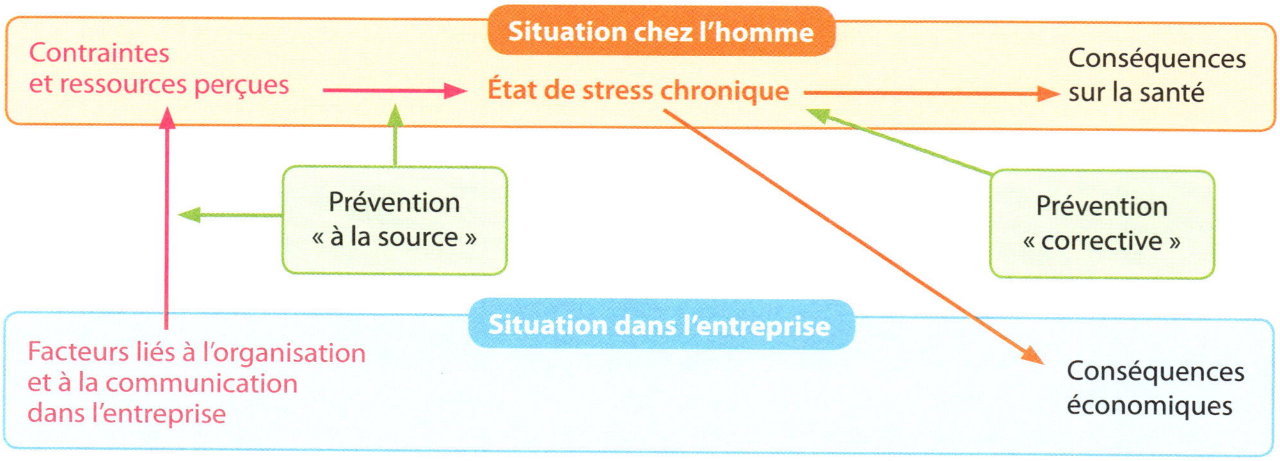

Source : INRS.

6. 1 Indiquer, pour les mesures de prévention ci-dessous, s'il s'agit de prévention à la source ou de prévention corrective en cochant la bonne réponse.

Mesures de prévention	À la source	Corrective
Limiter les cadences des machines	☑	☐
Favoriser la communication dans l'entreprise	☑	☐
Favoriser la pratique régulière d'un sport	☐	☑
Prévoir deux opérateurs qui effectuent deux tâches différentes	☑	☐
Positionner le carton de rangement des phares sur un plan de travail un peu en dessous du tapis d'alimentation pour réduire la contrainte physique	☑	☐
Augmenter le temps de pause	☑	☐
Informer et/ou former les salariés sur le stress et sa gestion	☐	☑

6. 2 Indiquer le niveau de prévention à mettre en place en priorité dans les entreprises, justifier la réponse.

Il s'agit des mesures de prévention à la source, car elles évitent l'apparition du stress chronique.

B Mémoriser et structurer les acquis

Organiser les différentes notions de la séquence en complétant le schéma ci-dessous à l'aide des activités précédentes.

L'approche par le travail

Étape 1 • Identifier le problème ergonomique

Un problème ergonomique est un problème qui concerne une inadaptation du travail, des outils ou de l'environnement à l'homme. Ce sont donc les conditions de travail qui sont à l'origine du problème.

Étape 2 • Décrire et analyser la situation de travail

Déterminants « opérateur » et « entreprise » : ce sont les caractéristiques de l'opérateur (exemple : son âge) et de l'entreprise (exemple : matériel mis à disposition).

Travail prescrit : ce que l'entreprise définit concernant le travail à réaliser (quantité et qualité).	**Travail** réel : ce que fait l'opérateur et la façon dont il le réalise en fonction de ses contraintes.
Tâche : opération, action que l'opérateur réalise sur un objet ou sur l'environnement.	**Activité :** façon dont l'opérateur réalise l'action, ce qu'il met en œuvre sur le plan physique et mental pour réaliser l'action.

Effets sur l'opérateur et effets sur l'entreprise : répercussions positives ou négatives du travail réel sur l'opérateur et sur l'entreprise.

Étape 3 • Formuler une ou plusieurs hypothèses

Les hypothèses sont établies après avoir repéré les liens de causalité entre les effets sur l'opérateur et les autres informations recueillies. Elles se formulent de la façon suivante :

Il semblerait que les déterminants suivants : caractéristiques de l'opérateur et de l'entreprise ;

conduisent l'opérateur à : indications sur le travail réel ;

ce qui provoque : effets sur l'opérateur.

Étape 4 • Valider les hypothèses

Pour valider ou infirmer une hypothèse, il faut effectuer des observations de l'activité à l'origine du problème identifié. Les éléments observés peuvent être : la posture, les déplacements, les prises d'information… Pour ce faire, il existe plusieurs outils : diagrammes, histogrammes, chronogrammes, schémas de posture, vidéos, photographies, statistiques…

Étape 5 • Proposer des mesures pour améliorer la situation de travail

La prévention à la source vise à éviter ou à réduire les contraintes en amont de problèmes de stress chronique.	**La prévention corrective** vise à limiter les conséquences sur la santé des personnes déjà atteintes de stress chronique.

C Préparer l'évaluation

Situation d'étude

Marianne est employée dans une entreprise de fabrication de portes et de volets roulants. Son poste de travail consiste à contrôler les lattes de volets après leur découpe. Mais aujourd'hui, on lui demande d'usiner les lattes pour satisfaire une commande urgente car l'ouvrier chargé de ce travail est absent. Marianne est inquiète car elle ne maîtrise pas bien l'utilisation de la machine et travaille lentement. Le chef d'équipe la réprimande car il a constaté des malfaçons. Marianne est stressée.

La description et l'analyse de la situation de travail

1 Identifier les informations manquantes dans le schéma de compréhension en le complétant à l'aide des mots-clés ci-dessous.

Livraison retardée • Actionner la machine • Debout, jambes statiques • Marianne, vingt-et-un ans • Stress • Ne maîtrise pas bien l'utilisation de la machine

DÉTERMINANTS OPÉRATEUR

- Marianne, vingt-et-un ans
- Ne maîtrise pas bien l'utilisation de la machine.
- Travaille lentement

DÉTERMINANTS ENTREPRISE

- Commande urgente

TRAVAIL PRESCRIT

- Usinage de lattes de bois

TRAVAIL RÉEL

Tâches réelles

- Actionner la machine
- Positionner les planches en vue de leur découpe

Activités réelles

- Debout, jambes statiques
- Surveiller la bonne marche de la machine

EFFETS SUR L'OPÉRATEUR

- Stress
- Fatigue

EFFETS SUR L'ENTREPRISE

- Malfaçons
- Livraison retardée

La formulation de l'hypothèse

2 Identifier par des flèches sur le schéma ci-dessus les liens de causalité, puis formuler une hypothèse relative à l'origine du stress de Marianne.

Il semblerait que les déterminants suivants : Marianne ne maîtrise pas bien l'utilisation de la machine, elle travaille lentement et la commande est urgente ;

conduisent l'opérateur à : surveiller la bonne marche de la machine, debout en position statique ;

ce qui provoque : stress et fatigue.

SÉQUENCE 13

L'analyse d'un accident du travail

A Étudier la séquence

ÉTAPE 1 Analyser la situation

Activité 1 Description de l'activité de travail à l'origine de l'accident

Objectif : Recueillir les données et les classer (individu, tâche, matériel, milieu…).

Document 1 L'accident de Paul

« Je m'appelle Paul et je suis responsable maintenance dans un entrepôt depuis cinq ans. Je suis notamment chargé de veiller au bon fonctionnement du système de froid. Lundi dernier, j'ai reçu une alerte sur mon téléphone portable qui m'informait d'une panne des chambres froides. Pressé, j'ai traversé l'entrepôt sans respecter les couloirs de circulation pour les piétons et ai été percuté par un transpalette électrique, que je n'avais pas entendu arriver car l'entrepôt est très bruyant. Résultat : une fracture de la cheville. »

1. 1 Indiquer le problème présenté dans la situation.

Paul a une fracture de la cheville après avoir été percuté par un transpalette sur son lieu de travail.

1. 2 À l'aide des connaissances acquises préalablement, indiquer le type d'accident dont a été victime Paul en cochant la bonne réponse. Justifier la réponse.

☐ Accident de droit commun

☑ Accident du travail

☐ Accident travail-trajet

L'accident a eu lieu dans le cadre de l'activité professionnelle de Paul.

Document 2 L'outil I T Ma Mi

I T Ma Mi est un outil qui permet d'observer le contexte dans lequel a eu lieu un accident du travail. Il s'appuie sur l'activité à l'origine de cet accident, celle-ci correspondant à un **Individu (I)** qui réalise une **Tâche (T)** avec un certain **Matériel (Ma)** dans un certain **Milieu (Mi)**.

I →
Individu
- Expérience du travail, ancienneté à ce poste ?
- Compétences, formation ?
- Ressenti vis-à-vis de l'activité (confiant, incertain…) ?
- Âge, morphologie, état de santé…

T →
Tâche
- Que faisait-il/elle effectivement ?
- Comment s'y prenait-il/elle ?
- Pour quelles raisons devait-il/elle faire ce travail de cette façon ?
- Y a-t-il eu quelque chose d'inhabituel ?

Ma →
Matériel
- Quelle machine, quel outil et pourquoi ?
- Quels risques connus sur cet outil ?
- État du matériel (entretien, vétusté…) ?
- Y a-t-il eu quelque chose d'inhabituel ?

Mi →
Milieu
- Environnement physique (bruit, lumière, poussière…) ?
- Espace ?
- Environnement social, humain, culturel ?
- Productivité, cadence, organisation ?

1. 3 À l'aide du document 2, décrire les activités de travail à l'origine de l'accident de Paul en complétant le tableau ci-dessous.

I (Individu)	Paul, responsable maintenance depuis cinq ans.
T (Tâche)	Veille au bon fonctionnement du système de froid, traverse l'entrepôt sans respecter les zones de circulation pour piétons, car il a reçu une alerte sur son téléphone.
Ma (Matériel)	Chambres froides en panne, téléphone portable pour annoncer les pannes, transpalette électrique.
Mi (Milieu)	Entrepôt bruyant, couloirs de circulation pour piétons.

ÉTAPE 2 Mobiliser les connaissances

Afin d'analyser l'accident de Paul, il est nécessaire de recueillir le maximum de faits objectifs relatifs à l'accident et de les distinguer de ce qui pourrait être des opinions ou des interprétations.

Activité 2 Recueillir les faits relatifs à l'accident

Objectif : Distinguer fait et opinion.

Document 3 Fait… ou jugement, interprétation, opinion ?

Un fait est une action ou un état, concret, visible, précis et vérifiable.

➤ **Sont des faits :**
- une action : « Il se rend dans l'atelier » ;
- un état : « La machine est en panne » ;
- concret, visible : « Il travaille à mains nues » ;
- précis : « Il a eu un appel à 10 heures » ;
- vérifiable : « Les marchandises n'ont pas été reçues » ;

➤ **Ne sont pas des faits :**
- un jugement : « Il est maladroit » ;
- une interprétation : « Je pense qu'il était en retard » ;
- une opinion : « À mon avis… ».

2.1 À l'aide du document 3, différencier les faits des jugements, interprétations ou opinions dans les témoignages du tableau ci-dessous en cochant la bonne réponse.

Témoins	Extraits de témoignages	Fait	Jugement, interprétation, opinion
Paul 	Je n'ai rien entendu, l'entrepôt est très bruyant.	☑	☐
	Les caristes ne sont pas assez vigilants.	☐	☑
Cariste 	Comme d'habitude, Paul était trop pressé.	☐	☑
	Paul n'était pas sur le couloir de circulation pour les piétons.	☑	☐
	Si Paul avait été plus attentif, ce ne serait pas arrivé.	☐	☑

2.2 À partir du document 1, lister les huit faits relatifs à l'accident de Paul.

- Paul a reçu une alerte sur son téléphone portable.
- Les chambres froides sont en panne.
- Paul est pressé.
- Paul traverse l'entrepôt sans respecter les couloirs de circulation.
- Paul est percuté par un transpalette électrique.
- Paul n'a pas entendu arriver le transpalette.
- L'entrepôt était très bruyant.
- Fracture de la cheville.

Une fois les faits recueillis, les organiser sous forme de schéma logique permet de faire apparaître l'enchaînement des causes à l'origine de l'accident.

Activité 3 Construire l'arbre des causes

Objectifs : Déterminer le fait ultime, rechercher les faits antécédents, établir les liens de causalité.

Document 4 La construction d'un arbre des causes

L'arbre des causes est une représentation graphique de l'enchaînement logique des faits qui ont conduit à l'accident. Il se construit **de la droite vers la gauche**.

- On part du dernier fait connu (ou **fait ultime**).
- On remonte systématiquement en se posant les **questions** suivantes : Qu'a-t-il fallu pour que ce fait se produise ? Est-ce nécessaire ? Est-ce suffisant ? si ce n'est pas suffisant, qu'a-t-il fallu d'autre ?

Fait ultime

Flaque d'huile sur le sol —— Léa glisse —— Entorse à la cheville

← Sens de construction

- Les faits peuvent être reliés entre eux par **trois types de liaisons logiques**.

Types de liaisons	Exemples	Propriétés
Enchaînement (un fait + un antécédent)	C'est parce que Lisa chute qu'elle se casse le bras. Lisa chute —— Lisa se casse le bras	Un seul antécédent est nécessaire et suffisant pour qu'un fait se produise.
Conjonction (un fait + plusieurs antécédents)	Pierre court et la chaussée est verglacée, donc Pierre glisse. Pierre court / La chaussée est verglacée —— Pierre glisse	Plusieurs antécédents sont nécessaires pour qu'un fait se produise.
Disjonction (plusieurs faits + un seul antécédent)	Le camion sort de route, donc le camion est endommagé et le chauffeur est blessé. Le camion sort de la route —— Camion endommagé / Chauffeur blessé	Un seul antécédent est nécessaire et suffisant pour que plusieurs faits se produisent (plus rare).

3. 1 Repérer le sens de construction d'un arbre des causes en surlignant la réponse dans le document 4.

3. 2 Pour chaque situation du tableau ci-dessous et à l'aide de l'exemple proposé :

– identifier le fait ultime en le surlignant dans la deuxième ligne ;
– établir l'arbre des causes correspondant dans la troisième ligne en indiquant le numéro du fait ultime et des antécédents.

Situations	 Le sol étant mouillé ce jour-là, Maxime a glissé et s'est blessé après être tombé.	 Pierre a reçu un copeau de métal dans l'œil en coupant une barre métallique à la scie circulaire. Il n'avait pas de lunettes de sécurité, car il les avait oubliées dans sa voiture.	 Antoine s'est brûlé avec un produit décapant : il s'en est renversé sur les mains et il ne portait pas de gants pour se protéger de ce produit corrosif.
Faits	1. Sol mouillé 2. Glisse 3. Se blesse 4. Tombe	1. Pierre a reçu un copeau de métal dans l'œil 2. Coupe une barre métallique à la scie circulaire 3. Ne porte pas de lunettes de sécurité 4. Lunettes oubliées dans la voiture	1. Antoine s'est brûlé avec un produit décapant 2. Il s'en est renversé sur les mains 3. Pas de gants 4. Produit corrosif
Arbres des causes	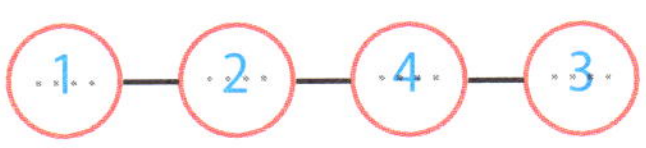	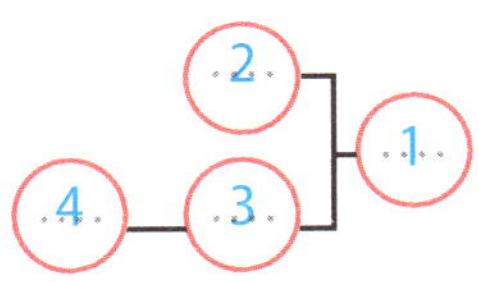	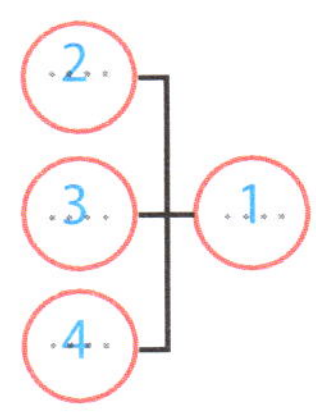

3. 3 À partir du fait ultime, compléter l'arbre des causes ci-dessous en indiquant les faits qui ont contribué à l'accident de Paul.

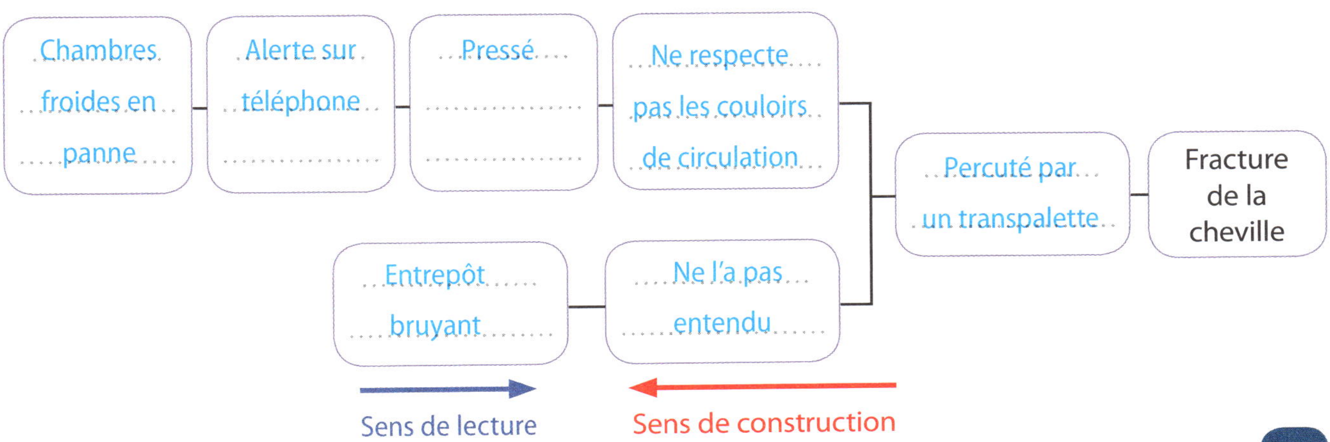

ÉTAPE 3 Proposer des solutions

Une fois l'arbre des causes construit, il faut déterminer des mesures correctives afin que l'accident de Paul ne se reproduise plus.

Activité 4 Mettre en œuvre des mesures de prévention

Objectif : Proposer et hiérarchiser des mesures correctives.

Document 5 Exploiter l'arbre des causes

Une fois l'arbre des causes établi, un groupe de travail se réunit pour rechercher des solutions.

1 Lister les mesures de prévention

Tous les faits de l'arbre des causes sont examinés, afin de proposer pour chacun une mesure corrective, sachant que supprimer une cause, c'est supprimer la branche qui en découle.

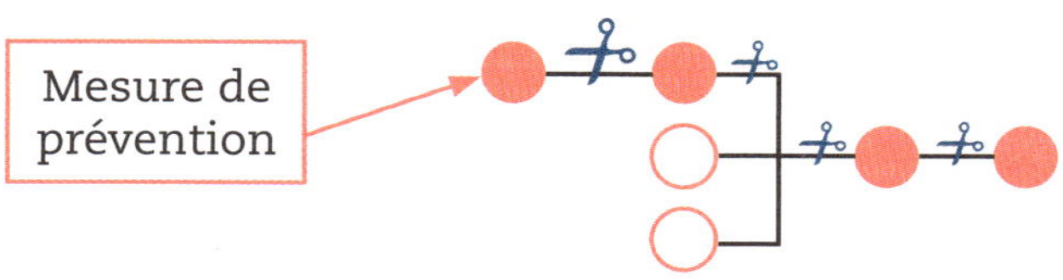

2 Évaluer les mesures selon leur niveau de prévention :

– prévention intrinsèque (supprimer le risque) ;
– protection collective ou individuelle (protéger du risque) ;
– formation / information (informer sur le risque).

3 Classer les mesures en fonction de critères de choix

Les critères suivants sont privilégiés :
– supprimer le risque ;
– ne pas engendrer de surcharge pour l'opérateur ;
– ne pas créer d'autres risques ;
– mesure durable dans le temps.

Et il est préférable d'opter pour une diversité de solutions I T Ma Mi, c'est-à-dire d'agir sur tous les éléments de l'activité de travail (l'Individu, la Tâche, le Matériel, le Milieu).

À l'aide du document 5 et des connaissances acquises préalablement :

4. 1 Pour les deux faits de la situation de Paul ci-dessous, proposer une mesure de prévention et indiquer le niveau de prévention correspondant à chaque proposition, en complétant le tableau.

Faits	Mesures de prévention	Niveau de prévention
Entrepôt bruyant	Recouvrir les cloisons de matériaux absorbant le bruit	Protection collective
N'utilise pas les couloirs de circulation	Former l'opérateur aux règles de sécurité	Formation / Information

4. 2 Indiquer le niveau de prévention à privilégier, justifier votre réponse.

Le niveau de prévention à privilégier est la prévention intrinsèque, car cela permet de supprimer le risque.

4. 3 À l'aide des critères de choix du document 5, hiérarchiser les deux mesures de prévention de la question 4.1.

Recouvrir les cloisons de matériaux absorbant les bruits ne supprime pas le risque mais n'engendre pas de surcharge pour l'opérateur, ne crée pas d'autre risque et est durable dans le temps. Former l'opérateur est moins durable dans le temps, cette mesure doit être renouvelée.

Pour être efficaces, les mesures de prévention doivent agir sur les causes d'accident, mais également sur les incidents ou presqu'accidents.

Activité 5 Élargir la prévention

Objectif : Définir l'incident, le presqu'accident et l'accident, ainsi que le facteur potentiel d'accident.

Document 6 Définitions

Accident : événement inattendu et soudain, provoquant des lésions corporelles.
Presqu'accident/incident : événement inattendu et soudain, mais qui n'entraîne que des dégâts matériels et aucun dommage corporel.
Accident du travail : tout accident qui survient dans le cadre de l'activité professionnelle.

5. 1 À l'aide du document 6, indiquer pour chaque situation s'il s'agit d'un accident ou d'un presqu'accident et justifier votre réponse.

Il s'agit d'un accident car la personne est blessée.

Il s'agit d'un presqu'accident car il n'y a pas de dommage corporel.

Document 7 La pyramide de Bird

La pyramide de Bird nous montre que plus le nombre d'incidents est élevé, plus la probabilité d'avoir un accident est importante.
L'objectif de la prévention est de réduire le nombre de presqu'accidents ou d'incidents afin de réduire la base de la pyramide et ainsi de limiter la probabilité d'avoir un accident.

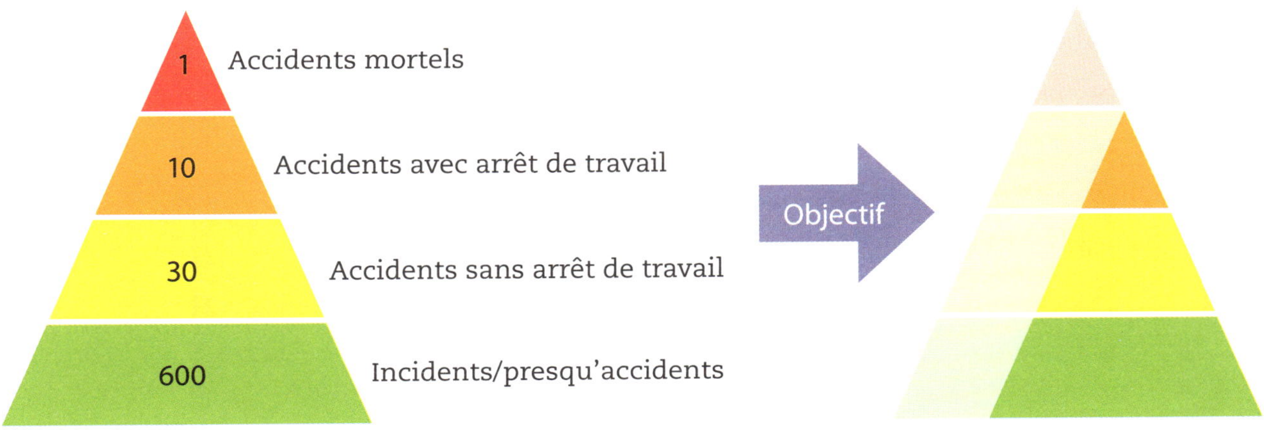

C'est pourquoi il est nécessaire de mener une enquête pour chaque incident et d'établir un dossier d'incidents, qui s'accompagne selon le cas d'un plan d'action adapté à chaque situation (modification des procédures, aménagement de l'atelier, information du personnel...).

5. 2 Préciser la démarche à effectuer en cas d'incident ou de presqu'accident. Justifier cette démarche.

En cas d'incident ou de presqu'accident, il faut mener une enquête et remplir un dossier d'incidents afin de mettre en œuvre un plan d'action.

Cette démarche est nécessaire pour réduire le nombre d'incidents et ainsi la probabilité d'accident.

Document 8 Les facteurs potentiels d'accident (FPA)

La lecture de tous les arbres des causes d'une entreprise permet de révéler des faits communs à plusieurs arbres.

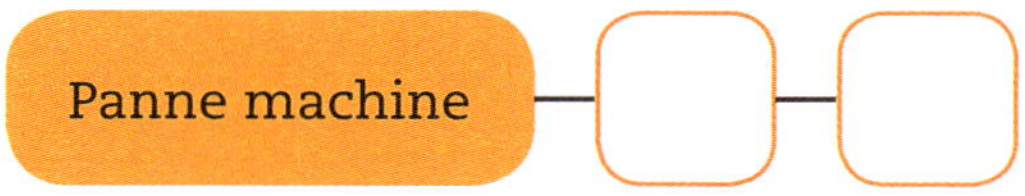

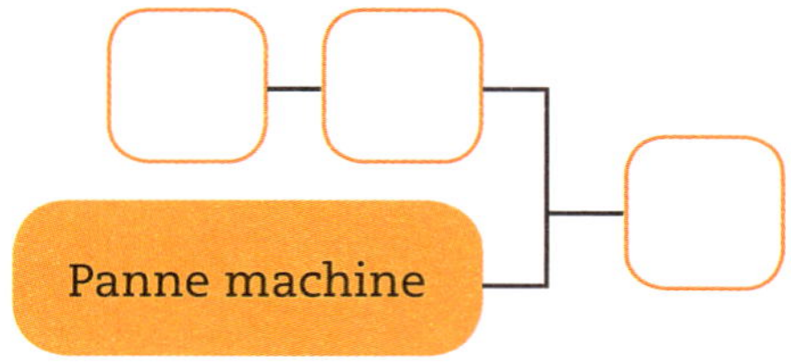

La détection de ce même type de cause incitera l'entreprise à porter son action de façon prioritaire sur ces causes répétitives qui constituent des « facteurs potentiels d'accident ».

5. 3 Définir les facteurs potentiels d'accident (FPA).

Les facteurs potentiels d'accident sont des faits communs à plusieurs situations d'accident qui révèlent les « points faibles » de l'entreprise.

5. 4 Préciser l'intérêt de déterminer les FPA.

Déterminer les FPA permet de privilégier les mesures de prévention qui agissent sur plusieurs situations d'accidents potentiels.

Document 9 Les FPA dans l'entreprise de Paul

Les résultats de la mise à plat des vingt arbres des causes issus d'accidents et des dossiers d'incidents de l'entrepôt où travaille Paul sur un an sont les suivants :

Les facteurs potentiels d'accident	Nombre de FPA relevés
Problème d'organisation et de coordination des tâches	3
Problème de disponibilité du matériel	2
Problème de matériel en mauvais état	3
Problème de locaux inadaptés	2
Problème de circulation	6
Problème d'absentéisme du personnel	2
Problème de formation du personnel	2

5. 5 À l'aide du document 9, indiquer l'action prioritaire à engager par l'entreprise pour limiter le nombre d'accidents.

L'entreprise doit revoir les règles de circulation dans l'entrepôt.

B Mémoriser et structurer les acquis

Organiser les différentes notions de la séquence en complétant le schéma ci-dessous à l'aide des activités précédentes.

L'approche par l'accident

L'approche par l'accident est une méthode qui permet d'analyser une situation d'accident avérée afin de proposer des solutions.

Étape 1 • Recueillir les faits

On établit une liste d'éléments objectifs (qui ne sont pas des jugements ou des opinions).
Pour observer l'activité de travail en lien avec l'accident, on utilise l'outil **I T Ma Mi** :

- I ndividu (expérience, compétences, âge ...) ;
- T âche (que faisait-il ?, comment ?, pourquoi ? ...) ;
- Ma tériel (machine, outil, état du matériel ...) ;
- Mi lieu (bruit, lumière, poussière, espace, environnement social ...).

Étape 2 • Construire l'arbre des causes

L'arbre des causes correspond à l'enchaînement logique des faits qui ont provoqué l'accident.

La construction de l'arbre se fait :

– en partant du fait ultime ;

– de la droite vers la gauche.

Pour déterminer les faits antécédents, on se pose les questions suivantes :

– Qu'a-t-il fallu pour que ce fait se produise ?

– Est-ce nécessaire ?

– Est-ce suffisant ? si ce n'est pas suffisant, qu'a-t-il fallu d'autre ?

Exemple :

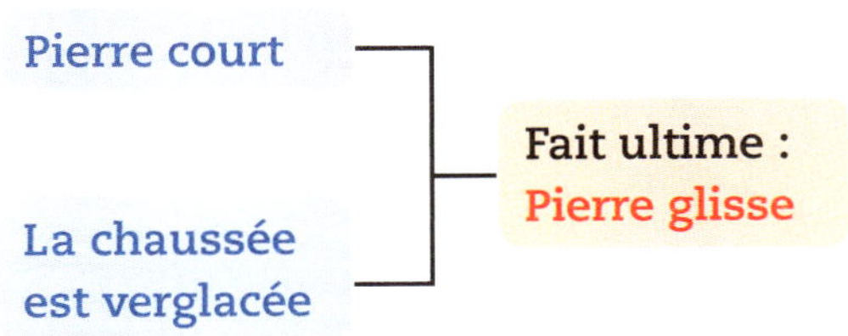

Étape 3 • Proposer des mesures de prévention

Pour chacun des faits de l'arbre des causes :
- **recenser** une ou plusieurs mesures de prévention ;
- **classer** ces mesures selon leur niveau d'action (formation/information, protection individuelle, protection collective, prévention intrinsèque) ;
- **choisir** les mesures les plus pertinentes en privilégiant les critères suivants :
  – supprime le risque ;
  – n'engendre pas de surcharge pour l'opérateur ;
  – ne crée pas d'autres risques ;
  – durable dans le temps.
- Pour généraliser les mesures de prévention à d'autres situations, on va rechercher les **facteurs potentiels d'accident**.

C Préparer l'évaluation

Situation d'étude

Lucas, maçon, trouve ses chaussures de sécurité inconfortables, et ne les a pas mises aujourd'hui pour travailler. En se déplaçant sur le chantier, il marche sur une tige métallique masquée par des gravats, elle lui transperce le pied.

L'arbre des causes

1 **Lister les faits qui ont contribué à l'accident de Lucas.**

- Lucas n'a pas ses chaussures de sécurité.
- Il les trouve inconfortables.
- Il se déplace sur le chantier.
- Il marche sur une tige métallique.
- La tige est masquée par des gravats.
- Lucas a le pied transpercé.

2 **Établir l'arbre des causes correspondant.**

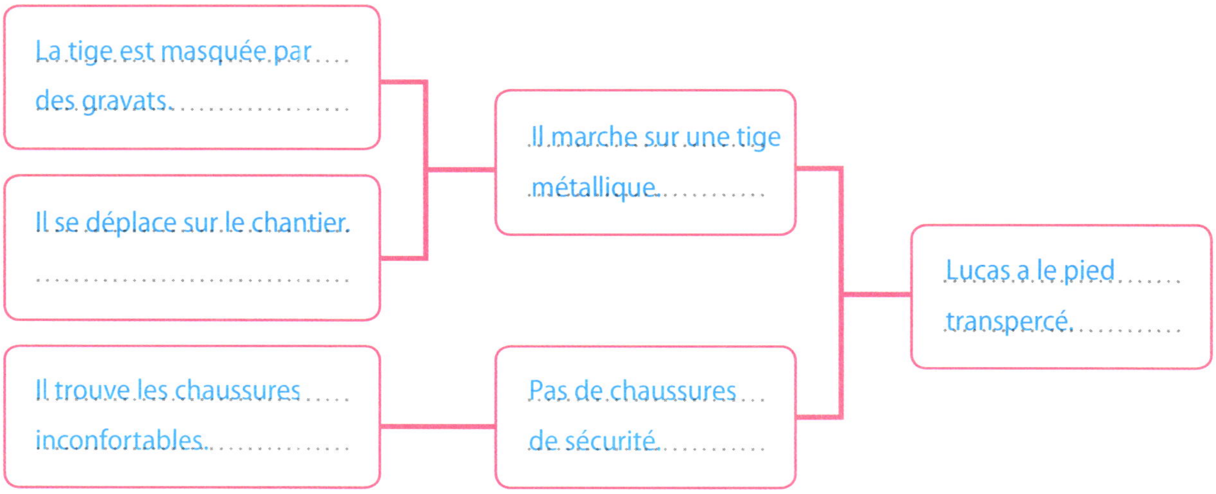

Les mesures de prévention

3 **Pour les deux faits de la situation de Lucas ci-dessous, proposer deux mesures de prévention et indiquer le niveau de prévention correspondant.**

Faits de l'arbre des causes	Mesures de prévention	Niveau de prévention
Tige masquée par les gravats	Ranger régulièrement le chantier	Prévention intrinsèque
Chaussures inconfortables	Équiper le personnel de chaussures de sécurité confortables	Protection individuelle

Fiches secourisme

Plan d'intervention SST

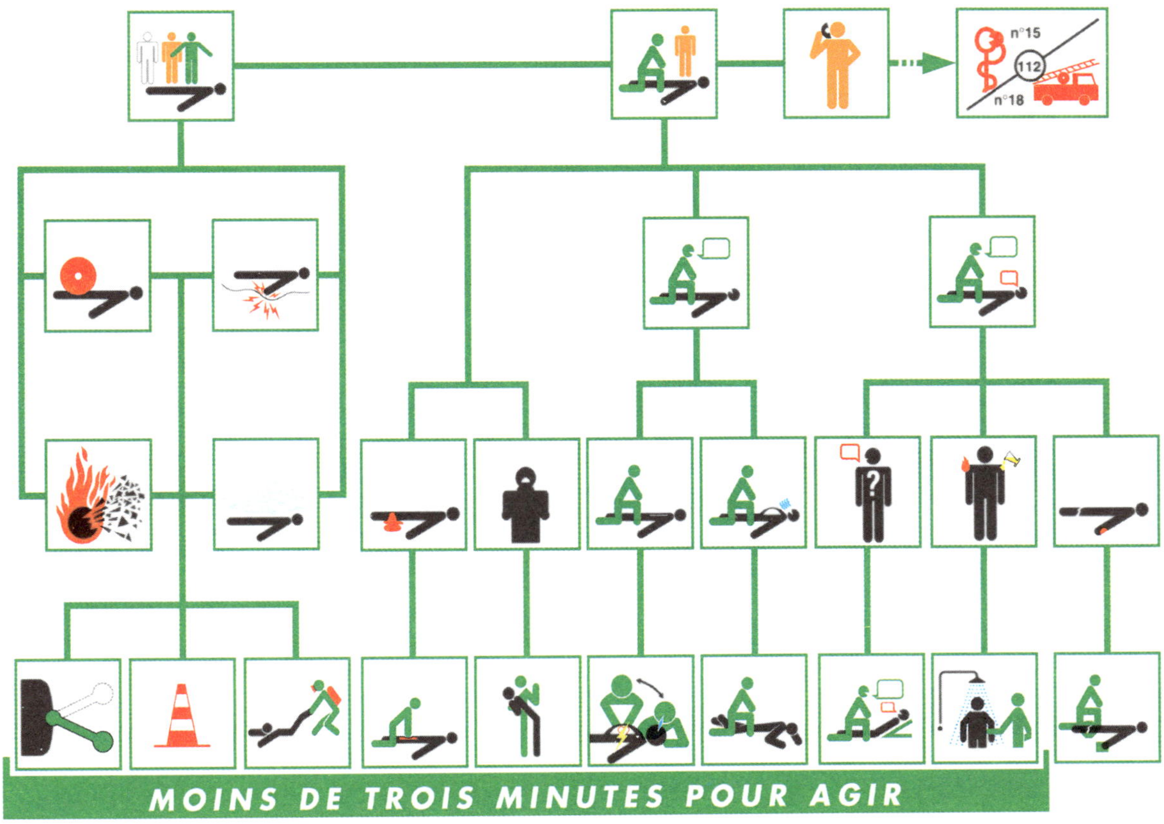

Fiche 1 Protéger

Résultat à atteindre : Éviter le sur-accident.

Analyser la situation

Afin de ne pas mettre en danger les autres et moi-même, je me pose les questions suivantes :

1. Que s'est-t-il passé ?
2. Existe-t-il un (ou des) danger(s) persistants ?

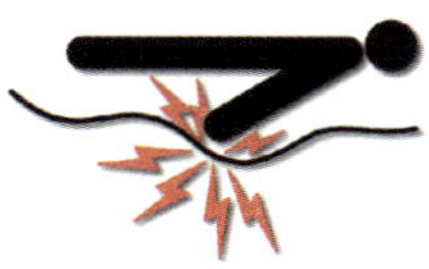	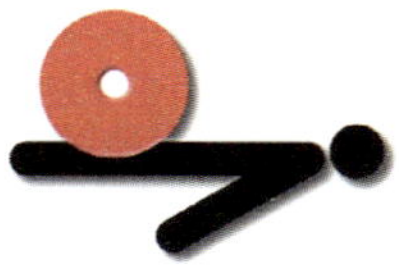		
Danger d'origine électrique	Danger d'origine mécanique	Danger d'origine thermique ou pouvant provoquer un incendie ou une explosion	Danger dû à une atmosphère toxique ou irrespirable

Agir

Après avoir analysé la situation, j'agis en fonction du type de danger, toujours en veillant à ne pas mettre en danger les autres et moi-même.

- **Le danger identifié est contrôlable sans risque :** je supprime ou je fais supprimer le danger.
  Exemple : s'il y a un risque d'électrisation, je coupe le courant.

- **Le danger n'est pas contrôlable :** j'isole la zone dangereuse.
  Exemple : si une charge inaccessible est en équilibre et risque de tomber, j'isole la zone.

- **La vie de la victime est menacée par un danger réel, immédiat et non contrôlable :** j'extrais la victime de la zone dangereuse sans risque.

Fiche 2 Examiner

Résultat à atteindre : Collecter des informations sur l'état de la victime pour :
– déterminer le ou les gestes de secours à mettre en œuvre afin d'éviter l'aggravation de l'état de la victime ;
– transmettre aux secours toutes les informations nécessaires à leur intervention.

Les questions à se poser

Pour déceler une urgence vitale, je me pose les questions suivantes dans l'ordre.

1 La victime saigne-t-elle abondamment ?

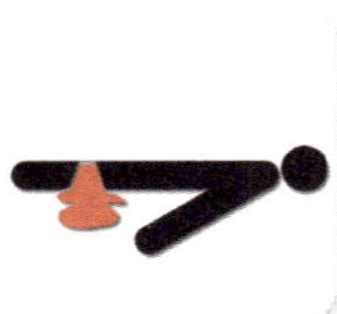

- J'observe, et je palpe si les circonstances, l'environnement ou les vêtements ne permettent pas de visualiser le saignement.

2 La victime s'étouffe-t-elle ?

- J'observe le comportement de la victime. Si elle s'étouffe, elle :
  – porte ses mains à la gorge ;
  – n'émet plus aucun son ;
  – ne peut plus respirer ;
  – s'agite.
- Je pose une question à la victime. Si elle ne peut pas répondre, il s'agit d'une **obstruction totale des voies aériennes. Il y a obstruction partielle** quand la victime a du mal à respirer, fait des efforts pour tousser et présente parfois un sifflement respiratoire.

3 La victime répond-elle ?

- Je pose des questions simples : Vous m'entendez ? / Que s'est-il passé ? / Comment ça va ?...
- Si la victime ne répond pas, je lui secoue doucement les épaules et je lui donne un ordre simple : Serrez-moi la main. / Ouvrez les yeux.
- **Pour un nourrisson** : je fais du bruit, je le stimule au niveau des mains.

4 La victime ne répond pas, respire-t-elle ?

- La victime doit être sur le dos. Si elle est sur le ventre, je la retourne.
- Je libère les voies aériennes, si c'est un adulte ou un enfant, en basculant la tête en arrière ; si c'est un nourrisson, en mettant la tête en position neutre et en soulevant le menton.

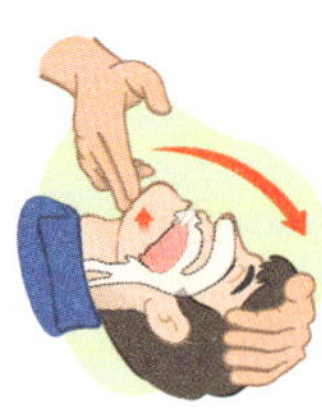

- Je me penche sur la victime pour :
  – écouter les bruits de respiration ;
  – percevoir avec la joue le flux d'air ;
  – regarder se soulever le ventre ou/et la poitrine de la victime.

Fiche 3 Faire alerter ou alerter

Résultat à atteindre : Transmettre les informations suffisantes et nécessaires aux secours pour leur permettre d'intervenir efficacement.

Qui alerter ?

- **Dans l'entreprise** : je choisis d'alerter les moyens de secours et/ou les personnes prévus dans l'organisation des secours.

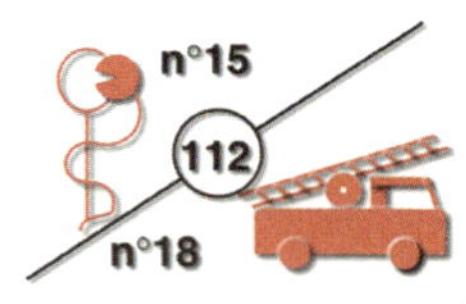

- **Hors de l'entreprise** : je choisis en fonction de la situation.
  - Le **SAMU** (15) : pour un problème de santé ou un avis médical.
  - Les **pompiers** (18) : pour une autre demande de secours.
  - Le 112 : numéro d'appel européen des services de secours, permet à toute personne en Europe de contacter les secours.

Comment alerter ?

- Je choisis la personne la plus apte à alerter et je lui précise **les informations à transmettre** :
  - le nom de l'entreprise et de la personne qui appelle, ainsi que le numéro d'appel ;
  - le lieu de l'accident (adresse, étage, code…) ;
  - la nature de l'accident (chute de hauteur, blessure ouverte…) ;
  - le nombre et l'état des victimes ;
  - les actions déjà engagées.
- La personne doit s'assurer que le message est bien transmis en :
  - répondant aux questions des secours ;
  - ne raccrochant pas le premier.
- Je lui demande aussi de revenir me faire le compte-rendu de l'appel afin de suivre les consignes données par les secours, et d'aller à leur rencontre pour les guider auprès de la victime.
- **Si je suis seul, je donne l'alerte moi-même.**

Fiche 4 La victime saigne abondamment

Résultat à atteindre : Transmettre les informations suffisantes et nécessaires aux secours pour leur permettre d'intervenir efficacement.

Examiner

J'observe du sang qui coule et/ou une flaque de sang.

Secourir

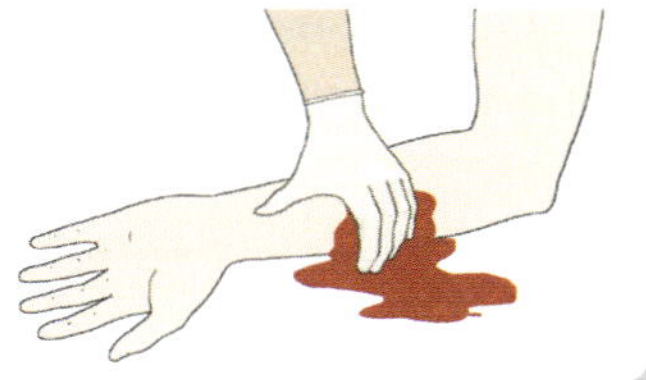

1. **Je repère l'origine du saignement.**
2. **J'arrête le saignement.**
   - Je comprime l'endroit qui saigne (en me protégeant du contact sanguin si possible, à l'aide d'un gant ou d'un sac plastique par exemple).
   - J'applique un tampon compressif si je dois réaliser un autre geste ou alerter les secours si je suis seul. Le tampon compressif est une épaisseur de tissu propre fixée par une bande élastique ou par un lien assez large pour le recouvrir.

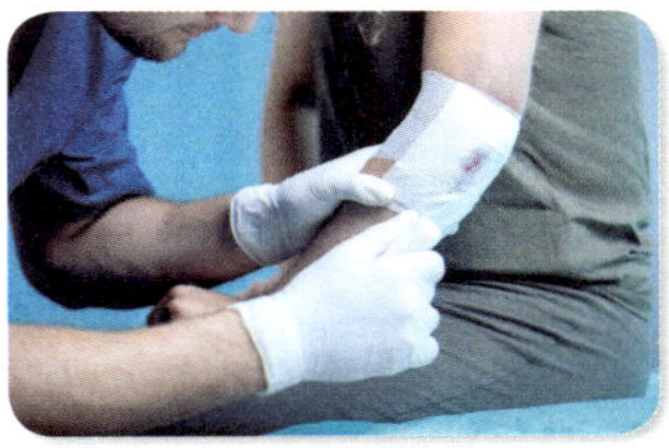

3. **J'allonge la victime** dès la compression effectuée.
4. **Je fais alerter ou j'alerte les secours.**
5. **Je vérifie que le sang ne coule plus**, sans relâcher la compression.
6. **Actions complémentaires**
   - Je surveille l'efficacité de la technique utilisée.
   - Je couvre la victime, sauf la plaie.
   - Je la rassure.

Précautions à prendre
Des maladies pouvant être transmises par le sang :
– je me protège si possible ;
– je me lave et me désinfecte les mains avant de les porter à la bouche, au nez, aux yeux ou de manger ;
– je retire les vêtements souillés au plus tôt après la fin de l'action ;
– en cas de contact avec le sang de la victime, je me conforme au protocole établi par le médecin du travail, ou à défaut je consulte immédiatement un service des urgences.

Cas particuliers

- **La victime présente un saignement de nez** : je demande à la victime de s'asseoir tête penchée en avant, de se moucher et de comprimer sa narine pendant 10 minutes.
- **La victime vomit ou crache du sang** : je mets la victime dans la position où elle se sent le mieux et je conserve les vomissements ou les crachats pour le médecin.

Fiche 5 La victime s'étouffe

Résultat à atteindre : Permettre à la victime de respirer.

Examiner

Si la victime ne répond pas, porte ses mains à la gorge, n'émet plus aucun son, ne peut plus respirer, s'agite, l'obstruction des voies respiratoires est totale.

Secourir

1. J'effectue **1 à 5 tapes dans le dos** de la victime entre les omoplates avec le talon de la main ouverte.

2. Si cela ne suffit pas, j'effectue **1 à 5 compressions abdominales** suivant la méthode de Heimlich.

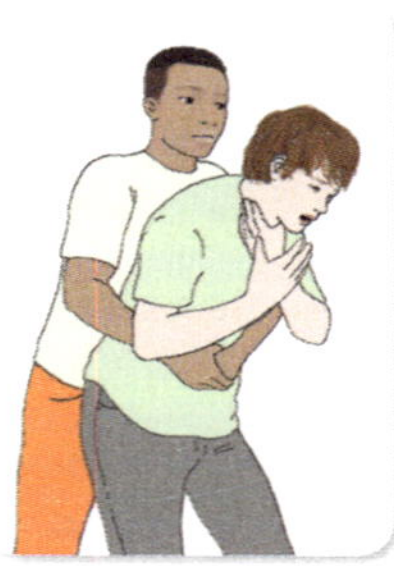

3. **En cas d'inefficacité** : je recommence les mêmes gestes, en enchaînant 1 à 5 tapes dans le dos et 1 à 5 compressions abdominales, jusqu'à désobstruction des voies aériennes.
4. J'arrête la manœuvre dès que la désobstruction est obtenue ou si la victime perd connaissance.
5. **Après l'expulsion du corps étranger**
   - J'installe la victime dans la position où elle se sent le mieux.
   - Je demande un avis médical.
   - Je couvre la victime et la surveille.
   - Je la rassure.

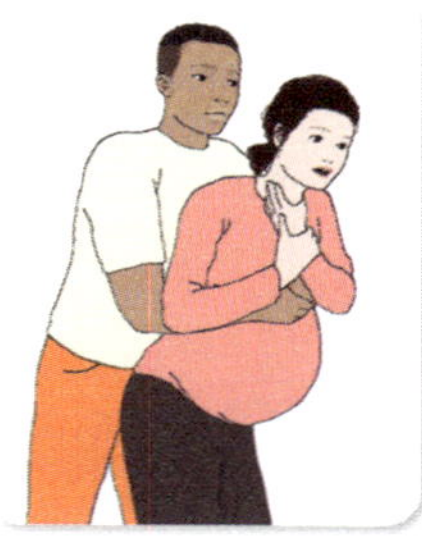

Cas particuliers

- **Chez une femme enceinte ou une personne obèse** : je procède de la même manière, en remplaçant les compressions abdominales par des compressions thoraciques.
- **Chez un nourrisson** : je couche le nourrisson à califourchon sur mon avant-bras, tête penchée en avant, et j'effectue 1 à 5 tapes dans le dos, puis si elles sont inefficaces j'effectue 1 à 5 compressions thoraciques avec deux doigts, au milieu de la poitrine sur la moitié inférieure du sternum.

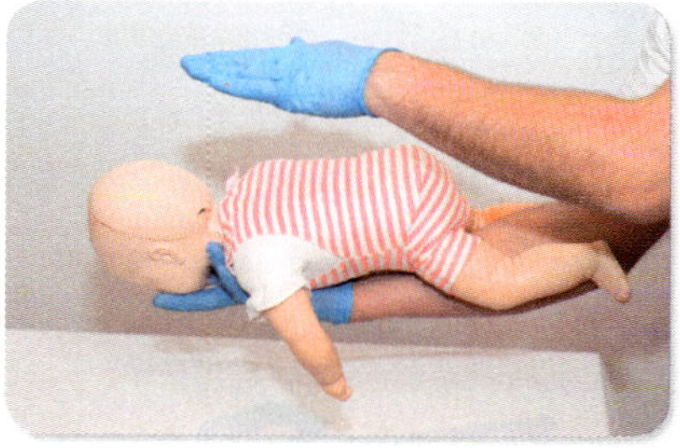

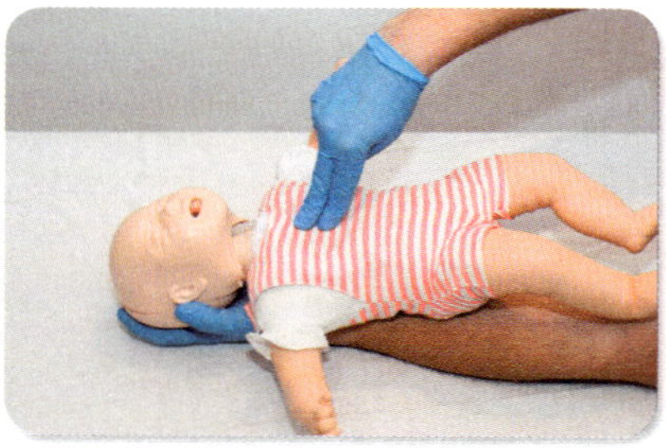

- **L'obstruction des voies aériennes est partielle**
  J'installe la victime dans la position où elle se sent le mieux, je l'encourage à tousser, je suis les conseils donnés par les secours médicalisés.

Fiche 6 La victime ne répond pas, mais respire

Résultat à atteindre : Permettre à la victime de continuer à respirer.

Examiner

J'apprécie la respiration et la conscience de la victime.

Secourir

1 Je place la victime en position latérale de sécurité (PLS).

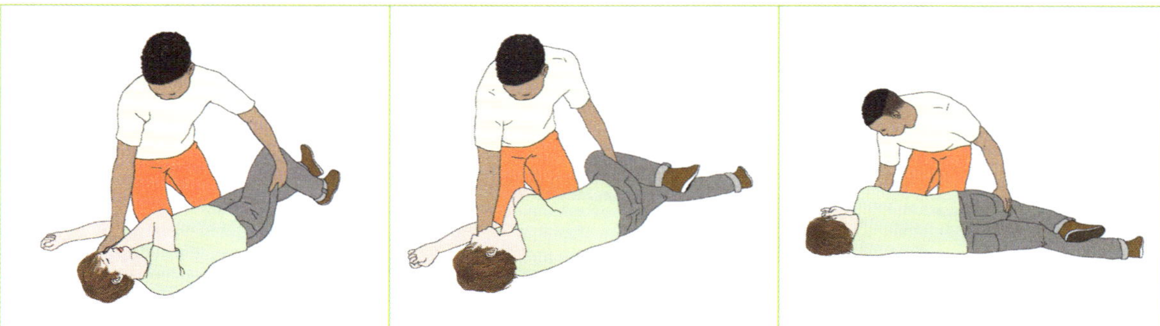

a Je positionne les membres supérieurs de la victime pour faciliter la mise sur le côté.	b Je bascule la victime sur le côté en utilisant la jambe opposée pour faire levier.	c Je stabilise la victime en mettant la jambe en angle droit et j'ouvre la bouche.

Je fais attention à :
- limiter les mouvements de la colonne vertébrale ;
- placer la victime dans une position stable, sans que sa poitrine ne soit comprimée ;
- la bouche doit rester ouverte afin de permettre l'écoulement des liquides vers l'extérieur.

2 Je fais alerter les secours, ou j'alerte si je suis seul.

3 Je surveille l'état de la victime.
- Je contrôle en permanence la respiration de la victime.
- Je la couvre.
- Si la victime reprend connaissance, je la rassure.

Cas particuliers

- **Chez un nourrisson** : je le place sur le côté dans mes bras, dos contre moi.
- **Chez une femme enceinte** : je mets la victime en position latérale de sécurité du côté gauche afin d'éviter l'apparition de détresse par compression de vaisseaux sanguins de l'abdomen.
- **En cas de traumatisme** : je place la victime en position latérale de sécurité sur le côté atteint afin de ne pas mobiliser ce dernier.
- **En cas de convulsions** : pendant la durée des convulsions, je ne touche pas la victime et j'écarte tout objet dangereux. À la fin des convulsions, je procède à l'examen de la victime et je la mets en position latérale de sécurité si nécessaire.

Fiche 7 La victime ne répond pas et ne respire pas

Résultat à atteindre : Assurer une respiration et une circulation artificielles.

Examiner

J'apprécie la respiration et la conscience de la victime.

Secourir

Si la victime est un adulte

1. Je fais alerter les secours le plus tôt possible et je réclame un **défibrillateur automatisé externe** (DAE).
2. Je pratique immédiatement une **réanimation cardio-pulmonaire** (RCP).
   - Je pratique alternativement 30 compressions thoraciques (fréquence : 100 à 120 par minute) et 2 insufflations.

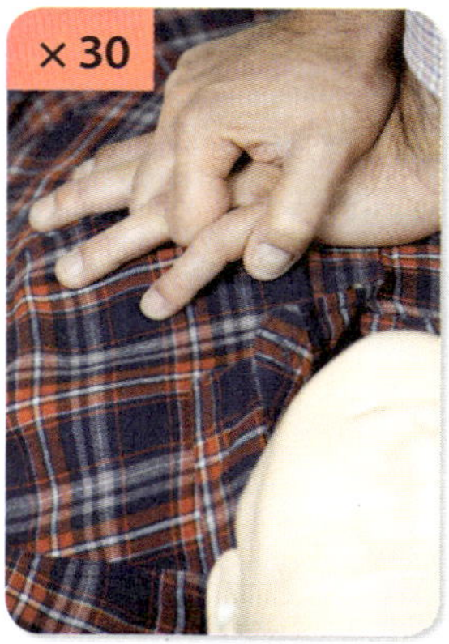

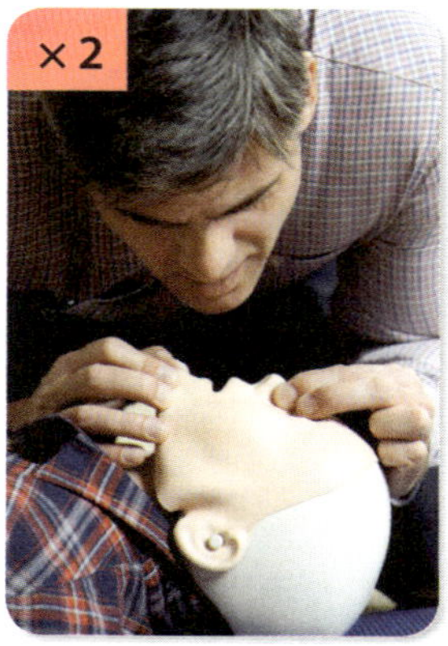

   - Pour effectuer les compressions, je place le talon de la main au centre de la poitrine sur la moitié inférieure du sternum, sans jamais appuyer sur les côtes. Je place l'autre main sur la première et je relève les doigts. J'effectue une poussée verticale de 5 à 6 cm, bras tendus. Le thorax doit reprendre sa dimension entre chaque compression.

3. Je mets en œuvre le **DAE** le plus tôt possible.

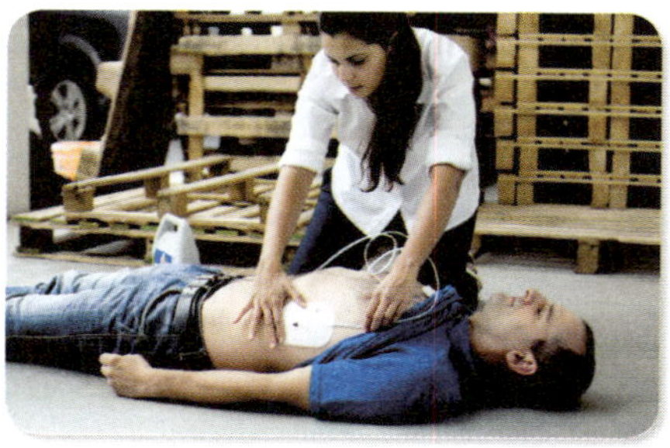

Si l'arrêt circulatoire est lié à une anomalie du fonctionnement électrique du cœur, l'application d'un choc électrique au travers de la poitrine peut rétablir une activité cardiaque. Après analyse, le DAE peut délivrer ce choc si nécessaire.

- Je mets en fonction le DAE.
- Je colle les électrodes sur le thorax nu et sec de la victime, comme indiqué sur l'emballage.
- Je m'écarte pendant l'analyse et veille à ce que personne ne touche à la victime.
- Je suis les consignes du DAE jusqu'à l'arrivée des secours.

4. En l'absence de DAE, je poursuis le cycle 30 compressions / 2 insufflations jusqu'à l'arrivée des secours.

Si la victime est un enfant (entre 1 et 8 ans)

1 Je réclame un **défibrillateur automatisé externe** (DAE).

2 Je pratique immédiatement une **réanimation cardio-pulmonaire** (RCP).

a Je commence par 5 insufflations.	b Puis je pratique alternativement 30 compressions thoraciques ;	c et 2 insufflations.
	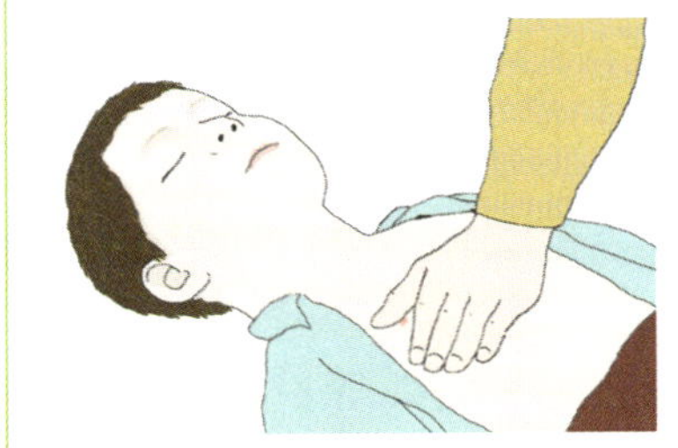	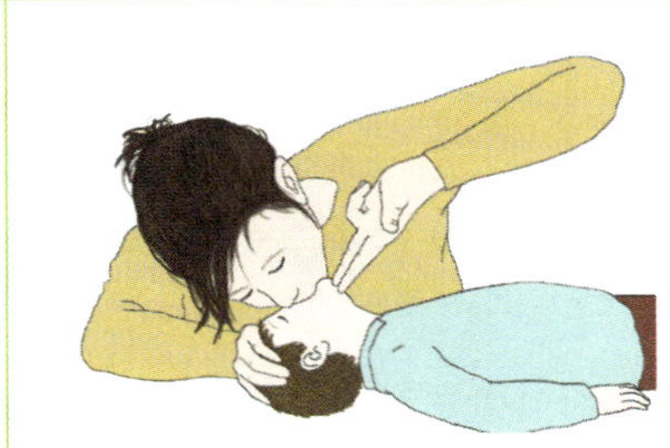

Pour effectuer les compressions thoraciques, je repère le bas du sternum à la jonction des dernières côtes et je place le talon de la main au-dessus. Je relève les doigts pour éviter d'appuyer sur les côtes et j'effectue une poussée verticale d'un tiers de l'épaisseur du thorax. Le thorax doit reprendre sa dimension entre chaque compression. Je réalise les compressions au rythme de 100 à 120 par minute ;

3 Je mets en œuvre le **DAE** le plus tôt possible. Je dois utiliser un appareil adapté pour les enfants (s'il y en a un à disposition), à défaut un DAE « adulte », en plaçant les électrodes comme ceci :
– une devant au milieu du thorax ;
– une derrière au milieu du dos.

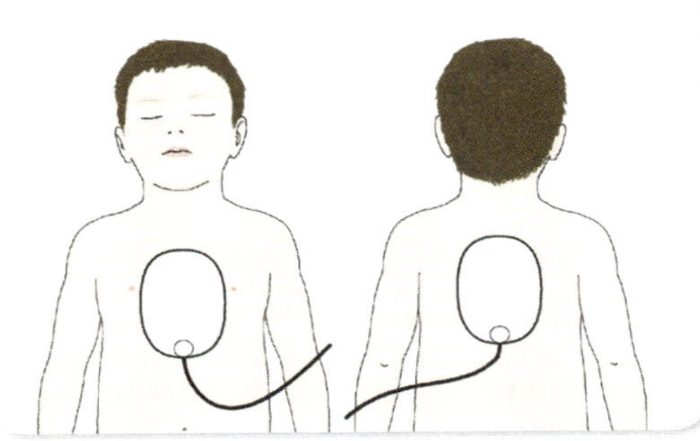

4 En l'absence de DAE, je poursuis le cycle 30 compressions / 2 insufflations jusqu'à l'arrivée des secours.

Si la victime est un nourrisson (moins de 1 an)

- Je pratique une **réanimation cardio-pulmonaire** comme pour l'enfant, en réalisant tout d'abord 5 insufflations, puis un cycle de 30 compressions thoraciques alternant avec 2 insufflations.
- Je réalise les **compressions thoraciques** avec la pulpe de deux doigts, en les plaçant dans l'axe du sternum.
- Je pratique les **insufflations** en réalisant un « bouche-à-bouche et nez », en englobant avec ma bouche le nez et la bouche du nourrisson.

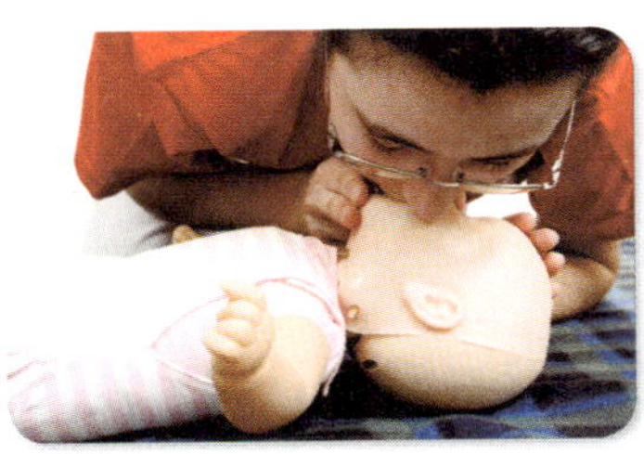

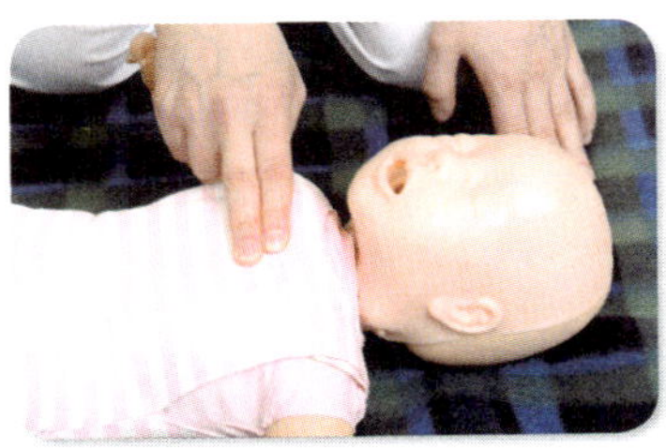

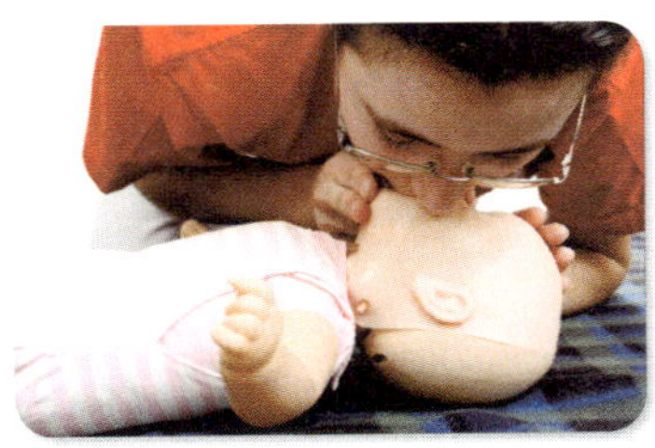

Fiche 8 La victime se plaint d'un malaise

Résultat à atteindre : Mettre au repos, écouter, questionner, apprécier l'état de la victime en vue de prendre un avis médical.

Examiner

La victime me répond, mais présente les signes d'un malaise.

Secourir

- **Je mets la victime au repos** en l'allongeant ou, en cas de gêne respiratoire, en position demi-assise.
- **J'identifie les signes du malaise qui peuvent être :**
  - douleur dans la poitrine ;
  - douleur abdominale intense ;
  - difficulté à respirer ou à parler ;
  - sueurs abondantes ;
  - sensation de froid ou pâleur intense ;
  - apparition soudaine d'un ou de plusieurs signes suivants : faiblesse ou paralysie soudaine unilatérale ou bilatérale de la face, du bras, de la jambe ; diminution ou perte de vision unilatérale ou bilatérale ; difficulté de langage ou de compréhension ; mal de tête sévère sans raison apparente ; perte d'équilibre ; marche difficile.

- **J'écoute et je questionne la victime et son entourage** afin de recueillir les renseignements utiles : Quel âge à la victime ? Est-ce la première fois ? Quel est le type de douleur ? Où a-t-elle mal ? Depuis combien de temps ? A-t-elle été récemment malade ou/et hospitalisée ? Suit-elle un traitement ?
- **Je prends un avis médical** et je suis les conseils donnés par les secours.
- **Je surveille l'état de la victime :** je lui parle régulièrement et la rassure, je la couvre, et en cas d'aggravation, je pratique les gestes qui s'imposent.

Cas particuliers

- **Prise de médicaments :** en cas de traitement connu, si la victime le demande ou sur consigne du médecin alerté, j'aide la victime à prendre son traitement, en respectant les doses prescrites.
- **Prise de sucre :** si la victime demande spontanément du sucre, je lui en donne.
- **Malaise provoqué par la chaleur :** j'amène la victime dans un endroit frais, je la déshabille, je la rafraîchis à l'eau froide et je la fais boire.

Fiche 9 La victime se plaint de brûlures

Résultat à atteindre : Éviter l'aggravation de la brûlure.

Examiner

J'identifie la cause de la brûlure. Celle-ci peut être thermique ou chimique.

Secourir

Pour une brûlure thermique

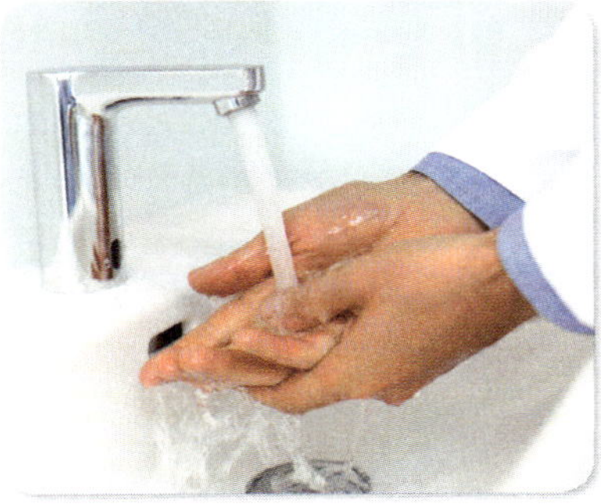

- **J'arrose à l'eau courante tempérée la surface brûlée** afin de refroidir.
- Je fais alerter ou j'alerte les secours.
- Je mets au repos la victime en l'allongeant sur un drap propre. En cas de gêne respiratoire, je place la victime en position demi-assise.
- Je surveille l'état de la victime : je lui parle régulièrement et la rassure, je la couvre, et en cas d'aggravation, je pratique les gestes qui s'imposent et je rappelle les secours.

Pour une brûlure chimique

▶ **En cas de projection sur la peau et les vêtements**

- **Je rince à l'eau courante la partie imprégnée de produit chimique.**
- Je déshabille la victime en me protégeant en même temps.
- Je fais alerter ou j'alerte les secours en précisant le nom du produit chimique.
- Je surveille l'état de la victime.

▶ **En cas de projection dans l'œil**

- **Je rince l'œil abondamment à l'eau courante.**
- Je fais alerter ou j'alerte les secours en précisant le nom du produit chimique.
- Je surveille l'état de la victime.

Cas particuliers

- **Pour une brûlure électrique**
  - **J'arrose à l'eau courante tempérée** la surface brûlée.
  - Je fais alerter ou j'alerte les secours.
  - Je suis les consignes données par le médecin.
  - Je surveille l'état de la victime.

- **Ingestion ou inhalation de produits chimiques**
  - **Je place la victime en position demi-assise** pour faciliter la respiration.
  - Je demande un avis médical.
  - Je garde l'emballage du produit chimique en cause.
  - En cas d'ingestion, je ne fais pas vomir la victime et je ne lui donne pas à boire.
  - Je surveille l'état de la victime.

Fiche 10 La victime se plaint d'une douleur empêchant certains mouvements

Résultat à atteindre : Éviter l'aggravation du traumatisme supposé.

Examiner

J'observe l'origine et le lieu du traumatisme et j'écoute la victime.

Secourir

Pour un traumatisme du dos, de la tête ou de la nuque

▶ La victime se plaint d'une douleur vive, de difficultés à bouger et/ou présente un gonflement ou une déformation visible.

- Je ne bouge jamais la victime et lui conseille de ne faire aucun mouvement.
- Je fais alerter ou j'alerte les secours.
- Je surveille l'état de la victime.
  - Je lui parle régulièrement et la rassure.
  - Je la couvre.
  - En cas d'aggravation, je pratique les gestes qui s'imposent et je rappelle les secours.

▶ Si la victime a reçu un coup sur la tête et présente plusieurs minutes après : une agitation ou une prostration, des vomissements, des maux de tête persistants, une diminution de la force musculaire ; si elle ne se souvient plus de l'accident ou présente des propos incohérents.

- J'allonge la victime.
- Je fais alerter ou j'alerte les secours.
- Je surveille l'état de la victime.
  - Je lui parle régulièrement et la rassure.
  - Je la couvre.
  - En cas d'aggravation, je pratique les gestes qui s'imposent et je rappelle les secours.

Pour un traumatisme d'un membre

- Je conseille de ne faire aucun mouvement avec le membre atteint.
- Je fais alerter ou j'alerte les secours.
- Je surveille l'état de la victime.

Fiche 11 La victime se plaint d'une plaie qui ne saigne pas abondamment

Résultat à atteindre : Éviter l'aggravation de la plaie.

Examiner

J'identifie la gravité de la plaie, elle dépend :

- **du mécanisme** (projectile, piqûre avec matériel de soin, outil, morsure, objet tranchant, injection dans la peau de liquide sous pression…) ;
- **de son aspect** (présence de corps étranger, écrasement, membre sectionné) ;
- **de sa localisation** (au cou, à l'œil ou à la face, à proximité d'un orifice naturel, au thorax, à l'abdomen) ;
- **de ses conséquences** (la victime ne peut bouger le membre blessé ou a des sensations anormales tels que des fourmillements, des sensations de froid…) ;
- **des antécédents médicaux de la victime.**

Secourir

Pour une plaie grave

1 J'installe la victime en position d'attente.

▶ **Plaie au thorax**

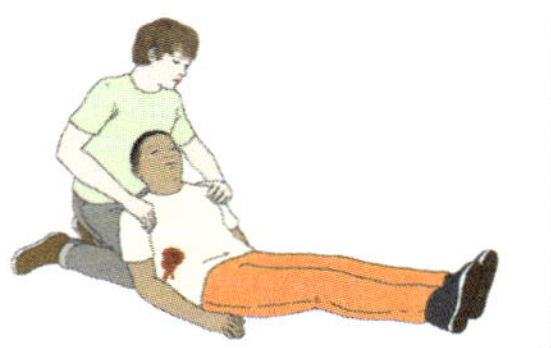

▶ **Plaie à l'abdomen**

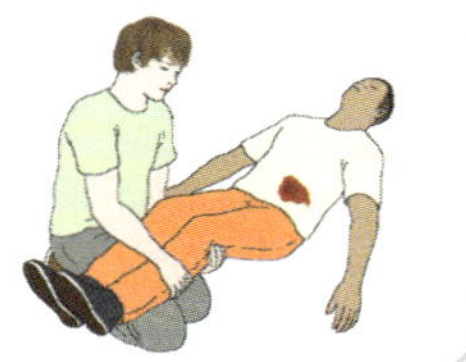

▶ **Plaie à l'œil :** je demande à la victime de fermer les yeux et de ne pas bouger la tête.

▶ **Membre sectionné**

- J'allonge la victime.
- Je protège le moignon.
- Je conditionne le membre, en le mettant dans une compresse propre, que je dépose dans un sac. Je place ce sac dans un deuxième sac contenant de l'eau et des glaçons.

▶ **Autres types de plaies :** j'allonge la victime.

2 Je fais alerter ou j'alerte les secours.

3 Je surveille l'état de la victime.

- Je lui parle régulièrement et la rassure.
- Je la couvre.
- En cas d'aggravation, je pratique les gestes qui s'imposent et je rappelle les secours.

Pour une plaie simple

- Je me lave les mains à l'eau et au savon, je nettoie la plaie et la protège d'un pansement.
- Je demande à la victime de consulter un médecin en cas d'absence de vaccination contre le tétanos ou de signes d'infection.

Préparer l'évaluation

Identifier les gestes de secours à réaliser pour chaque situation proposée en cochant la réponse exacte.

En cas de saignement de nez, il faut comprimer la narine qui saigne et mettre la victime :
- ☐ allongée.
- ☐ assise avec la tête penchée en arrière.
- ☑ assise avec la tête penchée en avant.

En cas d'hémorragie à la jambe, il faut :
- ☐ faire un garrot.
- ☑ comprimer la plaie avec la main.
- ☐ faire un point de compression à l'aine.

La victime présente une hémorragie au niveau d'une plaie contenant un morceau de verre, il faut :
- ☐ boucher la plaie avec la main.
- ☐ faire un garrot.
- ☑ appeler le 15 et demander conseil.

Pour un adulte, la réanimation cardio-pulmonaire (RCP) comporte :
- ☑ 30 compression thoraciques et 2 insufflations en alternance.
- ☐ 2 insufflations et 30 compressions thoraciques en alternance.
- ☐ 5 insufflations, puis alternance de 30 compressions thoraciques et de 2 insufflations.

Dans une situation d'accident, il faut :
- ☑ examiner la victime avant d'alerter.
- ☐ alerter, puis examiner la victime.

Il faut obligatoirement libérer les voies aériennes pour pouvoir apprécier la respiration :
- ☑ vrai.
- ☐ faux.

La victime est inconsciente et respire, il faut :
- ☐ alerter et réaliser une RCP.
- ☐ appeler les secours et demander conseil.
- ☑ mettre la victime en position latérale de sécurité.

La victime est un nourrisson et s'étouffe, il faut :
- ☐ taper 1 à 5 fois dans le dos, puis faire 1 à 5 Heimlich jusqu'à désobstruer les voies aériennes.
- ☐ taper 5 fois dans le dos, puis faire 5 compressions thoraciques.
- ☑ taper 1 à 5 fois dans le dos, puis faire 1 à 5 compressions thoraciques avec deux doigts.

Si la victime est inconsciente et qu'elle est sur le dos, il faut :
- ☑ la retourner pour apprécier la respiration.
- ☐ la laisser sur le dos.
- ☐ évacuer la victime.

Sujet 1 de baccalauréat professionnel

Durée 2 heures

Partie 1 (10 points)

Situation 1 : Les addictions

Je m'appelle Alice et je suis élève de Terminale S. J'ai commencé à fumer des cigarettes au collège en Troisième, et j'ai très vite enchaîné avec le cannabis. Mes parents fument en permanence ; de ce fait, je trouve qu'ils n'ont rien à dire. Pourquoi j'ai commencé ? Pour à peu près les mêmes raisons que tout le monde : être tendance, appartenir à un groupe de copains… Et puis les examens me stressaient, mes parents ont divorcé (problème de surendettement, sœur anorexique), et j'avais de plus en plus de mal à dormir. Mes résultats scolaires ont chuté. J'ai même arrêté le judo, que je pratiquais depuis presque dix ans. Des connaissances me fournissaient en cannabis à bas prix, du coup je consommais plus. Au fil du temps, je ne voyais plus personne, mon seul centre d'intérêt était le cannabis.

1 Identifier le problème posé dans la situation 1.

Alice est dépendante au cannabis.

2 Mettre en relation les éléments du témoignage d'Alice en complétant le diagramme ci-dessous (une réponse par case).

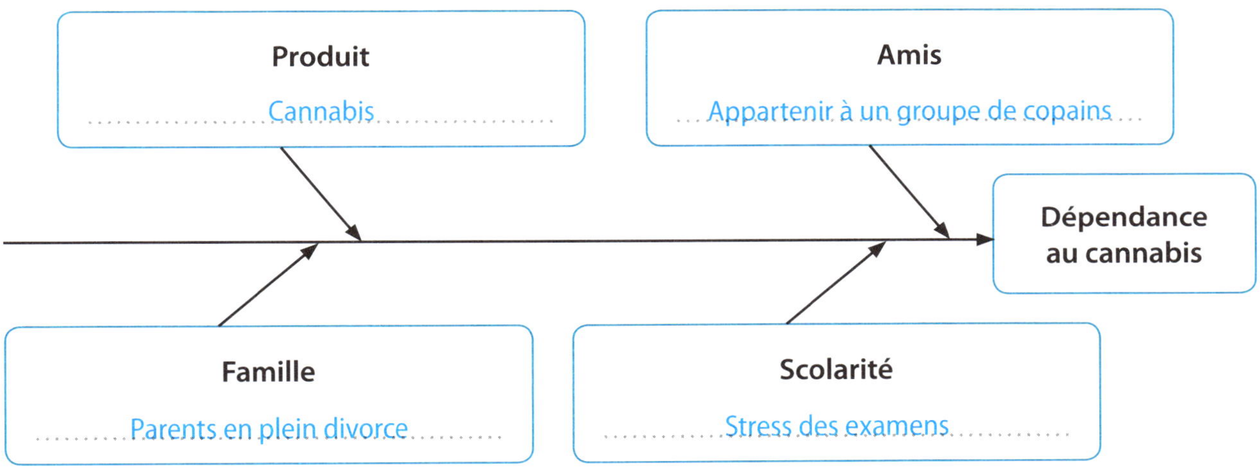

3 Différencier les conséquences personnelles et sociales de la conduite d'Alice en reliant les éléments de la situation.

Conséquences	Éléments de la situation d'Alice
Conséquences personnelles	• Chute des notes
	• Isolement
	• Arrêt du sport
Conséquences sociales	• Problèmes de sommeil
	• Fréquentation d'un réseau de drogue
	• Échec scolaire

4 Définir le phénomène d'addiction.

L'addiction est une dépendance à une substance ou à une activité dont on ne peut plus se passer.

5 Présenter les effets de l'alcool, du tabac et du cannabis à court et long terme en complétant le tableau suivant.

	Effets à court terme	Effets à long terme
Alcool	- Ivresse - Comportement violent	- Cirrhose - Troubles cardiovasculaires
Tabac	- Apaisement du stress - Diminution de l'appétit	- Maladies cardiovasculaires - Cancers
Cannabis	- Ralentissement des réflexes - Augmentation du rythme cardiaque	- Cancer des poumons - Bronchite chronique

Alice évoque dans son témoignage ses difficultés à dormir, l'abandon de sa pratique du judo, ainsi que les problèmes financiers de ses parents et les soucis de santé de sa sœur.

6 Indiquer deux rôles du sommeil.

Le sommeil permet notamment une récupération de la fatigue physique, et de mémoriser ce qui a été appris dans la journée.

7 Indiquer l'intérêt pour la santé de pratiquer une activité physique régulière.

Pratiquer une activité physique régulière favorise le bien-être physique et mental, ainsi que les apprentissages.

8 Définir les deux principaux troubles alimentaires en complétant le tableau suivant.

Troubles alimentaires	Définitions
Anorexie	Perte de l'appétit, refus de s'alimenter.
Boulimie	Consommation de grandes quantités d'aliments, puis rejet forcé de l'organisme (vomissements, utilisation de laxatifs...).

9 Distinguer endettement et surendettement.

L'endettement correspond au fait de devoir de l'argent, des biens ou des services à une personne ou à une société. Le surendettement, quant à lui, est le fait de ne plus pouvoir faire face à ses échéances de crédit ou à ses factures et accumuler les impayés.

Partie 2 (10 points)

Première sous-partie (4 pts)

Situation 2 : Le risque mécanique en menuiserie

Joachim, intérimaire, a signé un contrat de deux mois en tant que menuisier dans une entreprise fabriquant des volets en bois. Dans l'atelier, il est responsable de la découpe des planches brutes en début de chaîne. Les machines qu'il utilise sont vieilles et les cadences élevées. Un matin, Joachim est en retard et oublie de mettre ses lunettes de protection. Lors d'une découpe de planches, de la sciure de bois est projetée au niveau de ses yeux, blessant l'un des deux. Joachim consulte un médecin, qui lui prescrit un arrêt de travail de trois jours.

1 Analyser la situation 2 en construisant et en complétant un schéma du processus d'apparition du dommage (opérateur, danger, situation dangereuse, événement dangereux, dommage).

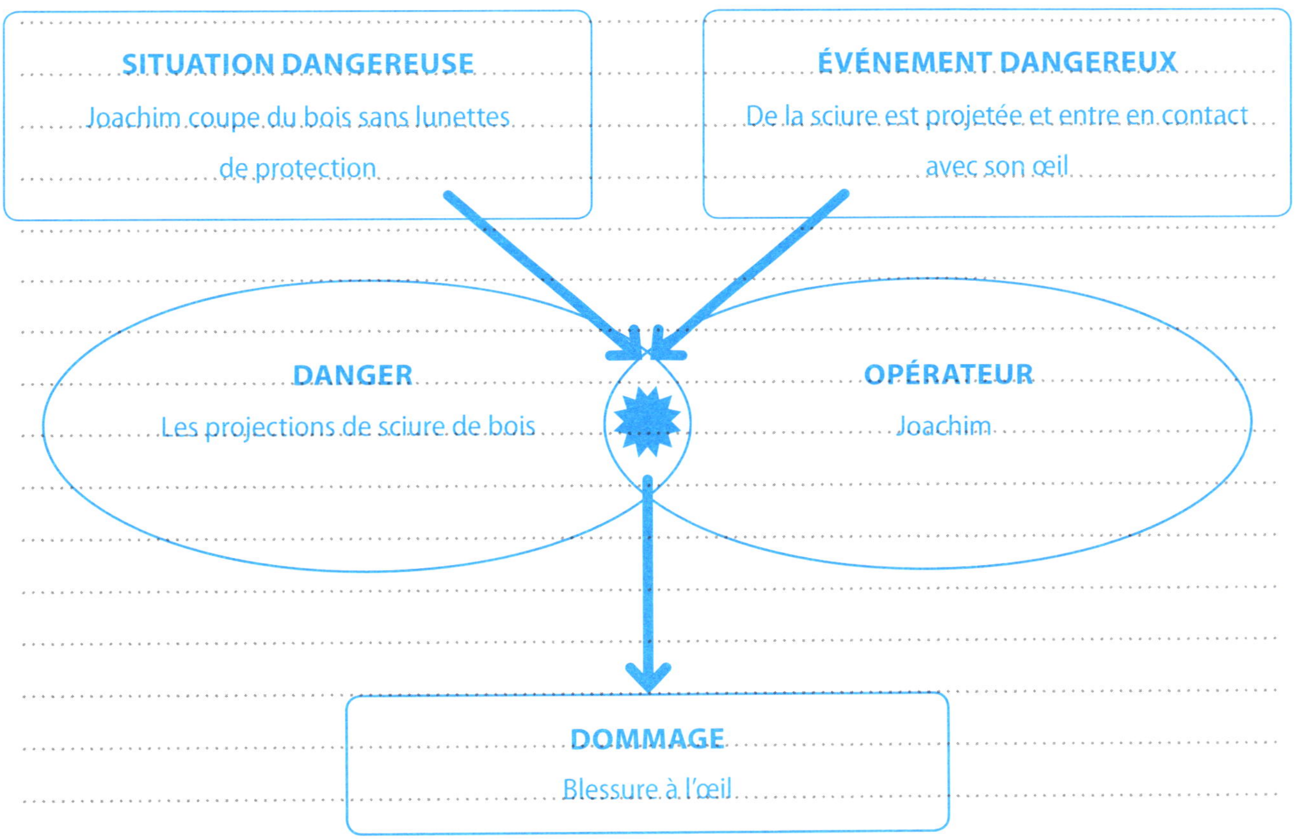

2 À l'aide de l'annexe 1, évaluer le risque relatif à la situation de Joachim en complétant le tableau ci-dessous.

Estimation du risque		Évaluation du risque
Gravité	**Probabilité**	
Moyen (niveau 2)	Probable (niveau 3)	Réduction du risque prioritaire

3 À l'aide de l'annexe 2 et des connaissances acquises en cours, proposer une mesure pour chaque niveau de prévention dans la situation de Joachim, en complétant le tableau suivant.

Prévention intrinsèque	Remplacer les vieilles machines par de nouvelles machines avec des caches de protection au niveau de la découpe
Protection individuelle	Porter des lunettes de sécurité
Protection collective	Mécaniser le procédé
Formation/Information	Afficher les EPI obligatoires à proximité des machines

Situation 3 : Les interventions d'urgence sur le lieu de travail

En transportant des planches en bois, un ouvrier de l'entreprise dans laquelle Joaquim travaille glisse et tombe. Il est conscient et souffre d'une douleur vive au niveau du poignet. Le SST de l'entreprise est appelé et intervient immédiatement.

4 Nommer dans l'ordre chronologique les étapes d'intervention du SST.

1 Protéger : isoler le risque	3 Alerter ou faire alerter
2 Examiner la victime	4 Secourir (premiers soins)

5 Indiquer la conduite à tenir face à cette situation d'urgence.

Il faut faire éliminer les planches en bois si elles représentent un danger, conseiller à la victime de ne pas mobiliser le membre atteint, faire alerter ou alerter les secours, surveiller et parler régulièrement à la victime pour la rassurer, la protéger contre le froid.

Deuxième sous-partie (6 pts)

Situation 4 : Les risques liés à l'activité physique

Victor, trente-cinq ans, travaille comme plaquiste au sein de l'entreprise « Sud Déco 3000 ». Il travaille en équipe de deux sur des chantiers de maisons individuelles ou d'entreprises.
Avec son coéquipier, ils effectuent la pose de plaques de Placoplatre, un matériau industriel formé de plâtre moulé entre deux fines couches de carton. Ces plaques sont montées sur des rails en aluminium et servent de finition pour les murs extérieurs, les plafonds ou les cloisons.
Victor et son coéquipier s'aident, mais ils se sont réparti les tâches. Victor est chargé de la pose des plaques du plafond, et son coéquipier de celle des murs extérieurs. Ils effectuent ce travail sans temps de pause, hormis une coupure pour le déjeuner. La petite taille de Victor l'oblige à utiliser un escabeau et à lever les bras en permanence.

À partir de la situation 4, des annexes 3 à 8 et de vos connaissances, répondre aux questions suivantes :

1 Analyser la situation de Victor en complétant le schéma de compréhension de la situation de travail (document réponse page 210).

2 Formuler une hypothèse relative à la tendinopathie chronique de Victor en suivant le modèle ci-dessous.

Hypothèse relative à la situation de Victor		
Il semble que les déterminants suivants : sa petite taille, la pose de plaques au plafond ;	conduisent Victor à : avoir sans arrêt les bras levés ;	ce qui entraîne : l'apparition d'une tendinopathie chronique.

3 Proposer un outil de validation de cette hypothèse.

On peut utiliser un chronogramme des postures.

4 Définir les TMS.

Les TMS sont des troubles musculo-squelettiques : ils regroupent des affections touchant les muscles, les tendons, les nerfs, les articulations et les os.

5 Citer deux facteurs de risques des TMS correspondant à la situation de Victor.

- Facteur biomécanique : la répétitivité des gestes.
- Facteur organisationnel : Victor travaille en binôme, il est petit et s'occupe des plafonds seul.

6 Indiquer si la maladie de Victor peut être considérée comme une maladie professionnelle. Justifier la réponse.

Oui, la maladie de Victor est reconnue comme une maladie professionnelle. Ses conditions de travail correspondent à la liste limitative des travaux susceptibles de provoquer cette maladie (mouvement et maintien de l'épaule sans soutien pendant au moins 3 heures 30).

7 Indiquer les missions des instances présentées ci-dessous en complétant le tableau suivant à l'aide des connaissances acquises en cours.

Instances	Missions (1 réponse par tiret)
CHSCT	- Analyser les conditions de travail et les risques professionnels auxquels peuvent être exposés les travailleurs. - Mettre en œuvre des mesures de prévention à travers des actions de sensibilisation et d'information.
Médecin du travail	- Veiller sur la santé des salariés et conseiller l'employeur sur l'ensemble des problématiques liées aux conditions de travail.

Annexes

Annexe 1 : Estimation et évaluation du risque

Échelle d'estimation de la gravité du dommage

4 **Très grave** (décès)

3 **Grave** (accident avec incapacité permanente)

2 **Moyen** (accident avec arrêt de travail et/ou hospitalisation)

1 **Faible** (accident sans arrêt de travail)

Estimation de la probabilité

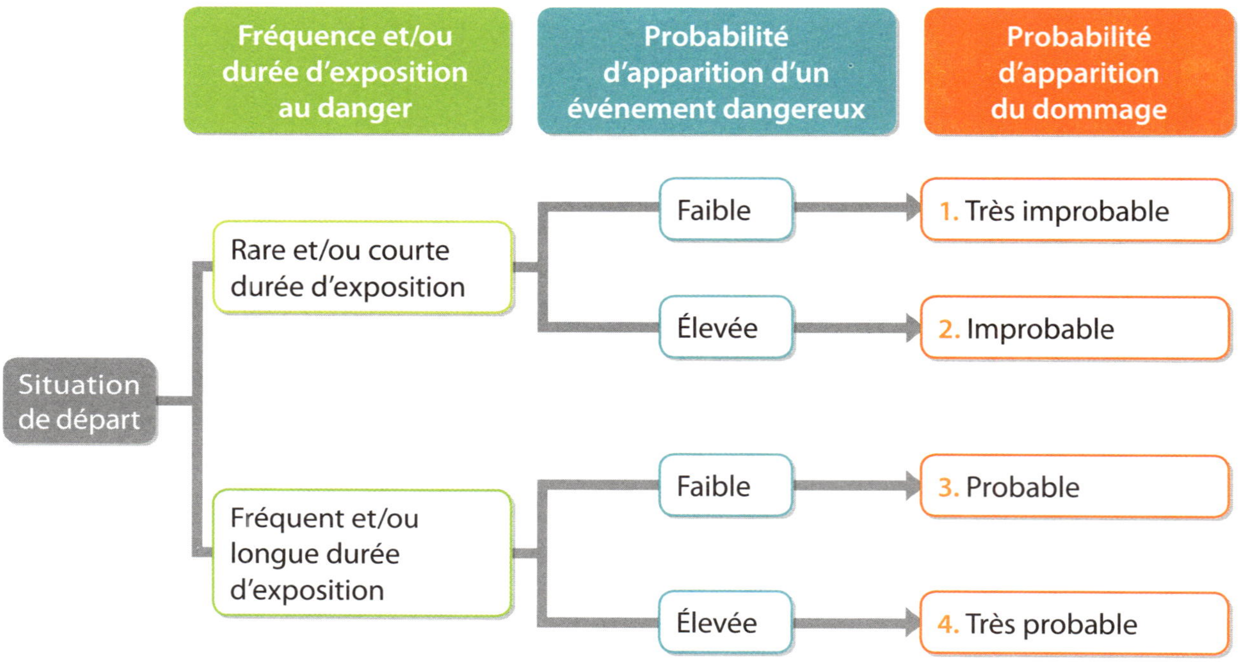

Évaluation du risque

Gravité	(1) Très improbable	(2) Improbable	(3) Probable	(4) Très probable
Très grave 4	PRIORITAIRE	PRIORITAIRE	PRIORITAIRE	PRIORITAIRE
Grave 3	NON PRIORITAIRE	PRIORITAIRE	PRIORITAIRE	PRIORITAIRE
Moyen 2	NON PRIORITAIRE	NON PRIORITAIRE	PRIORITAIRE	PRIORITAIRE
Faible 1	NON PRIORITAIRE	NON PRIORITAIRE	PRIORITAIRE	PRIORITAIRE

Probabilité d'apparition du dommage

- Réduction du risque PRIORITAIRE
- Réduction du risque nécessaire mais NON PRIORITAIRE

Annexe 2 : Exemples de mesures de prévention

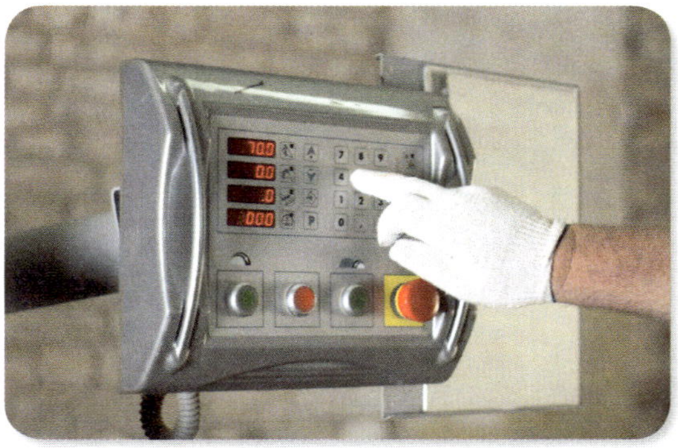

Boutons de commande d'une scie automatisée

Découpe de bois manuelle

Annexe 3 : Informations sur Victor et son poste de travail

Victor, trente-cinq ans

- Horaires de travail : 35 heures par semaine (8 h - 12 h et 14 h - 17 h).
- Titulaire d'un CAP de plâtrier-plaquiste.
- Droitier.
- 1,60 m.
- Ancienneté dans l'entreprise : quatorze ans.
- Il se plaint depuis des années de douleurs au niveau de l'épaule droite.
- Depuis plusieurs mois, les postures contraignantes de son travail (bras maintenus en l'air très souvent) ont induit des douleurs qui se sont amplifiées et l'empêchent de venir travailler. Il a des arrêts maladie de plus en plus fréquents.
- Le médecin du service de santé au travail lui annonce qu'il souffre de tendinopathie chronique non rompue non calcifiante sans enthésopathie de la coiffe des rotateurs de l'épaule droite.

Entreprise Sud Déco 3000, soixante-cinq salariés

- Chantiers en retard.
- Clients insatisfaits du retard.
- Matériels et matériaux à disposition : plaques de Placoplatre (dimensions : environ 2,30 x 1 m), escabeau, lève-plaque, visseuse-dévisseuse portative (lourde), vis à placo.

Le travail de Victor

- Il analyse la réalisation du chantier : il se concentre et planifie ses actions.
- Il met en place son matériel : il soulève, se baisse, se relève, porte, lève les bras.
- Il prend des mesures au sol et en hauteur (utilisation de l'escabeau) : il se baisse, s'étire, lève les bras.
- Il prépare les plaques de Placoplatre à la bonne dimension si nécessaire : il s'étire, se baisse, porte.
- Il soulève la plaque et la positionne sur le lève-plaque : il lève et maintient les bras en l'air.
- Il tourne la manivelle du lève-plaque pour faire se soulever la plaque et la mettre contre le plafond : il force les bras en extension.
- Il ajuste le positionnement de la plaque : en levant les bras, en poussant et/ou en tirant la plaque.
- Il monte sur l'escabeau ou le lève-plaque et tend les bras pour mettre les vis à l'aide d'une visseuse-dévisseuse portative : il maintient les bras tendus pendant plusieurs minutes.

Annexe 4 : Les facteurs de risques des TMS

Même s'il convient de tenir compte des caractéristiques individuelles des salariés (âge, état de santé, histoire individuelle…), les TMS résultent principalement d'une combinaison de plusieurs facteurs de risques. On peut citer de façon non exhaustive :

- **les facteurs biomécaniques** tels que la répétitivité des gestes, les efforts excessifs, les postures et les angles articulaires extrêmes ; l'exposition au froid ou aux vibrations constituent des facteurs aggravants ;
- **les facteurs organisationnels**, liés à l'organisation et à l'environnement de travail (possibilité de contrôle, clarté de la tâche, relations interpersonnelles…) ;
- **les facteurs psychosociaux** : la façon dont le travail est perçu par les salariés, tels que l'insatisfaction au regard d'un travail monotone, la tension engendrée par la pression du temps, le manque de reconnaissance, le vécu de relations sociales dégradées ou de l'insécurité de l'emploi.

Source : http://travail-emploi.gouv.fr.

Annexe 5 : Postures contraignantes

 En rotation	 Cou incliné vers l'arrière	 Mains au-dessus des épaules	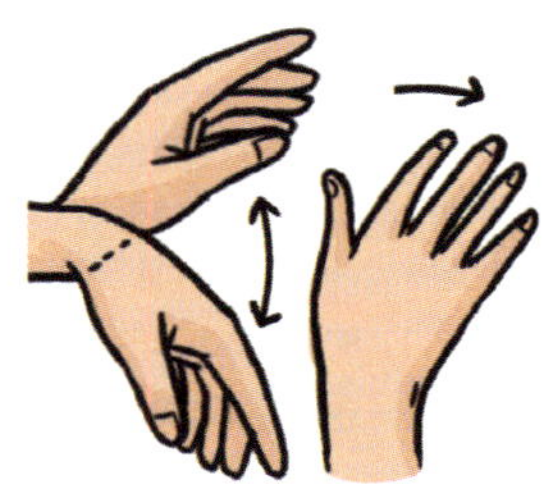 Poignet incliné vers le haut, le bas ou sur un des côtés

Annexe 6 : Les manutentions manuelles de charges

La manutention manuelle de charges correspond à toute activité nécessitant de recourir à la force humaine pour soulever, abaisser, transporter, déplacer ou retenir un objet ou une personne de quelque façon que ce soit.

L'article R. 4541-2 du Code du travail définit la manutention manuelle par « toute opération de transport ou de soutien d'une charge, dont le levage, la pose, la poussée, la traction, le port ou le déplacement, qui exige l'effort physique d'un ou plusieurs travailleurs ».

Le Code du travail prévoit par ailleurs des dispositions relatives à la prévention des risques liés aux manutentions manuelles, notamment des aides mécaniques et une organisation du travail adaptée, l'information des travailleurs sur le poids des charges, la formation des travailleurs à la sécurité et l'information sur les risques liés.

Annexe 7 : Extrait du tableau n° 57 des maladies professionnelles

Affections périarticulaires provoquées par certains gestes et postures de travail

Date de création : décret du 2 novembre 1972 — Dernière mise à jour : décret du 1er août 2012

Désignation des maladies	Délai de prise en charge	Liste limitative des travaux susceptibles de provoquer ces maladies
A- Épaule		
Tendinopathie aiguë non rompue non calcifiante avec ou sans enthésopathie de la coiffe des rotateurs objectivée par IRM*.	Trente jours	Travaux comportant des mouvements ou le maintien de l'épaule sans soutien en abduction** avec un angle supérieur ou égal à 60° pendant au moins 3 heures 30 par jour en cumulé.
Tendinopathie chronique non rompue non calcifiante avec ou sans enthésopathie de la coiffe des rotateurs objectivée par IRM.	Six mois (sous réserve d'une exposition de six mois)	Travaux comportant des mouvements ou le maintien de l'épaule sans soutien en abduction : avec un angle supérieur ou égal à 60° pendant au moins deux heures par jour en cumulé, ou avec un angle supérieur ou égal à 90° pendant au moins une heure par jour en cumulé.
Rupture partielle ou transfixante de la coiffe des rotateurs objectivée par IRM.	Un an (sous réserve d'une durée d'exposition d'un an)	Travaux comportant des mouvements ou le maintien de l'épaule sans soutien en abduction : avec un angle supérieur ou égal à 60° pendant au moins deux heures par jour en cumulé, ou avec un angle supérieur ou égal à 90° pendant au moins une heure par jour en cumulé.

* Ou un arthroscanner en cas de contre-indication à l'IRM.
** Les mouvements en abduction correspondent aux mouvements entraînant un décollement des bras par rapport au corps.

Source : INRS.

Annexe 8 : Outils de validation

Photographie de la situation de travail

Chronogramme des postures sur 60 minutes

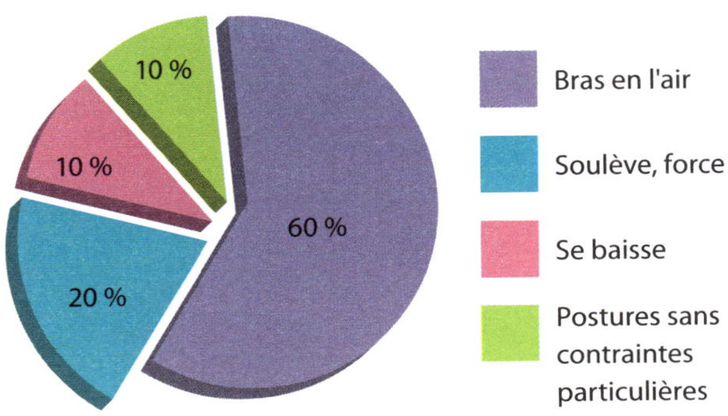

Document réponse : Schéma de compréhension de la situation de travail de Victor

DÉTERMINANTS OPÉRATEUR

- Victor, trente-cinq ans
- CAP plâtrier-plaquiste
- Droitier
- 1,60 m
- Quatorze ans d'ancienneté

DÉTERMINANTS ENTREPRISE

- Sud Déco 3000, soixante-cinq salariés
- 35 heures par semaine (8 h - 12 h et 14 h - 17 h)
- Matériels et matériaux à disposition : plaques de Placoplatre, escabeau, lève-plaque, visseuse-dévisseuse portative (lourde), vis à placo

TRAVAIL PRESCRIT

- Poser des plaques de Placoplatre sur les plafonds

TRAVAIL RÉEL

Tâches réelles	Activités réelles
Il analyse la réalisation du chantier	Il se concentre et planifie ses actions
Il met en place son matériel	Il soulève, se baisse, se relève, porte, lève les bras
Il prend des mesures au sol et en hauteur	Il se baisse, s'étire, lève les bras
Il prépare les plaques de Placoplatre à la bonne dimension	Il s'étire, se baisse, porte
Il soulève la plaque et la positionne sur le lève-plaque	Il lève et maintient les bras en l'air
Il tourne la manivelle du lève-plaque pour faire se soulever la plaque et la mettre contre le plafond	Il force les bras en extension
Il ajuste le positionnement de la plaque	Il lève les bras, en poussant et/ou en tirant la plaque
Il monte sur l'escabeau ou le lève-plaque et tend les bras pour mettre les vis à l'aide d'une visseuse-dévisseuse portative	Il maintient les bras tendus pendant plusieurs minutes

EFFETS SUR L'OPÉRATEUR

- Douleurs au niveau de l'épaule droite
- Arrêts maladies de plus en plus fréquents
- Tendinopathie chronique de la coiffe des rotateurs de l'épaule droite

EFFETS SUR L'ENTREPRISE

- Chantiers en retard
- Clients insatisfaits du retard

Sujet 2 de baccalauréat professionnel

Durée 2 heures

Partie 1 (10 points)

Situation 1 : Pollution sonore : 10 000 personnes en meurent chaque année en Europe

Près de 10 000 personnes meurent chaque année en Europe à cause des pollutions sonores. C'est le résultat d'une étude réalisée dans onze pays, citée par *France TV Info*. Et la France n'est pas épargnée, puisqu'elle se classe en troisième position des pays les plus bruyants, derrière les États-Unis et l'Italie.

Paris, deuxième ville la plus bruyante d'Europe

En France, Paris est sans surprise la ville la plus bruyante, en seconde place européenne derrière Naples, mais devant Bruxelles et Londres. Circulation routière, conversations, transports en commun, musique de fond... Selon les sondeurs, 27 % des habitants des villes françaises concernées par l'enquête (Paris, Lyon, Marseille et Toulouse) sont soumis à une pollution sonore « importante », et même « particulièrement élevée » pour 7 % des citadins, relate *Pourquoi docteur*.

Des conséquences parfois graves

Avec, parfois, des conséquences qui vont au-delà de l'inconfort. Selon l'étude, les personnes soumises à un important niveau de bruit ont ainsi 30 % plus de risques de développer des problèmes d'audition. D'autres effets indésirables peuvent être ressentis, parfois mortels : troubles du sommeil, de la concentration ou de l'humeur, maux de tête et même accidents vasculaires cérébraux (AVC).

Source : 20minutes.fr (11/12/2015).

À partir de la situation 1, répondre aux questions suivantes :

1 Identifier le problème posé.

La pollution sonore est à l'origine de 10 000 décès en Europe chaque année.

2 Identifier les éléments de la situation en répondant aux questions suivantes.

- **Quoi ?** Quelle est l'origine du problème ? : le bruit.
- **Qui ?** Qui est concerné par ce problème ? : les habitants des villes en Europe.
- **Où ?** En quel lieu apparaît le problème ? : les villes européennes.
- **Quand ?** À quel moment le problème est-il constaté ? : à l'heure actuelle.

3 Définir le bruit.

Le bruit est un ensemble de sons qui créent une sensation auditive gênante ou désagréable, voire douloureuse.

4 Indiquer les sources de bruit à l'origine du problème.

D'après le journal *20 minutes*, les sources de bruit à l'origine du problème sont entre autres : les bruits de circulation routière, les conversations, les bruits liés aux transports en commun, la musique de fond.

5 Proposer une mesure de prévention des bruits urbains pour chaque niveau d'action.

Niveau d'action	Exemple de mesure
Action à la source	Réduire la circulation, limiter le transport aérien au-dessus des habitations…
Action lors de la transmission	Installer des murs anti-bruit au bord des routes, mettre du double vitrage…
Action à la réception	Mettre des bouchons d'oreilles pour dormir.

L'une des conséquences du bruit est le manque de sommeil.

6 Le sommeil est un rythme biologique, définir un rythme biologique.

Un rythme biologique est une suite de variations physiologiques, périodiques et reproductibles.

7 Énoncer les rôles du sommeil.

Le sommeil permet la récupération de la fatigue physique et nerveuse, la mémorisation, la synthèse de certaines hormones.

8 Indiquer trois conséquences du manque de sommeil sur la santé de l'individu.

Le manque de sommeil a pour conséquence : fatigue, irritabilité, risque de maladies cardiovasculaires, de dépression…

9 Préciser trois conditions pour un sommeil réparateur.

Pour avoir un bon sommeil, il faut éviter de consommer des excitants le soir (café, coca…), se mettre dans un endroit calme, avoir une bonne literie, réguler la température de la chambre à 18° C…

Partie 2 (10 points)

Première sous-partie (4 pts)

Les risques professionnels sont nombreux et ont pour conséquence un nombre important d'accidents du travail et de maladies professionnelles. Il est alors nécessaire d'évaluer les risques afin de mettre en place des mesures de prévention. L'exposition au froid en milieu professionnel peut engendrer des risques plus ou moins graves. Il n'existe pas pour autant un « seuil de température » défini à partir duquel un risque existe, d'autant plus que chacun ressent différemment le froid selon des critères physiques, climatiques ou encore individuels.

Situation 2

Jules, vingt-quatre ans, est en arrêt de travail pour quinze jours. La semaine dernière, il a travaillé sur un chantier du BTP au froid. Par moments, la température extérieure se situait entre 2° C et 4° C. Il portait un anorak et des gants doublés, mais n'avait pas prévu de vêtements supplémentaires ni de bonnet à mettre sous son casque.
Vendredi en fin de journée, Jules a commencé à ressentir des frissons et une fatigue intense. Sa collègue Brigitte, titulaire du SST, l'a aidé à sortir de l'atelier. Jules s'est évanoui…

D'après la situation 2 et à l'aide de l'annexe 1 :

1 Nommer le trouble dont souffre Jules.

Jules souffre d'hypothermie, c'est-à-dire d'une baisse de la température centrale du corps.

2 Indiquer le niveau de baisse de la température corporelle du corps de Jules.

Il s'agit d'une baisse légère, avec une température corporelle comprise entre 35° C et 32,2° C.

3 Renseigner le schéma du processus d'apparition d'un dommage ci-dessous pour la situation de Jules en identifiant : le danger, la situation dangereuse, l'événement dangereux, le dommage et l'opérateur.

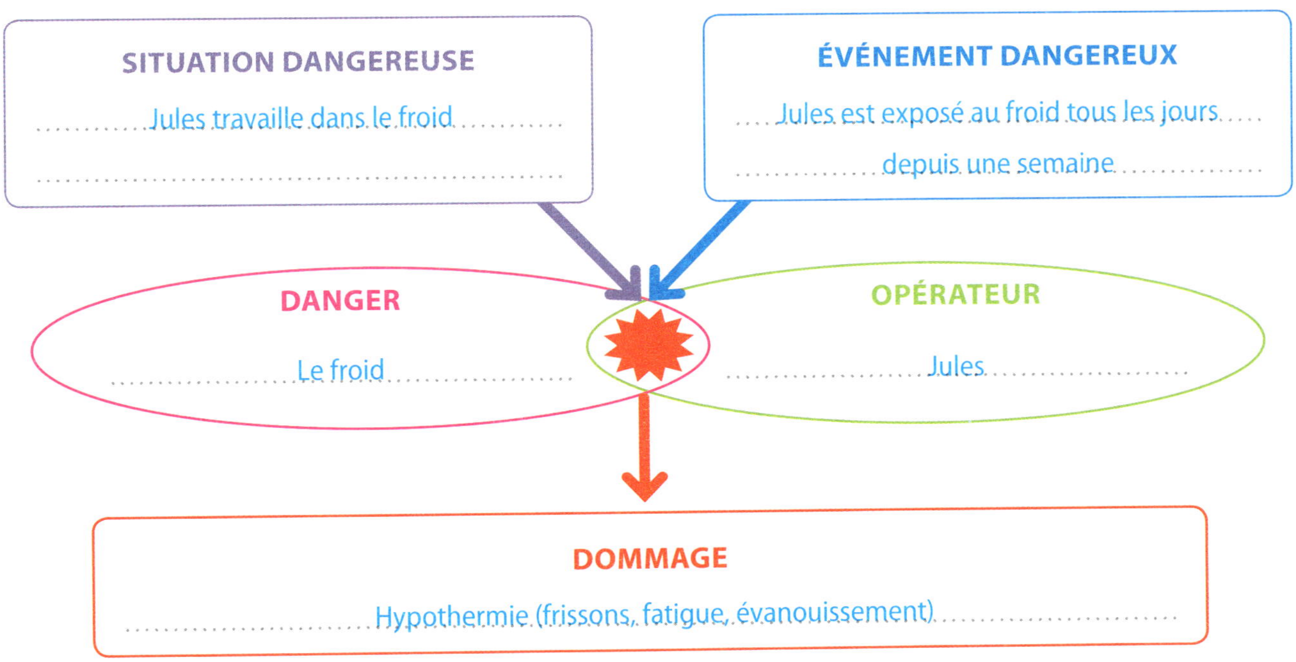

4 À l'aide des documents en annexe 2, estimer et évaluer le risque concernant Jules en renseignant le tableau ci-dessous.

Estimation de la gravité	**Estimation de la probabilité d'apparition du dommage**
Niveau de gravité n° ...2....	Niveau de probabilité d'apparition du dommage n° ...4.....
Évaluation du risque	
Réduction du risque prioritaire (nécessaire et immédiate)............	

Afin de réduire les accidents du travail et les maladies professionnelles, les entreprises doivent mettre en place des mesures de prévention, que l'on classe en quatre niveaux.

5 Lister ces quatre niveaux de prévention.

- Prévention intrinsèque
- Protection individuelle
- Protection collective
- Information/Formation

6 Relever, dans la situation de Jules, les moyens de protection mentionnés et indiquer le niveau de prévention correspondant.

Jules porte un anorak et des gants doublés : il s'agit d'un niveau de protection individuelle.

7 Proposer une autre mesure de prévention à mettre en œuvre pour prévenir le risque dans cette situation.

On pourrait mettre en place des pauses afin que l'opérateur puisse se réchauffer, des rotations avec d'autres opérateurs, des équipements pour se protéger du froid plus performants que les gants et l'anorak...

8 Énumérer dans l'ordre chronologique les quatre actions principales à mettre en œuvre par Brigitte, la collègue secouriste de Jules, et justifier chaque action.

Action 1	Protéger : éliminer les dangers persistants afin d'éviter un suraccident.
Action 2	Examiner : il faut examiner Jules pour savoir s'il est encore conscient.
Action 3	Secourir : couvrir Jules, car une victime se refroidit rapidement.
Action 4	Alerter : faire alerter les secours par un collègue pour qu'ils prennent le relais de la secouriste.

Partie 2 (10 points)

Deuxième sous-partie (6 pts)

Situation 3 : Évaluation des risques à un poste d'accueil

Paul travaille dans une métallerie, PME de quatre-vingt salariés, où il est chargé de l'assemblage de cadres métalliques. La rédaction du document unique, outil d'évaluation des risques, avait déjà mis en évidence des dangers, comme le bruit, les gestes contraignants, ainsi que la projection de poussières sur les postes dans l'atelier. L'entreprise est soucieuse de diminuer le nombre d'accidents du travail et de maladies professionnelles, ainsi que d'améliorer le rendement. Elle souhaite donc réaliser une étude ergonomique du poste de travail de Paul et de plusieurs autres opérateurs afin de proposer des mesures de prévention.

Le médecin du travail, impliqué dans la démarche de prévention des risques professionnels, se rend dans l'entreprise afin d'étudier les postes de travail. Après avoir observé celui de Paul, il lui signale des risques d'atteinte à la santé, comme un risque de développer des troubles musculo-squelettiques en raison de gestes répétitifs et des risques respiratoires liés à l'inhalation de fumées d'alliage.

À partir de la situation 3 :

1 Identifier l'objectif du médecin du travail concernant la démarche de prévention des risques professionnels.

Le médecin du travail doit réaliser une étude ergonomique des postes de travail, afin de proposer des mesures de prévention.

2 Le médecin du travail participe à ce projet, nommer deux autres acteurs de prévention qui peuvent intervenir et indiquer deux rôles pour chacun d'eux.

- Un membre du CHSCT : analyser les risques professionnels, veiller à l'application de la réglementation...
- Un agent de la CARSAT : conseiller les entreprises, analyser les risques professionnels...

3 Préciser si le document unique est obligatoire dans toutes les entreprises et indiquer le type d'informations contenues dans ce document.

Le document unique est obligatoire dans toutes les entreprises, il doit comprendre une identification des risques présents dans l'entreprise, les hiérarchiser et proposer des actions de prévention.

4 À partir des informations recueillies dans le texte de la situation 3 et de l'annexe 3, analyser la situation de travail de Paul en complétant le schéma de compréhension (document réponse page 220).

5 Pour le risque respiratoire (asthme), tracer sur le schéma de compréhension (document réponse page 220) les liens de causalité entre effets sur l'opérateur et activités réelles, puis entre activités réelles et déterminants entreprise et opérateur.

6 Formuler l'hypothèse relative au risque respiratoire pour l'opérateur en complétant les phrases suivantes :

Il semble que les facteurs déterminants énoncés pour :

– l'entreprise : environnement poussiéreux et uniquement une ventilation générale ;

– l'opérateur : cinq ans d'ancienneté ;

conduisent l'opérateur à travailler de telle façon :

souder les pièces et meuler la bavure de la soudure en se penchant en avant ;

ce qui pourrait entraîner l'effet suivant : asthme.

7 À l'aide de l'annexe 4, préciser la mesure à effectuer pour valider l'hypothèse et justifier la réponse.

L'asthme de Paul peut être dû à la présence de colophane, de diisocyanate de toluène ou de formaldéhyde.

Il faudrait mesurer le taux de ces polluants dans l'air pour vérifier la validité de l'hypothèse.

8 À l'aide de l'annexe 5 et de vos connaissances, proposer deux mesures de prévention adaptées à la situation et indiquer le niveau de prévention correspondant.

- Mettre un système de ventilation par aspiration localisée (protection collective).
- Équiper l'opérateur d'un masque (protection individuelle).

9 Citer deux critères de choix qui permettront à l'entreprise de choisir des mesures de prévention.

Les critères de choix des mesures peuvent être : coût financier, ne pas déplacer le risque, ne pas entraîner de contraintes pour les salariés...

10 Indiquer la mesure à mettre en place en priorité parmi celles proposées à la question 8, et justifier la réponse.

La mesure à mettre en place en priorité est un système de ventilation par aspiration localisée, car il n'entraîne pas de contraintes pour le salarié, à l'inverse du port du masque.

Annexes

Annexe 1 : Symptômes de l'hypothermie (baisse de la température centrale du corps)

- **Légère baisse :** confusion minime, frissons, perte de la coordination motrice fine, augmentation de la fréquence cardiaque et de la pression artérielle, vasoconstriction périphérique (35° C à 32,2° C).
- **Baisse modérée :** coma vigile[1], abolition des réflexes ostéotendineux, rigidité musculaire, disparition des frissons (entre 32,2° C et 28° C).
- **Baisse sévère :** coma aréactif[2], rigidité, apnée, disparition des pouls, fibrillation ventriculaire[3] […](inférieure à 28° C).

1. Coma vigile : la personne réagit aux stimulations douloureuses.
2. Coma aréactif : la personne ne réagit plus aux stimulations extérieures. Apparition de troubles respiratoires.
3. Fibrillation ventriculaire : troubles du rythme cardiaque.

Source : « Ambiances thermiques : travailler au froid », INRS, Document pour le Médecin du travail n° 107, 3e trimestre 2006, p. 281.

Annexe 2 : Estimation et évaluation du risque

Échelle d'estimation de la gravité du dommage

- 4 **Très grave** (décès)
- 3 **Grave** (accident avec incapacité permanente)
- 2 **Moyen** (accident avec arrêt de travail et/ou hospitalisation)
- 1 **Faible** (accident sans arrêt de travail)

Échelle d'estimation de la probabilité d'apparition du dommage

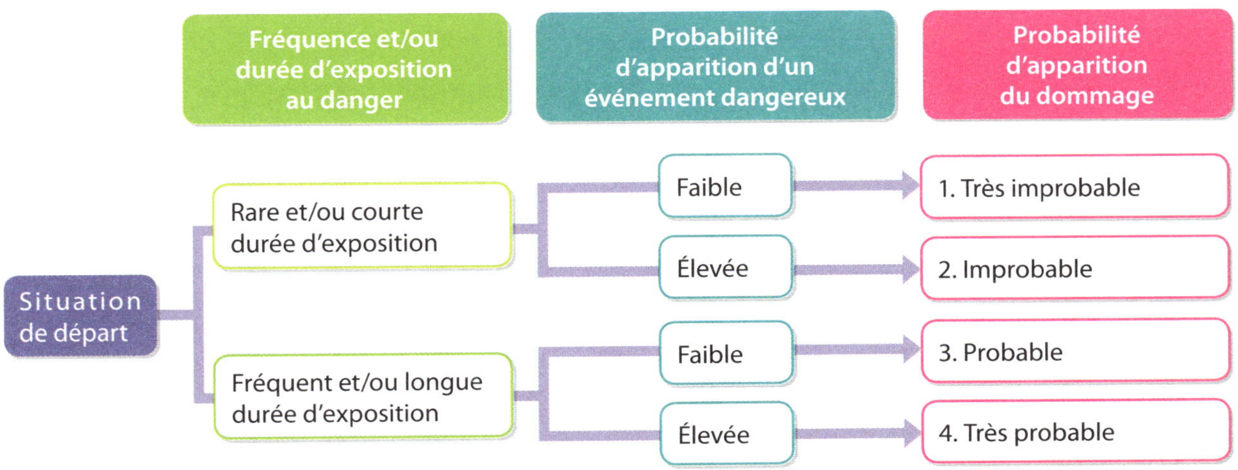

Évaluation des risques

Gravité ↑ / Probabilité d'apparition du dommage →	(1) Très improbable	(2) Improbable	(3) Probable	(4) Très probable
Très grave 4	PRIORITAIRE	PRIORITAIRE	PRIORITAIRE	PRIORITAIRE
Grave 3	NON PRIORITAIRE	PRIORITAIRE	PRIORITAIRE	PRIORITAIRE
Moyen 2	NON PRIORITAIRE	NON PRIORITAIRE	PRIORITAIRE	PRIORITAIRE
Faible 1	NON PRIORITAIRE	NON PRIORITAIRE	PRIORITAIRE	PRIORITAIRE

Réduction du risque PRIORITAIRE
Réduction du risque nécessaire mais NON PRIORITAIRE

Annexe 3 : Recueil d'informations sur Paul et son poste de travail

- Paul, âgé de 31 ans.
- Les horaires au sein de l'entreprise dans laquelle il travaille sont de 35 heures par semaine, de 8 heures à 12 heures et de 14 heures à 17 heures, du lundi au vendredi.
- Il travaille depuis cinq ans dans l'atelier d'assemblage.
- Il est titulaire d'un CAP de structure métallique.
- L'atelier d'assemblage est bruyant et poussiéreux.
- L'atelier dispose uniquement d'une ventilation générale.
- Paul dispose d'une scie à tronçonner le métal, d'une meuleuse portative et d'un poste de soudure.
- Il souffre d'asthme lié à l'inhalation de fumées de soudage.
- Il a eu des absences pour arrêt maladie.
- Il est chargé de l'assemblage de cadres métalliques. Pour cela : il soude les pièces métalliques entre elles (il positionne les pièces en se penchant, il saisit le poste à souder en pivotant sur la droite, il soude en se penchant en avant, il vérifie son travail). Il ébavure la partie soudée (il saisit la meule en pivotant sur la gauche, il meule la bavure de la soudure en se penchant en avant, il vérifie son travail).
- Il fournit un travail soigné.
- Les clients sont satisfaits.

Annexe 4 : Les principales pathologies qui peuvent être rencontrées chez les salariés amenés à effectuer des travaux de soudage, de coupage, de brasage, etc.

		Polluants
Pathologies aigües	**Œdème pulmonaire**	Ozone, oxyde d'azote, phosgène
	Fièvre des métaux	Oxydes de zinc, de cuivre et de magnésium
	Asthme	Colophane, dilsocyanate de toluylène, formaldéhyde
	Pneumonie toxique	Oxydes de manganèse, oxyde de cadmium, oxyde de béryllium
Pathologies chroniques	**Pneumoconiose**	Oxydes de fer, oxyde d'aluminium, oxyde d'étain, oxyde de bérillium
	Bronchite chronique	Oxydes d'azote, ozone, composés du chrome VI, oxyde de nickel, oxydes de manganèse, oxyde de cadmium
	Atteinte du système nerveux central	Oxyde d'aluminium, oxydes de manganèse
	Atteinte rénale	Oxyde de cadmium, oxyde de plomb, dioxyde de thorium,
	Cancer bronchopulmonaire*	Oxydes de nickel, composés du chrome VI, oxyde de cadmium, oxyde de bérillium

* La survenue de cancers bronchopulmonaires chez les soudeurs reste discutée. Plusieurs études et méta-analyses retrouvent un risque relatif du cancer du poumon de 1,3 environ chez les soudeurs. Deux facteurs de confusion ont été fréquemment évoqués pour expliquer cet excès de cancer du poumon : le tabac et l'amiante.

Source : INRS.

Annexes

Annexe 5 : Choix de la technique de ventilation

Quelques principes généraux de ventilation sont rappelés ci-dessous. Deux techniques de ventilation peuvent être utilisées séparément ou conjointement :

- la ventilation locale ou ventilation par aspiration localisée des polluants ;
- la ventilation générale ou ventilation par dilution des polluants.

La ventilation par aspiration localisée

Elle consiste à capter les produits dégagés au plus près possible de leur source d'émission, avant qu'ils ne pénètrent dans la zone des voies respiratoires des travailleurs ou ne soient dispersés dans toute l'atmosphère du local de travail. Les aspirations localisées maintiennent les polluants dans une fraction de volume aussi faible que possible et les évacuent plutôt que de les diluer. Ces systèmes demandent des débits d'air beaucoup plus faibles que les installations de ventilation par dilution et donc des coûts de fonctionnement et de chauffage moins élevés.

La ventilation générale

Elle opère par dilution des polluants à l'aide d'un apport d'air neuf dans le local en quantité suffisante pour amener les concentrations de substances dangereuses en-dessous des valeurs limites d'exposition.

De par son principe même, la ventilation générale seule n'est pas satisfaisante comme moyen de prévention, et ce pour plusieurs raisons.

- Elle induit une dispersion du polluant dans tout l'atelier avec un risque d'accumulation dans certaines zones mal ventilées.
- Elle nécessite la mise en œuvre de débits importants.
- Elle ne protège pas immédiatement l'opérateur.

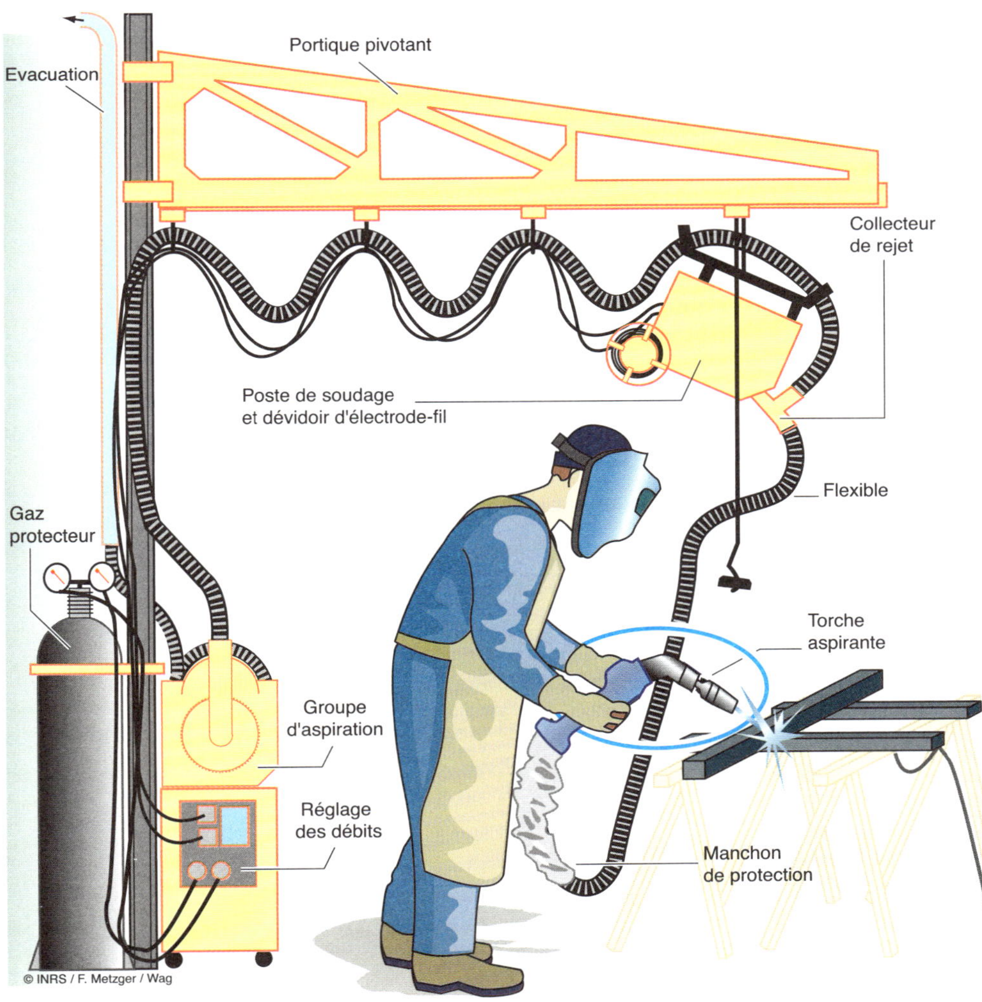

Source : INRS.

Document réponse : Schéma de compréhension de la situation de travail de Paul

DÉTERMINANTS OPÉRATEUR

- Paul
- Trente-et-un ans
- Titulaire CAP de structure métallique
- Cinq ans d'ancienneté

DÉTERMINANTS ENTREPRISE

- Métallerie
- PME de quatre-vingt salariés
- 35 heures par semaine
- Horaires : de 8 heures à 12 heures et de 14 heures à 17 heures
- Matériel : une scie à tronçonner le métal, une meuleuse portative et un poste de soudure
- Ventilation générale uniquement
- Milieu bruyant
- Environnement poussiéreux

TRAVAIL PRESCRIT

- Assemblage de cadres métalliques

TRAVAIL RÉEL

Tâches réelles	Activités réelles
• Il soude les pièces métalliques entre elles	• Il positionne les pièces en se penchant • Il saisit le poste à souder en pivotant sur la droite • Il soude en se penchant en avant • Il vérifie son travail
• Il ébavure la partie soudée	• Il saisit la meule en pivotant sur la gauche • Il meule la bavure de la soudure en se penchant en avant • Il vérifie son travail

EFFETS SUR L'OPÉRATEUR

- Risque de TMS
- Risque respiratoire
- Asthme
- Arrêts de travail

EFFETS SUR L'ENTREPRISE

- Travail soigné
- Clients satisfaits
- Absentéisme dû aux arrêts de travail

Glossaire

Accident : événement inattendu et soudain, provoquant des lésions corporelles.

Accident de droit commun : accident qui survient dans la vie quotidienne, causé par un tiers ou non, et qui n'a aucun rapport avec l'exercice d'un travail.

Accident domestique : accident de la vie courante, qui se produit à la maison ou dans ses abords immédiats (jardin, cour, garage).

Accident du travail : tout accident qui survient dans le cadre de l'activité professionnelle.

Activité : façon dont un opérateur réalise une action.

Agent chimique : substance qui résulte soit de la transformation industrielle d'une ressource naturelle par un traitement chimique, soit d'une transformation naturelle.

Agent chimique dangereux (ACD) : substance ou produit, en l'état ou au sein d'un mélange, qui peut contenir des agents cancérogènes, mutagènes ou toxiques pour la reproduction.

Arbre des causes : représentation graphique de l'enchaînement logique des faits qui ont conduit à un accident.

Bruit : onde sonore gênante ou désagréable.

Burn-out : syndrome d'épuisement professionnel caractérisé par une fatigue psychique et physique intense, accompagnée d'un sentiment d'impuissance et de désespoir.

Charge mentale : ensemble des sollicitations du cerveau pendant l'exécution d'un travail.

Charge mentale affective (ou psychique) : pollutions affectives qui peuvent accompagner les activités intellectuelles dans le travail (poids de la hiérarchie, monotonie, contact avec des personnes en détresse…).

Charge mentale psychologique (ou cognitive) : effort mental nécessaire pour accomplir une tâche (quantité d'informations à mémoriser, nombre de dossiers à traiter, contraintes de temps, absence de formation adéquate…).

Comité d'hygiène, de sécurité et des conditions de travail (CHSCT) : comité dont l'existence est obligatoire dans toute entreprise de plus de cinquante employés, et qui a pour mission de contribuer à la protection de la santé et de la sécurité des travailleurs, ainsi qu'à l'amélioration des conditions de travail.

Danger : cause capable de provoquer une lésion ou une atteinte à la santé.

Déterminants entreprise : caractéristiques de l'entreprise, c'est-à-dire les dispositifs techniques (machines, outils, logiciels…), l'organisation (temps de travail, horaires, rotations…), l'environnement (bruit, chaleur, espace de travail, relations sociales…).

Déterminants opérateur : caractéristiques de l'opérateur, c'est-à-dire son âge, ses caractéristiques physiques, sa qualification, son expérience professionnelle, son état physique du moment.

Document unique : document obligatoire dans toutes les entreprises, qui comporte un inventaire des risques, mais aussi les mesures de prévention existantes et à prévoir pour supprimer ou réduire les accidents du travail et les maladies professionnelles au sein de la structure.

Dommage : blessure physique et/ou atteinte à la santé.

Éblouissement : perturbation de la vision provoquée par un excès de lumière dans le champ visuel.

Éclairement : quantité de lumière reçue par une surface (s'exprime en lux).

Énergie non renouvelable : énergie dont la source est disponible en quantité limitée.

Énergie renouvelable : énergie dont la source est disponible en quantité illimitée.

Ergonomie : adaptation du travail, des outils ou de l'environnement à l'homme.

Événement dangereux : événement susceptible de causer un dommage pour la santé.

Fatigue musculaire : incapacité à maintenir le travail physique habituel (trop sollicités, les muscles ne répondent plus de façon satisfaisante).

Hygroma : TMS qui touche l'articulation du coude ou du genou.

Incapacité permanente : perte définitive, partielle ou totale de la capacité à travailler suite à un accident du travail ou à une maladie professionnelle.

Indice de rendu des couleurs : capacité d'une source lumineuse à restituer les couleurs comme le ferait la lumière du jour.

Intoxication aigüe : exposition pendant une courte durée à un agent chimique dont la concentration est très élevée.

Intoxication chronique : exposition à une fréquence régulière un agent chimique dont la concentration est faible.

Lumière directe : lumière liée à la source lumineuse présente dans le champ visuel.

Lumière indirecte : lumière liée à la réflexion sur des objets, des surfaces.

Glossaire

Maladie professionnelle : conséquence de l'exposition plus ou moins prolongée à un risque lors d'une exposition professionnelle.

Phagocytose : réaction du corps face au risque infectieux, pendant laquelle les cellules immunitaires vont entourer puis « digérer » les micro-organismes.

Posture contraignante : position forcée des articulations (jonction entre deux os), pendant laquelle ces dernières sont contraintes à former des angles extrêmes (inflexion, torsion, flexion, extension).

Presqu'accident/incident : événement inattendu et soudain, mais qui n'entraîne que des dégâts matériels et aucun dommage corporel.

Prestations en espèces : indemnités journalières (ou rentes en cas d'incapacité ou de décès), qui permettent de couvrir la perte de salaire en cas d'arrêt de travail.

Prestations en nature : remboursements des frais de santé engagés à l'occasion d'un accident du travail ou d'une maladie professionnelle, pris en charge en intégralité par l'assurance maladie.

Prévention à la source : prévention qui vise à éviter ou à réduire les contraintes.

Prévention corrective : prévention qui vise à limiter les conséquences sur la santé des personnes déjà atteintes de stress chronique.

Prévention intrinsèque : supprime le danger et/ou réduit l'exposition des personnes.

Protection collective : protège l'ensemble des personnes des dangers

Réaction inflammatoire : mécanisme de défense et de protection du corps qui permet de détruire les micro-organismes.

Responsabilité civile : prévoit des dommages et intérêts pour les victimes.

Responsabilité pénale : prévoit une condamnation à une peine d'amende et éventuellement à une peine d'emprisonnement, dans le but de punir l'auteur de l'infraction.

Risque : possibilité qu'un événement causant des dommages survienne.

Risque biologique : exposition à des agents infectieux (bactéries, parasites, virus, champignons) et/ou allergisants par piqûre, morsure, inhalation…

Risque chimique : exposition à des substances chimiques par inhalation, ingestion ou contact cutané, à des produits cancérigènes, toxiques, corrosifs, irritants, allergisants…

Risque majeur : possibilité que puisse survenir un accident d'origine naturelle ou technologique, dont les effets peuvent mettre en jeu un grand nombre de personnes, occasionner des dommages importants et dépasser les capacités de réaction de la société.

Risque mécanique : risque lié à une défaillance humaine ou technique lors de l'utilisation d'une machine ou d'un outil de travail.

Risque professionnel : événement dont la survenue met en danger des personnes dans le cadre de l'exercice de leur métier.

Risque psychologique : agression physique ou verbale sur le lieu de travail, harcèlement moral ou sexuel, stress managérial, charge mentale excessive…

Risque radiologique : existence de radiations ionisantes et de radioéléments, de rayonnements laser, de rayonnements ultraviolets et infrarouges, de rayonnements électromagnétiques divers…

Schéma du processus d'apparition d'un dommage : schéma qui permet d'identifier les éléments d'une situation qui sont à l'origine d'un risque pour l'opérateur.

Situation dangereuse : situation dans laquelle une personne est exposée à un ou plusieurs dangers.

Son : onde qui se propage dans l'air et le fait vibrer depuis sa source jusqu'à notre oreille.

Stress (au travail) : situation de déséquilibre entre ce qu'on demande à une personne de faire dans le cadre professionnel et les ressources dont elle dispose pour y répondre.

Tâche : action que l'opérateur réalise sur un objet ou sur l'environnement (par exemple : déplacer un objet, rédiger un formulaire…).

Tétanos physiologique : contraction prolongée d'un muscle, produite par la stimulation répétée de ce muscle à une fréquence assez élevée.

Travail musculaire dynamique : comporte des mouvements, des déplacements.

Travail musculaire statique : correspond aux positions immobiles, où la posture reste toujours la même.

Travail prescrit : ce que l'entreprise définit à l'avance concernant le travail à réaliser d'un point de vue quantitatif et qualitatif. Il s'appuie sur des consignes, des procédures à suivre.

Travail réel : ce que fait l'opérateur et la façon dont il le réalise en fonction de ses contraintes.

Troubles musculo-squelettiques (TMS) : affections qui touchent les muscles, les tendons, les articulations, les ligaments.

Liste des sigles et abréviations

ACD : Agent chimique dangereux.
ANACT : Agence nationale pour l'amélioration des conditions de travail.
ARS : Agence régionale de santé.
AT : Accident du travail.
ATNC : Agent transmissible non conventionnel.
AVC : Accident vasculaire cérébral.
BTP : Bâtiment et travaux publics.
CARSAT : Caisse régionale d'assurance retraite et de la santé au travail.
CE : Comité d'entreprise.
CHSCT : Comité d'hygiène, de sécurité et des conditions de travail.
CNAMTS : Caisse nationale de l'assurance maladie des travailleurs salariés.
CPAM : Caisse primaire d'assurance maladie.
DAE : Défibrillateur automatisé externe.
DASRI : Déchets d'activités de soins à risque infectieux.
dB(A) : décibel acoustique.
DDRM : Dossier départemental sur les risques majeurs.
DGT : Direction générale du Travail.
DICRIM : Document d'information communal sur les risques majeurs.
DP : Délégué du personnel.
EPI : Équipement de protection individuelle.
FPA : Facteur potentiel d'accident.
INRS : Institut national de recherche et de sécurité.
IRC : Indice de rendu des couleurs.
MO : Micro-organisme.
MP : Maladie professionnelle.
OMS : Organisation mondiale de la santé.
ONU : Organisation des nations unies.
PACA : Provence-Alpes-Côte d'Azur.
PICB : Protection individuelle contre le bruit.
PLS : Position latérale de sécurité.
PME : Petite et moyenne entreprise.
PPR : Plan de prévention des risques.
PRAP : Prévention des risques liés à l'activité physique.
RCP : Réanimation cardio pulomonaire.
SAMU : Service d'aide médicale urgente.
SST : Sauveteur secouriste du travail.
TMS : Trouble musculo-squelettique.
TVA : Taxe sur la valeur ajoutée.
VIH : Virus de l'immunodéficience humaine (Sida).
VLEP : Valeur limite d'exposition professionnelle.
VLRP CT : Valeur limite d'exposition professionnelle de court terme.
VLEP 8H : Valeur limite d'exposition professionnelle sur 8 heures.

Crédits iconographiques

Couverture : Shutterstock.
Intérieur : Fotolia.com, sauf mention contraire ci-dessous.
Page 17 : © Service communication de la ville de Bègles (33) ; photo : © ps-ixel – Fotolia.com.
Page 27 (gauche) : © Eberhard Grames/Bilderberg – Photononstop.
Page 27 (droite) : © WIN-Initiative – Getty Images.
Page 29 : © Metz Métropole/Avance.
Page 54 (haut milieu) : © Association AGI-SON.
Page 54 (haut droite) : © Ville de Poitiers.
Page 54 (bas gauche) : © Association Le Kalif, Rouen.
Page 54 (bas milieu) : © ARS Bourgogne / GIP FTLV de Bourgogne.
Page 54 (bas droite) : © OPPBTP.
Pages 187, 188, 198 (haut et milieu), 191 (haut), 192 (haut), 193 (haut), 194 (haut), 197 (haut), 198 (haut), 199 (haut) : © INRS.

Certifié PEFC
Ce produit est issu de forêts gérées durablement et de sources contrôlées
PEFC
PEFC/18-31-264
www.pefc-france.org

Achevé d'imprimer en mars 2016
par «La Tipografica Varese Srl» Varese
N° éditeur : 2016-0549

IMPRIM'VERT
Votre imprimeur agit pour l'environnement